dtv

Über seine Italienreise (1786–1788) hat Goethe in zwei Versionen berichtet. Roberto Zapperi läßt die hehre Altersversion der ‹Italienischen Reise› bewußt beiseite und verfolgt die in den schon bald nach der Rückkehr verfaßten ‹Römischen Elegien› gelegten Spuren. Dabei tut er bisher unbekannte Quellen auf, interpretiert alte neu und rekonstruiert die ganz andere, verborgene Existenz, die Goethe inkognito in engem Kontakt zur Stadt Rom und ihren Bewohnern führte, fernab aller diplomatischen und gesellschaftlichen Verpflichtungen – kurzum jenes Leben «wie ein Kind» oder als Malerbursche, das Herder ihm so oft vorwarf. «Zapperi läßt uns ein wenig tiefer blicken in das viel aufregendere Geheimnis des Prozesses, der Leben in Kunst verwandelt.» *Albert von Schirnding, SZ*

Roberto Zapperi, geboren 1932, lebt als Privatgelehrter in Rom. Er war 1998 Mitglied des Wissenschaftskollegs zu Berlin. Zahlreiche Publikationen, darunter ‹Annibale Carracci. Das Bildnis eines jungen Künstlers› (1990), ‹Geschichten vom schwangeren Mann. Männer, Frauen und die Macht› (1994), ‹Der Neid und die Macht. Die Farnese und Aldobrandini im barocken Rom› (1994) und ‹Die vier Frauen des Papstes. Das Leben Pauls III. Zwischen Legende und Zensur› (1997).

ROBERTO ZAPPERI

Das Inkognito

Goethes ganz andere Existenz
in Rom

*Aus dem Italienischen
von Ingeborg Walter*

Mit 17 Abbildungen

Deutscher Taschenbuch Verlag

April 2002
Deutscher Taschenbuch Verlag GmbH & Co. KG, München
www.dtv.de
Das Werk ist urheberrechtlich geschützt.
Sämtliche, auch auszugsweise Verwertungen bleiben vorbehalten.
© 1999 Roberto Zapperi
© 1999 der deutschsprachigen Ausgabe:
C. H. Beck'sche Verlagsbuchhandlung (Oskar Beck), München
Die Taschenbuchausgabe basiert auf der 4., überarbeiteten Auflage.
Umschlagkonzept: Balk & Brumshagen
Umschlagbild: ‹Johann Wolfgang von Goethe am Fenster
in seiner Wohnung am Corso in Rom› (1787)
von Johann Heinrich Tischbein (© Freies Deutsches Hochstift)
Satz: fgb · freiburger graphische betriebe
Druck und Bindung: Druckerei C. H. Beck, Nördlingen
Gedruckt auf säurefreiem, chlorfrei gebleichtem Papier
Printed in Germany · ISBN 3-423-30838-9

Inhalt

Die Flucht
Seite 7

Das Inkognito
Seite 33

Der verbotene Dichter
Seite 63

Spiel und Spaß
Seite 95

Die Wirtstochter
Seite 135

Die schöne Mailänderin
Seite 173

Das Rätsel Faustine
Seite 203

Der Abschied
Seite 243

ANHANG

Danksagung
Seite 270

Abkürzungen
Seite 272

Anmerkungen
Seite 273

Literaturverzeichnis
Seite 289

Abbildungsverzeichnis
Seite 297

Register
Seite 299

Die Flucht

Goethe brach von Karlsbad aus nach Italien auf. In den böhmischen Badeort hatte er sich Ende Juli 1786 begeben, um hier mit seinen Freunden vom Weimarer Hof die übliche Trinkkur zu machen. Am 3. September verließ er Karlsbad um drei Uhr nachts mit einer Postkutsche. Diese frühe Stunde hatte er mit Bedacht gewählt, denn er fürchtete, daß die Freunde, die noch am 28. August seinen Geburtstag mit ihm gefeiert hatten, versuchen würden, ihn von seinem Vorhaben abzuhalten. Es war nämlich schon der Verdacht aufgekommen, daß er sich, wer weiß wohin, erklärungslos aus dem Staub machen wolle.[1] Genaueres wußte freilich niemand, und so hatte die nächtliche Abreise ganz den Anschein einer Flucht, als welche sie auch immer verstanden worden ist.

Am 2. September schrieb Goethe noch einige Briefe: an Herzog Carl August von Sachsen-Weimar, der sechs Tage zuvor aus Karlsbad abgereist war, an Charlotte von Stein, die schon vor zwei Wochen die Rückreise angetreten hatte, und an den treuen Diener und Sekretär Philipp Seidel, der in Weimar zurückgeblieben war. Ein weiterer Brief war an das Ehepaar Johann Gottfried und Caroline Herder gerichtet, das noch etwas länger in Karlsbad zu bleiben gedachte. Von ihnen verabschiedete sich Goethe feierlich und bat sie auch, die anderen Freunde in Karlsbad, denen er seine Pläne verheimlicht hatte, zu grüßen: «Saget den Überbleibenden», schrieb er, «viel Schönes und wo möglich etwas Vernünftiges in meinem Nahmen, damit sie mir den heimlichen Abschied verzeihen.»[2] Von allen Empfängern der Briefe war das Ehepaar Herder trotz seiner engen Freundschaft mit Goethe am wenigsten über die Reisepläne informiert. Der Herzog und Frau von Stein wußten etwas mehr davon; Seidel war der einzige, der sie kannte, wenn auch nur in groben Zügen.

Der wichtigste Brief war der an Herzog Carl August, in dessen Diensten Goethe nun schon seit mehr als einem Jahrzehnt stand. In dieser langen Zeit hatte sich der Dichter immer mehr mit der Verwaltung des kleinen Staates vertraut gemacht. Als Mitglied des Geheimen Rates, des höchsten Regierungsorgans, gehörte er den Kommissionen an, die für den Bergbau, den Straßenbau, die Kriegs- und Finanzangelegenheiten zuständig waren.[3] Daneben beschäftigte er sich noch mit tausend anderen Dingen. Am 11. Juli 1782 schrieb Herder sarkastisch an den «Magus des Nordens», Johann Georg Hamann, Goethe sei zugleich auch «Directeur des plaisirs, Hofpoet, Verfasser von schönen Festivitäten, Hofopern, Ballets, Redoutenaufzügen, Inscriptionen, Kunstwerken usw.», als Direktor der Zeichenakademie habe er den Winter über Vorlesungen über Osteologie gehalten, sei «selbst überall der erste Akteur, Tänzer ...»[4], kurzum das Faktotum des Weimarer Hofs. Es schien, daß in Weimar ohne ihn überhaupt nichts mehr lief. Nach zehn Jahren eines solchen Dienstes war er jedoch am Ende seiner Kräfte.

Seit etwa zwei Monaten hatte Goethe dem Herzog Andeutungen gemacht, daß er die Absicht habe, nach dem Aufenthalt in Karlsbad einen Urlaub zu nehmen. Einem Brief vom 24. Juli aus Jena läßt sich entnehmen, daß der Herzog dem gnädig zugestimmt hatte. («Ich danke Ihnen daß Sie mich noch mit einem freundlichen Worte beurlauben wollen»). Feierlich, aber etwas geheimnisvoll hatte er von der Notwendigkeit gesprochen, gewisse Mängel zu beheben, wobei nicht ganz klar war, ob sich diese Mängel auf den Dichter selbst oder seine Werke bezogen, denn er schrieb: «Ich gehe allerley Mängel zu verbessern und allerley Lücken auszufüllen, stehe mir der gesunde Geist der Welt bey!».[5] In Karlsbad hatte der Herzog, der im Begriff war, nach Berlin zu gehen, seinen Minister noch einmal getroffen. Dabei war auch der Reiseplan wieder zur Sprache gekommen, aber alles blieb unbestimmt, wie Goethe selbst in seinem Brief vom 2. September bestätigte, als er das Problem endlich etwas konkreter anging.

Er versicherte dem Herzog vor allem, daß er die Regierungsgeschäfte in guten Händen wisse, und äußerte die Überzeugung, daß sie auch ohne ihn bequem weitergeführt werden könnten, ohne Schaden zu leiden. «Ja», schrieb er, «ich dürfte sterben und es würde keinen Ruck tun.» Dieser scheinbar so unschuldige Hinweis auf die Möglichkeit eines plötzlichen Todes leitete zum heikelsten Punkt über, der Dauer seiner Reise, für die er um «einen unbestimmten Urlaub» bat. Verschiedene Umstände, fuhr er etwas theatralisch fort, «dringen und zwingen mich in Gegenden der Welt mich zu verlieren, wo ich ganz unbekannt bin, ich gehe allein, unter einem fremdem Nahmen und hoffe von dieser etwas sonderbar scheinenden Unternehmung das beste.» Er bat den Herzog auch, über seine Absichten Stillschweigen zu bewahren, so daß in Weimar seine Rückkehr von Woche zu Woche erwartet werde. Und dann schloß er mit der Versicherung: «... glauben Sie: daß, wenn ich wünsche meine Existenz ganzer zu machen, ich dabey nur hoffe sie mit Ihnen und in dem Ihrigen, besser als bisher zu genießen.» Diesmal hielt Goethe es für angebracht, etwas genauer zu sein und wenigstens einen konkreten Grund für seine Bitte um Urlaub anzugeben. Er hatte mit dem Leipziger Verleger Georg Joachim Göschen einen Vertrag über die Publikation seiner Werke in acht Bänden abgeschlossen und die ersten vier Bände bereits fast vollständig für den Druck vorbereitet. Für die restlichen vier Bände habe er jedoch, so schrieb er in seinem Brief, «Muse und Stimmung» nötig: «Ich habe die Sache zu leicht genommen», rechtfertigte er sich, «und sehe jetzt erst was zu thun ist, wenn es keine Sudeley werden soll.»[6]

Die Alternative zwischen den Regierungsaufgaben und der literarischen Tätigkeit war auf diese Weise aufgezeigt, wenn auch nicht klar war, wie weit der Dichter gehen wollte. Tatsächlich hatte er schon seit dem vergangenen Jahr die Staatsgeschäfte zu vernachlässigen begonnen und war fast allen Sitzungen des Geheimen Rates ferngeblieben. Er kümmerte sich zwar immer noch um die Probleme der Verwaltung, aber es war deutlich, daß sein Eifer von Tag zu Tag lauer wurde. In zunehmendem Maße ließ er sich von erfahrenen, zuverlässigen Beamten vertreten.[7] Daß er sich gänzlich von solchen Aufgaben zurückziehen wolle, schrieb er allerdings auch am 2. September noch nicht. Der Herzog konnte Goethes Brief entnehmen, daß es sich um eine besondere Situation handelte, die mit der Herausgabe der Werke zusammenhing. Von einer Unvereinbarkeit zwischen der literarischen und der Regierungstätigkeit sprach Goethe nicht ausdrücklich. Aus dem Gesagten konnte man auch schließen, daß alles wieder in die alten Bahnen zurückkehren würde, wenn in ein paar Monaten die Vorarbeiten für die Publikation der Werke abgeschlossen waren.

Am 28. Juni hatte Goethe dem Verleger Göschen einen Plan vorgelegt, in welcher Reihenfolge die Werke gedruckt werden sollten, und dabei geschrieben, daß er «bey mehrerer Freiheit und Muse den letzten Fleiß» an die schon vollendeten Werke legen und die unvollendeten «in glücklicher Stimmung» vollenden wolle. Die Texte für die ersten vier Bände versprach er schon bald zu schicken, die für die letzten vier nur, falls er «so viel Raum und Ruhe» habe, «um die angefangnen Arbeiten, die dem sechsten und siebenten Bande zugetheilt sind, wo nicht sämmtlich doch zum Theil vollendet zu liefern; in welchem Falle die vier letzten Bände eine andere Gestalt gewinnen würden.»

In der Tat war noch nicht voraussehbar, welche Form die letzten vier Bände annehmen würden. Der sechste und siebte Band sollten Werke enthalten, die wie *Egmont* und *Torquato Tasso* noch im Anfangsstadium steckten und zu Ende geschrieben werden mußten, der fünfte, von dem hier nicht ausdrücklich die Rede war, solche, die zwar schon vollendet waren, aber völlig umgeschrieben werden sollten wie das Singspiel *Claudine von Villa Bella*. Die ersten vier Bände, die, wie er dem Herzog angegeben hatte, fast fertig für den Druck waren, sollten aber auch das Schauspiel *Iphigenie auf Tauris* enthalten, das erst noch in Verse gebracht werden mußte.[8] Dies alles erforderte viel Zeit und Konzentration, was schwerlich mit den politischen und administrativen Aufgaben vereinbar war, für die der Herzog Goethe bezahlte.

Auf dieses Gehalt konnte Goethe aber nicht verzichten.[9] Es genügte ihm bekanntlich nicht einmal für einen angemessenen Lebensstil, so daß er seine Eltern oft um finanzielle Hilfe bitten mußte. Seine Bücher brachten ihm recht wenig ein, denn die Verhältnisse auf dem deutschen Büchermarkt waren so gestaltet, daß es weder den Verlegern, geschweige denn den Autoren gelang, sich die Druckrechte und die entsprechenden Einkünfte aus dem Verkauf zu reservieren. Deutschland war in eine Vielzahl souveräner Staaten aufgeteilt, und die in einem dieser Staaten gedruckten Bücher konnten problemlos in einem anderen nachgedruckt werden, ohne daß Verlegern und Autoren Rechte bezahlt worden wären. Der durchschlagende Erfolg des *Werther*, der zu Recht als einer der ersten europäischen Bestseller bezeichnet worden ist, brachte Goethe nur wenig Geld ein. Die Raubdrucke (1787 zirkulierten zwanzig davon allein in deutscher Sprache) begruben die vom Verfasser autorisierten Ausgaben unter sich. Der Autor mußte sich mit einem Bruchteil der Einnahmen begnügen, die skrupellose Verleger aus anderen deutschen Staaten aus dem Verkauf seines Buches einstrichen. Auch Sammlungen seiner Werke waren ohne seine Zustimmung und sein Wissen zusammengestellt und vertrieben worden. Gewissenlose Verleger dieser Art agierten seit langem und warteten gar nicht ab, daß Goethe mit Göschen die erste Gesamtausgabe seiner Werke unter eigener Kontrolle vereinbarte.[10]

In dieser Lage war Goethe dringend auf das Geld angewiesen, das der Herzog ihm zahlte, ja er mußte sogar nach einer Erhöhung seines Gehaltes trachten. Aus diesem Grunde bemühte er sich, seiner Reise von vornherein den Charakter eines bezahlten Urlaubs zu geben, an dessen Ende früher oder später unweigerlich die Rückkehr nach Weimar stand. Jeder eventuelle Zweifel an dieser Absicht mußte ausgeräumt werden. Die Notwendigkeit, sich seine Stellung am Hof zu bewahren, stand jedoch im Widerspruch zu seinem Beruf als Dichter, dem er sich in Zukunft nicht mehr nur in den Dienstpausen widmen wollte.

In einem Gespräch, das er am 10. Februar 1829, mehr als vierzig Jahre nach seiner Flucht in den Süden, mit Eckermann führte, machte er einige wichtige Zugeständnisse bezüglich der wahren Gründe seiner Italienreise. Eckermann notierte: «Über seine ersten Jahre in Weimar. Das poetische Talent im Konflikt mit der Realität, die er durch seine Stellung zum Hof und verschiedenartige Zweige des Staatsdienstes zu höherem Vorteil in sich aufzunehmen genötigt ist. Deshalb in den ersten zehn Jahren nichts Poetisches von Bedeutung hervorgebracht. Fragmente vorgelesen.» Dann taucht das Wort auf, das danach so oft wiederholt werden wird: «Flucht nach Italien, um sich zu poetischer Produktivität wieder herzustellen.» Der Gegensatz zwischen bürokratischer Arbeit und dichterischer Betätigung kam hier wiederum zur Sprache, doch wurde jetzt offen auch ihre Unvereinbarkeit erklärt. Dennoch verschwieg Goethe auch einige Vorteile des Hofdienstes nicht, wobei es weniger um Geld und Gehalt als darum ging, «daß er den Ort nicht verändert, und daß er dieselbigen Erfahrungen nicht nötig gehabt, zweimal zu machen.»[11] Am Ende seines Lebens war Goethe also zur bitteren Einsicht gelangt, daß nicht einmal ein großer Dichter wie er vom eigenen Werk leben konnte. Er hatte es nötig gehabt, sich an einen Fürsten zu verdingen, und, da er einen passablen gefunden hatte, vorgezogen, ihn nicht zu wechseln.

Das gleiche hatte er im Grunde auch Herder in dem Brief geraten, den er ihm am 2. September kurz vor seiner Abreise schrieb. Herder hatte einen Ruf nach Hamburg erhalten und überlegte, ob er ihn annehmen sollte. Goethe gab ihm jedoch folgendes zu bedenken: «Die zehen Jahre [so viele, wie er selbst in Weimar verbracht hatte, R. Z.] sind dir nicht verlohren wenn du bleibst, wohl wenn du änderst, denn du mußt am neuen Ort doch wieder von vorne anfangen und wieder würcken und leiden bis du dir einen Würckungskreis bildest; ich weis, daß bey uns viel, wie überhaupt, auch dir unangenehm ist, indessen hast du doch einen gewissen Fus und Standort den du kennst.» Freilich sollte man, meinte Goethe, trotzdem versuchen, die Lebensbedingungen zu verbessern, und schloß seinen Brief mit der Empfehlung: «Ein andres wäre wenn du dich sicher sehr verbessertest und ein ruhigeres, freyeres, deinen Gesinnungen angemesseneres Leben vor dir sähst.»[12]

Dieser Rat, bei einer Änderung eine grundlegende Verbesserung anzustreben, galt auch für Goethe selbst, wenn er es auch nie offen zugegeben hat. Einerseits war er von der Notwendigkeit überzeugt, im Dienst des Herzogs bleiben zu müssen, doch wünschte er zugleich, die Bedingungen dieses Dienstes so radikal zu verändern, daß er wieder die meiste Zeit seiner literarischen Tätigkeit nachgehen konnte. Der Plan, seine Werke bei Göschen herauszugeben, war das Resultat einer langen qualvollen Reflexion über seine Stellung als Dichter, den der Hofdienst zum Schweigen verdammt hatte. Er wollte den Kontakt zum Publikum wiederherstellen, der allzu lange schon unterbrochen war, und wieder mit der gleichen Muße schreiben können, wie er es einst getan hatte.[13] Um dies zu erreichen, genügte die Reduzierung der Regierungspflichten, die er in der letzten Zeit so eifrig betrieben hatte, nicht. Sein allmählicher Rückzug aus den Ämtern war nie offiziell bestätigt worden, und es war keineswegs sicher, daß der Herzog diese eigenmächtige Änderung des Dienstverhältnisses als definitiv ansehen und weiterhin das Gehalt zahlen würde. Eine genaue Durchsicht der Verwaltungsakten hat in der Tat ergeben, daß erst die Italienreise den Abschied Goethes von fast allen Regierungsgeschäften besiegelte.[14]

Dieser grundlegende Wandel im Verhältnis zum Herzog war das wichtigste Ergebnis der Italienreise. Aber war die Reise vielleicht schon im Hinblick auf dieses Ergebnis geplant worden? Handelte es sich um einen Urlaub, der etwas länger ausfiel, als Goethe es zu verstehen gegeben hatte, oder verbarg sich hinter der Reise eben doch diese uneingestandene und schwer zu äußernde Absicht, einen Wandel zu schaffen? Um eine Antwort auf diese Frage zu geben, müssen alle erhaltenen Dokumente, und es sind nicht wenige, zu dieser Reise herangezogen werden. Nur so können wir ein wenig besser als bisher verstehen, warum Goethe die Dauer und das Ziel der Reise mit einem so großen Geheimnis umgab.

Herzog Carl August wußte weder, wie lange die Reise dauern, noch, wohin sie gehen sollte. Auch Frau von Stein war dies nicht bekannt. Goethe verriet es ihr selbst dann nicht, als er ihr den Tag der Abreise mitteilte. Dies hat viel zu bedeuten, denn in den zehn Jahren seines Aufenthaltes in Weimar verband ihn mit dieser Frau eine intime Freundschaft, der Goethe den Charakter eines Liebesverhältnisses hatte geben wollen. Die tausendachthundert Briefe und Billette, die er ihr zusammen mit vielen Gedichten schickte, stellen sich ganz als Liebesbriefe dar. Es handelte sich freilich um eine sehr eigenartige Liebe. Die Dame war sieben Jahre älter als Goethe und mit dem herzoglichen Stallmeister Josias von Stein verheiratet, dem sie sieben Kinder geboren hatte. Vor Ehebruch war sie stets zurückgeschreckt, und es sieht nicht so aus, als ob ihre Liebe zum Dichter auch nur ein einziges Mal die Sphäre der Sexualität berührt hätte. Es ist hier nicht der Ort, dieses komplizierte Verhältnis näher zu definieren, nur sein merkwürdigster Aspekt sei hervorgehoben: Goethe selbst bezeichnete es im bekannten Brief vom 8. Juli 1781 als eine Ehe – als eine Ehe *sui generis* natürlich, wie er zu verstehen gab, denn er schloß den Brief mit Grüßen an den Gemahl.[15] Mit der Ehe, einer Institution, die Goethe bekanntlich verhaßt war, hatte das Verhältnis in der Tat nur wenige Gemeinsamkeiten, die für den Dichter akzeptabel waren, darunter das tägliche vertraute Beisammensein. Es garantierte die Stabilität dieser gefühlsmäßig wie intellektuell so reichen Bindung an eine gebildete, sensible Frau, die durchaus in der Lage war, die emotionalen Bedürfnisse ihres Liebhabers weitgehend zu befriedigen.[16] Das Vorbild, das Goethe wahrscheinlich vor Augen schwebte, war die Ehe seines Freundes Herder mit Caroline Flachsland, einer Frau, die ebenso gebildet und einfühlsam war wie Charlotte von Stein. Im Vergleich mit jener bot Frau von Stein jedoch einen großen Vorteil, denn sie dispensierte Goethe von einer auf Prokreation ausgerichteten Sexualität, die dem Ehegemahl vorbehalten war. Anders als Herders Ehefrau gehörte Charlotte von Stein dazu dem Hofadel an, was einen zweiten, nicht zu unterschätzenden Vorzug bedeutete. Dank ihrer Herkunft übernahm sie die Aufgabe, Goethe, der sich bei seiner Ankunft in Weimar noch ganz wie ein ungestümer Bär und lautstarker Wilder benahm, diskret, aber mit fester Hand die guten Manieren eines Höflings beizubringen.[17] Als Gesellschaftsdame der Herzoginmutter Anna Amalia war Charlotte von Stein eine einflußreiche Persönlichkeit und stellte bald für Goethe eine wichtige Verbindung zum Hofe dar. Mit ihr sprach er mehr als mit anderen Höflingen über sich selbst. Selbst Herzog Carl August, mit dem ihn ein sehr vertrautes Verhältnis verband, erfuhr von ihm nicht so viel Persönliches.

Und dennoch ließ Goethe auch seine Herzensfreundin nur selten etwas von seinem Unbehagen spüren; seine Anspielungen darauf blieben vage und kontrolliert. Er wünschte zwar, daß sie etwas davon merkte, gab ihr aber nur karge Hinweise und diese wohlkalkuliert erst nach und nach, sozusagen in Tropfenform. Sie sollte sich darüber klar werden, daß es ihrem Freund nicht gut ging, daß er sich in einer Krise befand und dem Hof gegenüber nicht das gleiche Interesse an den Tag legen konnte wie früher. Wo das wahre Problem lag, sollte ihr ebenso dunkel bleiben wie dem Herzog und den anderen Freunden in Weimar. Am 25. Juni schrieb er ihr: «Ich korrigire am Werther und finde immer daß der Verfasser übel gethan hat sich nicht nach geendigter Schrifft zu erschiesen.»[18] In einem langen Brief vom 9. Juli hieß es mit Anspielung auf die Schwangerschaft der Herzogin: «Ich bin nun fast so überreif wie die fürstliche Frucht, und harre eben so meiner Erlösung; meine Geschäffte sind geschlossen und wenn ich nicht wieder von vorne anfangen will muß ich gehen.» Aber wohin? Und dann: «Es lässt sich in dieser Werckeltags Welt nichts auserordentliches zu Stande bringen.» Schließlich: «Denn ich sage immer wer sich mit der Administration abgibt, ohne regierender Herr zu seyn, der muß entweder ein Philister oder ein Schelm oder ein Narr seyn.»[19] Nachdem er sie von Karlsbad aus auf dem Rückweg nach ihrem Gut Kochberg bis nach Schneeberg begleitet hatte, legte er am 23. August das erstaunliche Versprechen ab: «Und dann werde ich in der freyen Welt mit *dir* leben, und in glücklicher Einsamkeit, ohne Nahmen und Stand, der Erde näher kommen aus der wir genommen sind.»[20] Jedoch hatte er schon einen Monat zuvor am 12. Juli an seinen Freund Friedrich Heinrich Jacobi geschrieben, der sich weit entfernt auf einer Reise in England befand und schwerlich in Versuchung kommen würde, diese vertrauliche Mitteilung am Weimarer Hof zu verbreiten: «Du bist in England und wirst des Guten viel geniesen; wenn du wiederkommst werde ich nach einer anderen Weltseite geruckt seyn, schreibe mir nicht eher bis du wieder einen Brief von mir hast der dir den Ort meines Aufenthaltes anzeigt.»[21]

Damit wird klar, daß Goethe Frau von Stein nicht traute, zumindest nicht, was die Beziehungen zum Hof betraf. An den Herzog gelangte von diesem Sagen und Nichtsagen denn auch nur das, was Goethe wollte, nämlich daß er in einer tiefen Krise steckte, die ernstlich Anlaß zu Sorge gab. Dies schrieb in der Tat am 1. September Franz Hemsterhuis an seine Freundin, die Fürstin Adelheid Amalie von Gallitzin. Hemsterhuis' Worten zufolge war Goethe «à l'extremité», wie er durch die «expressions vives, nobles et poignantes» des Herzogs von Weimar selbst erfahren habe, der diese Sorge in einem Brief an die von ihm damals heiß umworbene Emily Gore ausgedrückt habe.[22] Seiner geliebten Lotte, wie er Frau von Stein vertraulich nannte, tat Goethe seine Absicht, sich auf Reisen begeben zu wollen, erst kund, nachdem er am 24. Juli mit dem Herzog in Jena darüber gesprochen hatte. In einem Brief an sie vom 30. August ist zum ersten Mal davon die Rede: «Nun geht es mit mir zu Ende meine Liebste, Sonntag den 3ten September denck ich von hier wegzugehn.» Er hoffe, so schrieb er, in ein paar Tagen die Durchsicht der vier ersten Bände seiner Werke mit Hilfe Herders abzuschließen:

«... an der Iphigenie ist viel geändert worden. Sie wird noch einmal geschrieben.»[23] Ein zweiter Hinweis ist in einem Brief vom 1. September enthalten: «Wenn meine Rechnung nicht trügt, kannst du Ende September ein Röllgen Zeichnungen von mir haben, die du aber niemanden auf der Welt zeigen mußt. Du sollst alsdann erfahren wohin du mir schreiben kannst. Lebe wohl! ... und laß niemand mercken daß ich länger aussenbleibe.» In einem Postskriptum kam er dann noch einmal auf die Arbeit zur Vorbereitung der Werkausgabe zu sprechen, die er nun als den Hauptgrund für die Reise hinstellte. Die neue Version lautet: Die vier ersten Bände sind eigentlich noch nicht ganz komplett, da die *Iphigenie* noch überarbeitet werden muß, die er mit auf die Reise nehmen wird.[24] Dem Herzog schrieb er dagegen am Tag darauf in dem schon erwähnten Brief, daß die ersten vier Bände der Göschen-Ausgabe, die auch die *Iphigenie* enthalten sollten, fertig seien. Frau von Stein gab er also eine vertrauliche Mitteilung, durch die er sie in ihrer üblichen Rolle als Verbindungsglied zum Hof bestätigen wollte. Am 2. September verabschiedete er sich zum letzten Mal von ihr: «Morgen Sonntags den 3ten September geh ich von hier ab, niemand weiß es noch, niemand vermuthet meine Abreise so nah. Ich muß machen daß ich fortkomme, es wird sonst zu spät im Jahr ... Wenn du ein Packet oder eine Rolle von mir erhälst, so mache sie nicht in Gegenwart andrer auf, sondern verschließ dich in dein Kämmerlein ...» Und dann noch ein Postskript; «Nachts eilfe. Endlich, endlich bin ich fertig und doch nicht fertig denn eigentlich hätte ich noch acht Tage hier zu tun, aber ich will fort und sage auch dir noch einmal Adieu! Lebe wohl du süses Herz! ich bin dein.»[25]

Goethe verteilte den Abschied von Frau von Stein also auf drei Briefe: Zunächst die knappe Mitteilung von der bevorstehenden Abreise ohne genaues Ziel aus Karlsbad, wobei er noch die Möglichkeit offen ließ, daß sich es nur darum handelte, auf irgendwelchen Wegen nach Weimar zurückzukehren; dann im zweiten Brief das Versprechen, Ende des Monats eine Rolle zu schicken, die niemandem gezeigt werden solle, aber durch welche sie sich ein Bild von der Gegend machen könne, wohin es ihn verschlagen habe. Danach würde er ihr die Adresse nennen, an die sie ihre Briefe richten konnte; zugleich aber bat er sie auch, darauf zu achten, daß niemand daraus auf eine lange Abwesenheit schließe. Das Ziel der Reise verschwieg er immer noch, vielleicht wollte er sogar suggerieren, daß er selbst noch gar nicht entschieden habe, wohin die Reise gehen sollte. Im dritten Brief findet sich noch eine weitere Anspielung auf die Ferne des Ziels und die Länge des Weges, der zurückzulegen war, um es zu erreichen, denn Goethe verwies auf den Beginn der kälteren Jahreszeit, der die Abreise dringlich mache. Über alle diese immer noch vagen Mitteilungen sollte Stillschweigen bewahrt werden. Die Ankündigung der Abreise erfolgte also stufenweise, mit stetem Crescendo, erst ganz zum Schluß wurde der genaue Beginn der Reise angezeigt – eine Mitteilung, die in ihrem Zögern mehr verbarg als offenbarte. Die kunstvoll ausgefeilte Form dieses Abschieds ist ein wahres literarisches Meisterwerk. Die Idee von heller Aufregung und starker Gemütsbewegung sollte vermittelt und ein Mensch gezeigt werden, der sich anschickt, einen äußersten Schritt zu tun, von dem sein ganzes künftiges Leben abhängt; den zugleich aber auch die Angst befällt, weil er sich von einer dunklen Gefahr bedroht fühlt und fürchtet, an der Abreise gehindert zu werden, weshalb er um strengste Verschwiegenheit bittet.

Wenn Frau von Stein sich die Mühe gemacht hätte, die Briefe noch einmal durchzulesen, die sie mit dem Freund seit Beginn des Jahres gewechselt hatte, so wäre sie sicher auf ein paar Hinweise gestoßen, wohin die Reise gehen sollte, die Goethe offenbar schon lange heimlich erwog. In einem Brief vom 26. Januar hätte sie lesen können, daß er bedauerte, sich in der Vergangenheit nicht intensiver dem Studium des Italienischen gewidmet zu haben.[26] Am 21. Mai hatte er nochmals sein Interesse für diese Sprache bezeugt, als er schrieb, daß er in Jena dem Unterricht von Valenti, der Italienisch an der Universität lehrte, beigewohnt habe.[27] Aber offenbar pflegte die Dame die Briefe ihres geliebten Dichters nicht zweimal zu lesen, vielleicht ertrug selbst sie die Monotonie seiner täglichen Liebeserklärungen nicht mehr. Spuren dieses Interesses an der italienischen Sprache finden sich auch in zwei Briefen Goethes an den befreundeten Komponisten Philipp Christoph Kayser vom 1. März[28] und 5. Mai 1786. Im Brief vom 5. Mai gibt es sogar einen präzisen Hinweis auf den Wunsch, nach Italien zu reisen: «Hätt ich die Italiänische Sprache in meiner Gewalt wie die unglückliche Teutsche», schrieb Goethe an Kayser, «ich lüde Sie gleich zu einer Reise ienseits der Alpen ein und wir wollten gewiß Glück machen.»[29]

Goethe hatte die Italienreise tatsächlich seit langem im geheimen vorbereitet, doch erst im Hochsommer begann er mit der Ausführung des Plans. Wie sehr die Angst, daß ihn jemand an der Abreise hindern könnte, begründet war, lassen die Briefe an Seidel erkennen. Seinem vertrauten Mitarbeiter, dem einzigen, der in das eifersüchtig gehütete Geheimnis eingeweiht war, erteilte Goethe schon kurz vor der Abreise nach Karlsbad schriftlich am 23. Juli die ersten detaillierten Instruktionen.[30] Zwar hatte Goethe sich bemüht, vor allem die Verwaltungsangelegenheiten, mit denen er beauftragt war, in bester Ordnung zurückzulassen, doch drohte gerade von dieser Seite her die meiste Gefahr. Seidel wurde deshalb angewiesen, alle eintreffende Korrespondenz zu öffnen, die Briefe zu lesen und in dem Fall, daß sich den verschiedenen Beamten, die ihn vertraten, unvorhergesehene Probleme stellten, die betreffenden Briefe auszusortieren. Für alles andere Unvorhergesehene sollte er sich an Frau von Stein wenden. Die eingetroffenen Raten des mit Göschen vereinbarten Honorars sollten dagegen an den Jenaer Kaufmann Johann Jakob Heinrich Paulsen geschickt werden, der dafür sorgen würde, das Geld an ihn, Goethe, weiterzuleiten. Besonders die erste Rate von 200 Talern mußte unverzüglich Paulsen übermittelt werden. Falls Seidel sonst Geld brauchte, sollte er sich an den herzoglichen Kammermeister wenden. Goethe hatte den Plan einer Ausgabe seiner Werke auch in Hinsicht auf die Finanzierung seiner Reise betrieben. Schon Anfang 1786 hatte er sich mit dem Vorschlag dazu an den Berliner Verleger Johann Friedrich Gottlieb Unger gewandt, der das Angebot aber abgelehnt hatte, weil er die Honorarforderungen eines Autors, der schon länger nicht mehr auf dem Buchmarkt vertreten war, zu hoch fand. Nach dem Scheitern dieser Initiative riet der befreundete Weimarer Fabrikant Friedrich Justin Bertuch Goethe, sich an Göschen zu wenden, und diesmal kam das Geschäft zustande.[31]

Am 13. August gab Goethe von Karlsbad aus Seidel nochmals Anweisungen. Diesmal drückte er seine Sorge, daß ihm Steine in den Weg gelegt werden könnten, offen aus, denn er schrieb: «Noch hat sich nichts zugetragen, das mich an Ausführung meines Plans hindern könnte. Gegen Ende des Monats werde ich die Reise antreten. Mit der Post welche Freytag den 18. von Weimar abgeht schicke mir das letzte von Briefen oder Auszügen, alsdann sammle und schicke nicht eher bis du von mir hörst. Ehe ich hier weggehe, schreibe ich dir noch die Nahmen, wo mich im Nothfall ein Brief aufsuchen müßte.»[32] Das Wort «Plan» ist unmißverständlich: Es handelte sich um eine Reise, die mit äußerster Sorgfalt und kalter Berechnung sowie unter Zuhilfenahme aller Mittel und Vorkehrungen, die der Erreichung dieses Ziels dienen konnten, vorbereitet worden war.

An jenem schicksalsträchtigen 2. September, als Goethe sich in Karlsbad der Korrespondenz mit seinen Freunden widmete, schickte er, wie gesagt, auch zwei Schreiben an Seidel mit den letzten Instruktionen.[33] In dem einem trug er Seidel auf, persönlich seine Vertreter in der Verwaltung aufzusuchen, um ihnen seine Abschiedsgrüße zu übermitteln und ihnen zu versichern, daß er bald nach Weimar zurückkehren werde. Ende September hoffe er, ihm die ersten Nachrichten geben zu können, doch sei er erst in Rom unter einer bestimmten Adresse wieder erreichbar. Der Name Rom fällt zum ersten Mal in diesem Brief, den Goethe am Tag vor seiner Abreise aus Karlsbad an Seidel schrieb. Offenbar kannte bis jetzt nicht einmal der vertraute Sekretär, den er in so viele Einzelheiten seines Plans eingeweiht hatte, das genaue Ziel der Reise. So viel Vorsicht macht stutzig, zumal Goethe gleich noch weitere Empfehlungen zur Verschwiegenheit anfügt: «Du schreibst mir aber nicht dorthin als bis du wieder einen Brief von mir hast, es müßte denn ein Nothfall sein. Verwahre diesen Brief wohl, und läugne übrigens alles gegen alle; aus meinem Munde weis niemand ein Wort.» Das andere Schreiben betraf Göschen und den Vertrag über die Werkausgabe. Sobald Göschen den Vertrag schickte, sollte Seidel dem Verleger das von ihm selbst unterschriebene Exemplar des Vertrags übermitteln, das er ihm mit gleicher Post zusammen mit den in vier versiegelten Paketen enthaltenen Manuskripten für die ersten vier Bände nach Weimar sandte. Die zwei ersten Pakete waren an Göschen zu schikken, sobald die ersten 100 Louisdor des Honorars eintrafen. Alles andere, was die Publikation betraf, sollte er mit Herder besprechen, der seine Vorstellungen kannte und wußte, was zu tun war. Diese beiden Schreiben kontrastieren in ihrem Ton auffällig mit den anderen Briefen, die

Goethe am gleichen Tag schrieb: So vage, bange und besorgt er sich in diesen zeigte, so bestimmt, klar und entschlossen gab er sich in jenen.

Am 18. September, fast zwei Wochen früher, als er Seidel angekündigt hatte, schrieb Goethe aus Verona wieder an die Vorigen, aber nur Seidel verriet er, wo er sich befand. Alle Briefe waren an Seidels Adresse gerichtet, ihm trug er auf, sie an die Empfänger zu verteilen, ohne ihnen jedoch zu sagen, woher er sie erhalten habe. Dem Ehepaar Herder schrieb er, daß es ihm gut gehe, er sich aber den Mund zuhalten müsse, um nicht mehr zu verraten. Der Brief an Herzog Carl August war ausgefeilter und in einem höheren Stil abgefaßt: «Aus der Einsamkeit und Entfernung einen Grus und gutes Wort!» hob er feierlich an, um die gleich darauf folgende, unliebsame Nachricht zu versüßen: «Wo ich bin verschweig ich noch eine kleine Zeit.» Dann schrieb Goethe, daß es ihm gut gehe, und fuhr mit verhüllter Anspielung auf die schwere Lebenskrise des letzten Jahres, die ihn zum Verlassen des Hofs gezwungen habe, fort: «Schon fühl ich in meinem Gemüth, in meiner Vorstellungsart gar mercklichen Unterschied und ich habe Hofnung einen wohl ausgewaschnen, wohl ausstaffirten Menschen wieder zurück zu bringen.» Sodann erkundigte er sich nach Carl Augusts Berliner Reise und schloß bewußt etwas geheimnisvoll: «Es wäre möglich daß der Fall käme da ich Sie unter fremdem Nahmen etwas zu bitten hätte. Erhalten Sie einen Brief von meiner Hand, auch mit fremder Unterschrifft, so gewähren Sie die Bitte die er enthält.» Welch unbekannte Gewalt konnte ihn schon daran hindern, die Briefe an den Herzog mit dem eigenen Namen zu unterschreiben? Vielleicht wollte er mit diesen Worten auf ihre einstige, gemeinsame Mitgliedschaft bei den Freimaurern anspielen und auf die Gefahr hinweisen, der er sich mit seiner Reise in die italienischen Staaten aussetzte, wo das Freimaurertum und inbesondere die Sekte der Illuminaten streng verboten waren.

Er sorgte sich auch, daß die Verwaltungsangelegenheiten in Weimar ihren gewohnten Lauf gingen. Am gleichen Tag schrieb er einen langen Brief an Christian Voigt, den herzoglichen Beamten, der ihn bei den heikelsten und schwierigsten Aufgaben vertrat. Er bat ihn, sich diesen mit der gewohnten Sorgfalt zu widmen und in Erwartung einer Adresse, wohin er eventuelle Neuigkeiten melden könne, in seinem Sinne zu erledigen. Auch versprach er ihm, bald nach Weimar zurückzukehren.

Im Brief an Frau von Stein wird der Ton dann wieder feierlicher und ist von tiefen und edlen Gefühlen beherrscht: «Auf einem ganz kleinen Blätchen geb ich meiner Geliebten ein Lebenszeichen, ohne ihr doch noch zu sagen wo ich sey. Ich bin wohl und wünschte nur das Gute was ich genieße mit dir zu theilen, ein Wunsch der mich offt mit Sehnsucht überfällt.» Auch teilte er ihr mit, «ein treues Tagebuch» für sie zu führen, in dem er «das Vornehmste was ich gesehn was ich gedacht» aufgeschrieben habe und das ihr bis Mitte Oktober zugehen solle: «Du wirst dich dessen gewiß freuen, und diese Entfernung wird dir mehr geben als oft meine Gegenwart. Auch wirst du einige Zeichnungen dabei finden. In der Folge mehr. Sag aber niemanden etwas von dem was du erhältst. Es ist ganz allein für dich ... Ich habe soviel zu erzählen und darf nichts sagen, damit ich mich nicht verrathe, noch bekenne ... Ich bin auf gutem Wege und diese Reise bringt mir auf einmal grose Vortheile. Lebe wohl, ich freue mich herzlich dich wiederzusehen, und dir zu erzählen. Denn was der Studente sagte: was wäre das Haus wenn ich's nicht sähe; das kann ich besser anwenden, wenn ich sage: wozu säh ich das alles wenn ich dir es nicht mittheilen könnte.» Es ist sehr zu bezweifeln, daß das Tagebuch tatsächlich treu war, sicher ist nur, daß er es als treu hinstellte. Im

Schreiben an Seidel fällt der Ton dann wieder ab und wird ganz praktisch und prosaisch: «Du erhälst Gegenwärtiges aus Verona von wo ich heute abgehen werde. Es ist mir alles nach Wunsch geglückt, und wenn die Reise durchaus so fortgeht, so erreiche ich meinen Zweck vollkommen ... In beyliegenden Briefen ist kein Ort angegeben, auch durch nichts angedeutet wo ich sey, laß dich auch indem du sie bestellst weiter nicht heraus. Du schickst mir nichts nach, es wäre denn höchst nötig, denn ich will *Rom* ohne Erwartung nordischer Nachrichten betreten. Von Rom schreib ich gleich und dann ist es Zeit. Diese Reise ist würcklich wie ein reifer Apfel der vom Baum fällt, ich hätte sie mir ein halb Jahr früher nicht wünschen mögen.»[34] Schon die Gegenüberstellung der Briefe an die Freunde und der Briefe an Seidel spricht für sich allein und macht jeden Kommentar überflüssig.

Etwa einen Monat später, am 14. Oktober, gab Goethe noch ein drittes Bündel von Briefen auf die Post.[35] Mit Ausnahme Voigts waren die Empfänger die gleichen wie vorher. Goethe befand sich zu diesem Zeitpunkt schon seit gut zwei Wochen in Venedig und war im Begriff, die Reise nach Süden fortzusetzen. Offenbar hatte er jedem Adressaten eine bestimmte Rolle in der komplexen Strategie zugewiesen, mit der er sich den Rückweg an den Hof offenhalten wollte. Der Brief an Charlotte von Stein beschäftigte sich vor allem mit dem Tagebuch, dessen erster Teil jetzt in einem Paket an sie abgehen sollte. Sie würde es, schrieb er, etwa vierzehn Tage nach dem Brief erhalten.[36] Seidel informierte er gleichzeitig, daß er das für Frau von Stein bestimmte Paket mit der Schnellpost an ihn nach Weimar schicken werde, auf langsamerem Weg dann auch eine Kiste mit verschiedenen Gegenständen. Er entschied dann aber anders und tat, wie er in einem Zusatz schrieb, das Paket für Charlotte von Stein mit in die Kiste. In dieser befanden sich unter anderem 25 Pfund ausgesuchten Kaffees aus Ägypten, den Seidel an die Herzoginnen Louise und Anna Amalia sowie an das Ehepaar Herder verteilen und den Rest für sich selbst behalten sollte.

Im Brief an Charlotte von Stein aus Venedig betonte Goethe den persönlichen Charakter des Tagebuchs, das, wie er schrieb, nur für sie bestimmt sei. Doch sei dies nicht der einzige Zweck. Nach Ausmerzung einiger intimer Einzelheiten könne es auch von den anderen Weimarer Freunden gelesen werden, jedoch erst nach seiner Rückkehr aus Italien. Er riet ihr deshalb, den Text eigenhändig abzuschreiben, wobei sie alles irgendwie Kompromittierende mit Bezug auf ihre Liebesbeziehung weglassen sollte. Vor allem das «Du» sei in ein «Sie» umzuwandeln. Vorerst aber sollte das Tagebuch geheim bleiben: «Du müßtest aber doch daraus nicht vorleßen, noch kommuniciren, denn sonst hab ich nichts zu erzählen wenn ich zurückkomme. Auch sagst du nicht daß du es hast, denn es soll doch noch niemand wißen, wo ich sey und wie es mit mir sey.» Goethe fürchtete offenbar immer noch, daß der erste Teil des Tagebuches nach Weimar gelangte, bevor er in Rom angekommen war, und beschloß wahrscheinlich gerade deshalb, es in der Kiste zu schicken, die länger unterwegs sein würde. Erst wenn er sein Endziel erreicht hatte, durfte und mußte das Geheimnis fallen, so hatte er selbst mehrmals Seidel geschrieben. Am 17. Oktober, in Cento kurz vor Bologna, wo er sich die berühmte *Hl. Caecilia* von Raffael ansehen wollte, fiel der Name Rom zum ersten Mal im Tagebuch, das er weiterhin für Charlotte von Stein führte. Jetzt endlich sprach er von der Sehnsucht, Rom zu sehen, die er sein Leben lang gehegt habe. Er schrieb aufgeregt, fast fieberhaft, immer noch besessen von der dunklen Angst, daß ihn etwas daran hindern könnte: «Was aber die Nähe von Rom mich zieht druck ich nicht aus. Wenn ich meiner Ungedult folgte, ich sähe nichts auf dem Wege und eilte nun grad aus. Noch vierzehn Tage und eine Sehnsucht von 30 Jahren ist gestillt! Und es ist mir immer noch als wenns nicht möglich wäre.»[37] Danach sprach er oft, ja geradezu zwanghaft von Rom. Er war voller Ungeduld, sein Ziel so schnell wie möglich zu erreichen, doch fürchtete er immer noch, daß etwas dazwischenkommen könnte. In Bologna schrieb er am 18. Oktober ins Tagebuch, er hoffe zu Allerheiligen in Rom zu sein. Doch schon am 29. Oktober trug er, müde von den Strapazen der Reise, aber überglücklich ein, daß er endlich in Rom angekommen sei.[38]

Noch im Brief aus Venedig hatte er Herzog Carl August «Ort und Zeit» verschwiegen. Er versicherte, daß es ihm gut gehe und erinnerte an das letzte Zusammentreffen in Karlsbad, bei dem er in Gegenwart des Herzogs gleichsam Rechenschaft über den größten Teil seines Lebens habe ablegen müssen. Seine «Hegire», der Beginn seiner Pilgerreise, sei bezeichnenderweise auf den 3. September, den Geburtstag des Herzogs, gefallen, was ihm die Überzeugung gebe, daß nichts ihn von ihm trennen könne. Er schrieb wörtlich: «Alles dieses läßt mich abergläubischen Menschen die wunderlichsten Erscheinungen sehn. Was Gott zusammengefügt hat, soll der Mensch nicht scheiden.» Der Brief schloß mit dem Satz: «Es versteht sich daß man glaubt Sie wißen wo ich sey». Der Sinn dieser Worte ist unmißverständlich. Um keine Zweifel an seiner Treue aufkommen zu lassen, durfte niemand den Verdacht schöpfen, daß der Herzog nicht wußte, wo Goethe sich befand. Man sieht, der pathetische Ton entsprang einer ganz praktischen Sorge. Die wichtige Zusammenkunft zwischen Goethe und Herzog Carl August, auf die auch im Brief vom 2. September angespielt wird, hat keine anderen Spuren in der Überlieferung hinterlassen. Im schon erwähnten Brief an Frau von Stein vom 23. August ist jedoch von einer Lesung der *Iphigenie* im Beisein des Herzogs die Rede: «Gestern Abend ward Iphigenie gelesen und gut sentiert. Dem Herzog wards wunderlich dabey zu Muthe. Jetzt da sie in Verse geschnitten ist macht sie mir neue Freude, man sieht auch eher was noch Verbesserung bedarf.»[39] Goethe betrachtete also dieses Werk, an dem er während der ganzen Reise arbeitete, als ein Pfand seiner Treue, aber auch als einen Vorschuß auf die Zukunft. In der Tat kündigte er dem Herzog schon im zweiten Brief aus Rom vom 12. Dezember 1786 die baldige Übersendung des inzwischen ganz überarbeiteten Textes als eine sozusagen geschuldete Huldigung an. In diesem Brief gab Goethe zu verstehen, daß die Wende in seinem Leben schon eingeleitet war, vor allem im Hinblick auf seine dichterische Tätigkeit, der er sich nun endlich wieder ganz widmen konnte: «Daneben hab ich meine Iphigenie ganz umgeschrieben, ein ehrlicher Schweizer macht mir nun eine Copie und um Weynachten wird sie abgehn können. Ich wünsche daß ich mit dieser Mühe überhaupt und auch für Sie etwas gethan haben möge. Nun soll es über die andern Sachen, endlich auch über Faust hergehn. Da ich mir vornahm, meine Fragmente drucken zu lassen, hielt ich mich für todt, wie froh will ich seyn, wenn ich mich durch Vollendung des angefangnen wieder als Lebendig legitimiren kann.»[40] Im Brief aus Venedig vom 14. Oktober hatte er sich als einen «abergläubischen Menschen» bezeichnet, und diesen Ausdruck wiederholte er 1829 in einem Gespräch mit Eckermann. Am 10. Februar dieses Jahres schrieb dieser zusammenfassend auf: «Aberglauben, daß er nicht hinkomme, wenn jemand darum wisse. Deshalb tiefes Geheimnis. Von Rom aus an den Herzog geschrieben.»[41] Aber erklärt das etwas? Zwei Jahre zuvor, im Laufe einer von Eckermann am 3. Mai 1827 aufgezeichneten Unterhaltung, zu der die Besprechung von Jean-Jacques Ampère zu einer französischen Übersetzung von Goethes dramatischen Werken Anlaß gegeben hatte, sprach der Dichter über diese schwierige Zeit in seinem Leben auf eine Art und Weise, die der Wirklichkeit sehr viel näher kam. Er fand nämlich überaus zutreffend, was der Rezensent über ihn geschrieben hatte: «Wie richtig hat er bemerkt», sagte er zu seinem Sekretär, «daß ich in den ersten zehn Jahren meines weimarischen Dienst- und Hoflebens so gut wie gar nichts gemacht, daß die Verzweiflung mich nach Italien getrieben, und daß ich dort, mit neuer Lust zum Schaffen, die Geschichte des Tasso ergriffen, um mich in Behandlung dieses angemessenen Stoffes von demjenigen freizumachen, was mir noch aus meinen weimarischen Eindrücken und Erinnerungen Schmerzliches und Lästiges anklebte».[42] Der Hinweis auf Tasso und implizit auf dessen schwierige Beziehungen zum Ferrareser Hof ist, wie sich zeigen wird, sehr viel nützlicher zum Verständnis der Lage als der angebliche «Aberglauben», von dem Goethe zwei Jahre später sprach.

Die Stränge dieser verwickelten Geschichte sind nun entflochten; sie liegen offen da und lassen sich unterscheiden und voneinander trennen. So können wir endlich auch klären, warum Goethe seine «Flucht» nach Italien mit solch großem Geheimnis umgab und welches Ergebnis er sich von der Reise erhoffte. Das Ziel, nach dem Goethe strebte und auf das er mehrmals anspielte, ohne es ausdrücklich zu nennen, war die Befreiung vom Staatsdienst, um sich wieder hauptsächlich seiner dichterischen Tätigkeit widmen zu können. Dabei wollte er jedoch nicht auf das Gehalt verzichten, das der Herzog ihm zahlte. Er war sich sehr ungewiß darüber, ob er dieses Ziel erreichen könne, denn Carl August von Sachsen-Weimar hatte ihn ja für den Staatsdienst und nicht als Dichter nach Weimar berufen und dort zehn Jahre an seinem Hof festgehalten. Es war sehr schwierig, eine solch radikale Änderung seiner Stellung durchzusetzen. Um den Herzog dazu zu bringen, bedurfte es der ganzen Anstrengung, Phantasie und Geschicklichkeit eines Mannes wie Goethe. Der Herzog dachte nicht einmal von ferne an eine solche Möglichkeit. Die im Brief an Seidel vom 18. September 1786 gebrauchte Metapher vom reifen Apfel, der von allein vom Baum fällt, umschrieb deshalb sehr gut den Sinn dieser heiklen Operation. Das Geheimnis über Ziel und Dauer der Reise war eine nötige Vorsichtsmaßnahme, um der Gefahr eines vorzeitigen Scheiterns des Planes zu begegnen. Es sollte den Herzog entmutigen, ihn zurückzubeordern, bevor er sich so weit entfernt hatte, daß eine schnelle Rückkehr unmöglich wurde. Erst nach der Ankunft in Rom durfte er sagen, wo er sich befand. Die weite Entfernung vom Weimarer Hof gab ihm den Vorsprung, von dem aus er die Bedingungen seiner Rückkehr aushandeln konnte. Es war jedenfalls schwieriger, ihn aus Rom zurückzurufen als aus Verona oder Venedig. Die Distanz war die Vorbedingung für die Dauer der Reise. Goethe hatte es nötig, längere Zeit in Rom zu bleiben, um den Herzog zu zwingen, ihn so lange vom Dienst zu dispensieren, daß damit schon der Rückzug aus den Ämtern mit all dem, was daraus folgte, präfiguriert war. Der Herzog mußte vor die vollendete Tatsache einer langen Abwesenheit gestellt werden, die als bezahlter Urlaub gerechtfertigt war. Damit begann eine längere Probezeit, die beweisen sollte, daß die Verwaltung des kleinen Staates auch ohne ihn funktionierte, und zwar so gut, daß leicht und für immer auf seine Dienste verzichtet werden konnte.

Auf der Rückreise von Neapel nach Rom im Juni 1787 erreichte Goethe ein kurzes Schreiben des Herzogs, in dem dieser ihn dazu ermunterte, so lange in Italien zu bleiben, bis er die Ausgabe seiner Werke zu Ende gebracht habe. Goethe antwortete begeistert am 7. Juli aus Rom und teilte mit, die Abreise noch etwas herausschieben zu wollen. Am 11. August bat er schließlich darum, noch bis Ostern 1788 bleiben zu dürfen. Sein Wunsch wurde erfüllt, so daß der Aufenthalt in Rom sich noch um fast ein Jahr verlängerte.[43]

Durch die stufenweise, immer längere Ausdehnung des Urlaubs konnte Goethe schließlich den Herzog von der gewünschten Lösung überzeugen. Während dieser Zeit wurde, um bei der Metapher zu bleiben, der Apfel so reif, daß er von selbst vom Baum fiel. Der Dichter kehrte nach fast zwei Jahren mit dem Erfolg in der Tasche nach Deutschland zurück. Carl August dispensierte ihn praktisch von allen Staatsgeschäften, und nicht nur das allein. Er erhöhte ihm sogar das Gehalt von 1600 auf 1800 Taler. Dies war das bestmögliche Ergebnis, das Goethe sich von seiner Reise erhoffen konnte. Aber davon gleich noch mehr.

Das Inkognito

Goethes Flucht aus Karlsbad stiftete eine gewisse Verwirrung unter den zurückgelassenen Freunden, besonders da sie so heimlich ins Werk gesetzt worden war. Frau von Asseburg, eine preußische Adlige, die am 28. August an der Geburtstagsfeier teilgenommen hatte, drückte am 8. September, kurz vor ihrer Abreise aus Karlsbad, das allgemeine Mißfallen, wenn auch scherzhaft, in einem Brief an Herzog Carl August auf folgende Weise aus: «Der H. Geheime Rath von Goethe ist ein deserteur dem ich gern nach aller Strenge des KriegesRechts behandeln möchte.» Ganz heimlich habe er sich davongestohlen, «ohne von uns Abschied zu nehmen, ohne im geringsten seinen Entschluß vermuthen zu lassen: Das war wirklich recht häßlich! bald möchte ich sagen à la françoise. Nein, wir Preußen überlisten unsre Feinde nie aber brauchen wir List gegen unsre Freunde.»[1] Der scherzhafte Ton verbarg nur mühsam die Verlegenheit, bei der Ärger mitschwang und die sich bei den engsten Freunden zu ernster Besorgnis steigerte. Caroline Herder, die sehr an Goethe hing und ihm wegen der seelischen Krise, von der sie gehört hatte, verzieh, sprach von der heimlichen Flucht noch Monate später in einem Brief aus Weimar vom 8. Februar 1787 an den gemeinsamen Freund Johann Wilhelm Ludwig Gleim: «Von Goethe wissen Sie also noch nicht daß er seit Oktober vorigen Jahrs in Rom ist? er lebt dort sehr glücklich. Sein Geist hatte hier keine bleibende Stäte mehr und er eilte im Stillen, ohne es den Vertrautesten Freunden zu sagen, fort. Ihm ist diese Erholung äußerst nötig gewesen ...»[2] Auch ihrem Gatten kam die sonderbare Abreise nicht so schnell wieder aus dem Gedächtnis, denn noch nach mehr als einem Jahr schrieb Herder am 29. November 1787 an Johann Friedrich Racknitz, einen anderen gemeinsamen Bekannten: «Unser Goethe befindet sich in Italien vortrefflich. Er entfloh aus Karlsbad, ohne ein Wort zu sagen und ließ mir bloß einen Zettel nach: aus Rom meldete er sich, und das war nicht übel.»[3]

In den zwei ersten Monaten seiner Abwesenheit, als noch niemand wußte, wohin er sich entfernt hatte, war die Unruhe der Freunde wesentlich größer gewesen. Wie schon gesagt, verschwiegen die Briefe aus Verona und Venedig noch, in welches Land die Reise gegangen war. Klarheit darüber sollte erst der erste Teil des Tagebuchs für Frau von Stein schaffen, das Goethe am 14. Oktober von Venedig aus in einer Kiste nach Weimar schickte, wo es seiner Voraussicht nach gegen Ende des Monats ankommen würde. In der Tat gelangte die Kiste wohlbehalten an ihren Bestimmungsort. Aber Seidel hatte Goethes Anweisungen nicht richtig verstanden und nicht begriffen, daß das Tagebuch im Stroh der Verpackung versteckt war. Deshalb konnte er das Tagebuch Frau von Stein nicht aushändigen. Goethe bemerkte dieses Versäumnis erst gegen Ende des Jahres und schrieb am 30. Dezember aus Rom an Seidel, sofort dafür zu sorgen, daß Frau von Stein das Tagebuch erhielt. Aber jetzt war es zu spät, denn die Freunde und Frau von Stein selbst hatten schon durch seine Briefe vom 1. November erfahren, wo er sich aufhielt. Seit ungefähr dem 20. November wußte man nunmehr in Weimar, daß er sich in Rom befand. Mehr als zwei Monate waren vergangen, seit er sich am 3. September in Karlsbad auf französisch verabschiedet hatte. In dieser Zeit hatte die Nachricht von seinem geheimnisvollen Verschwinden in ganz Deutschland die Runde gemacht, ohne daß es zu entdecken gelang, wo er sich versteckt hielt.[4]

Goethe hatte Fritz von Stein, den jüngsten Sohn Charlottes, einige Zeit vor seiner Abreise zu sich in sein Weimarer Haus genommen, um sich um seine Erziehung zu kümmern. Seine Geliebte ermöglichte es ihm auch, Vaterpflichten einem Sohn gegenüber wahrzunehmen, der nicht der seine war.[5] Von Karlsbad aus hatte Goethe am 2. September auch an seinen Zögling geschrieben, um ihm seine Abreise mitzuteilen. Das Ziel der Reise verriet er ihm dabei ebensowenig wie den anderen, aber er versprach, ihm bei seiner Rückkehr viel erzählen zu wollen.[6] Da Seidel, den Anweisungen gemäß, dem Jungen keine näheren Angaben machte, war auch Fritz ohne Nachricht von seinem Ziehvater. In größter Aufregung schrieb er deshalb Mitte Oktober einen Brief an Frau Aja, Goethes Mutter, mit der flehentlichen Bitte, ihm den Aufenthaltsort ihres Sohnes zu verraten. Nicht einmal der Herzog, schrieb er, wisse Genaueres, glaube aber, daß Goethe sich in Böhmen befinde. Frau Aja berichtete am 17. November 1786 ihrem Sohn von diesem Brief, kurz nachdem sie selbst einen Brief aus Rom erhalten hatte, in dem Goethe auch ihr am 4. November seine wenige Tage zuvor erfolgte Ankunft in der ewigen Stadt gemeldet hatte.[7]

Der Herzog befand sich in jenen Tagen noch in Berlin und erhielt Goethes ersten Brief aus Rom vom 3. November, der ihm endlich das wahre Reiseziel verriet, etwas verspätet. Sein entflohener Minister schrieb ihm darin: «Endlich kann ich den Mund aufthun und Sie mit Freuden begrüßen, verzeihen Sie das Geheimniß und die gleichsam unterirdische Reise hierher. Kaum wagte ich mir selbst zu sagen wohin ich ging, selbst unterwegs fürchtete ich noch und nur unter der Porta del Popolo war ich mir gewiß Rom zu haben.» Nach diesem mutigen Auftakt schlug Goethe wieder das alte Thema der Lebenskrise an, die ihn zur Reise getrieben habe: «Ja die letzten Jahre wurd es eine Art von Kranckheit, von der mich nur der Anblick und die

Gegenwart heilen konnte. Jetzt darf ich es gestehen. Zuletzt durft ich kein Lateinisch Buch mehr ansehn, keine Zeichnung einer italiänischen Gegend. Die Begierde dieses Land zu sehn war überreif ...» Darauf folgte die Bitte um einen nicht näher präzisierten, längeren Urlaub, in der Hoffnung, daß man ihn in Weimar entbehren könne, um dann zu schließen: «... so laßen Sie mich das gut vollenden was gut angefangen ist und was jetzt mit Einstimmung des Himmels gethan scheint.»[8] Carl August war in diesem Augenblick sehr von seinen politischen Angelegenheiten in Anspruch genommen und antwortete nicht sofort. Am 2. Dezember schrieb er jedoch an Goethes alten Freund Karl Ludwig Knebel, er wisse, daß Goethe in Rom sei, und habe an Frau von Stein mit Bezug auf ihn geschrieben.[9] Auch von seiner Geliebten hatte Goethe noch keine Antwort auf die verschiedenen Briefe erhalten, die er ihr aus Rom geschrieben hatte. Erst am 9. Dezember erhielt er zusammen mit einem Schreiben von Seidel ein lakonisches Billet von ihr, das ihn sehr enttäuschte. Darüber beklagte er sich («ich sage dir nicht wie dein Blätgen mein Herz zerrißen hat»)[10], als ob er die guten Gründe der Dame, beleidigt zu sein, nicht verstünde. Es war für Charlotte von Stein in der Tat nicht einfach, ihm die plötzliche Abreise, das so lange gehütete Geheimnis über das Reiseziel und manch anderes noch zu vergeben. Frau von Stein schmollte und würdigte ihn keiner Antwort auf seine Briefe. Sie unterließ es auch, ihm mitzuteilen, was Herzog Carl August ihr am 2. Dezember in bezug auf ihn geschrieben hatte, noch kam sie seiner in den Briefen vom 7. und 24. November ausgesprochenen Bitte nach, ihn der Herzogin zu empfehlen.[11] Daß er keine Antwort vom Herzog und nicht einmal eine Andeutung von Zustimmung erhielt, machte Goethe allmählich nervös. Frau von Stein hatte immer einen wichtigen Verbindungskanal zum Hof dargestellt, der durch ihr Schweigen nun unterbrochen war. Goethe wußte zwar, daß die Post von Berlin nach Rom ihre Zeit brauchte, fürchtete aber trotzdem, daß Carl August sein fernes Reiseziel mißbilligte. Am 12. Dezember schrieb er ihm deshalb im schon erwähnten zweiten Brief aus Rom, um sich nochmals wärmstens zu empfehlen und zu bitten, noch einige Zeit in Italien bleiben zu dürfen. Zugleich bat er um ein Zeichen der Zustimmung: «Versagen Sie mir ein Zeugniß Ihres Andenckens und Ihrer Liebe nicht. Einsam in die Welt hinausgestoßen wäre ich schlimmer dran als ein Anfänger wenn ich das zurückgelaßne nicht auch erhalten könnte.»[12]

Zum Glück war die Lage nicht so ungünstig, wie er fürchtete. Am 14. Dezember schrieb der Herzog von Berlin aus an seine Mutter, die Herzogin Anna Amalia: «Goethens Aufenthalt wissen Sie nun endlich. Die guten Götter mögen ihn begleiten: ich habe ihm gestern geschrieben und ihn gebeten, so lange wegzubleiben, als er es selbst möchte.»[13] Die himmlische Huld, die Goethe herabgefleht hatte, wurde ihm also nicht entzogen. In Rom ließ ein herzoglicher Brief jedoch noch ein paar weitere Wochen lang auf sich warten, so daß er von Tag zu Tag unruhiger wurde. Am 29. Dezember schrieb er an Frau von Stein, mit welcher der Briefwechsel wieder in Gang gekommen war, sie solle beginnen, an seine Rückkehr im kommenden Frühjahr zu denken. Am Tag darauf bat er sie in einem Zusatz, davon auch dem Herzog zu erzählen: «Von meinem Rückreise Plan sagst Du nur dem Herzog und den nächsten. Empfiel mich dem Herzog ich habe noch keinen Brief von ihm.»[14] Erst Anfang Januar konnte er aufatmen. Am 6. berichtete er den Freunden in Weimar, er habe «einen gütigen, mitfühlenden Brief» des Herzogs erhalten, «der mich auf eine unbestimmte Zeit von meinen Pflichten losbindet und mich über meine Ferne beruhigt.» Weder dieser noch andere vom Herzog oder den Freunden an Goethe nach Italien geschriebene

Briefe sind erhalten, so daß deren Inhalt aus den Antworten rekonstruiert werden muß. Am 13. Januar schrieb Goethe an Herzog Carl August, um ihm von ganzem Herzen seinen Dank auszudrücken: «Wie sehr danck ich Ihnen, daß Sie mir so freundlich entgegen kommen, mir die Hand reichen und mich über meine Flucht, mein Aussenbleiben und meine Rückkehr beruhigen.»[15] Der erste Teil des Plans – der heikelste und gefährlichste zweifellos – konnte also mit Erfolg als abgeschlossen gelten. Das übrige sollte nach und nach folgen.

Im Januar 1787 begab sich Herzog Carl August, begleitet von Knebel, nach Mainz, um dort mit dem greisen Erzbischof Friedrich Karl Joseph von Erthal über die Ernennung Karl Theodor von Dalbergs zum Koadjutor und künftigen Nachfolger auf dem Erzstuhl zu verhandeln. Dalberg war Mainzer Statthalter in Erfurt und dem Herzog treu verbunden, weshalb seine Kandidatur auch von Preußen unterstützt wurde, mit dem Herzog Carl August im Fürstenbund alliiert war. Der kaiserliche Hof in Wien befehdete die Kandidatur Dalbergs allerdings heftig, weil er eine Zunahme des preußischen Einflusses befürchtete und darin eine Gefahr für die künftige Kaiserwahl sah, denn der Erzbischof von Mainz war einer der Kurfürsten, die den deutschen Kaiser wählten.[16] Der Aufenthalt Herzog Carl Augusts in Mainz und das Geheimnis, das Goethes Reise nach Rom mehrere Monate lang umgeben hatte, ließen den Verdacht aufkommen, daß zwischen beiden Ereignissen ein Zusammenhang bestehe. Am 27. Januar 1787 schrieb der kaiserliche Resident in Mainz, Graf Ferdinand von Trauttmannsdorff, an den Staatskanzler, Fürst Wenzel Anton von Kaunitz, in Wien, daß das Gerücht umgehe, Goethe sei in geheimer Mission nach Rom gesandt worden, um die Unterstützung des Papstes für die preußischen Absichten auf den Mainzer Erzstuhl zu gewinnen. Er fügte aber hinzu, dieses Gerücht rühre nur von dem «äußersten Geheimnis her, welches dabey eingehalten wurde, da seine eigene Frau ihre Briefe an ihn noch nach Frankfurt, wo sie ihn zu seyn glaubte, gestellet hatte, als vom Herrn Herzog schon der Befehl daselbst zurückgelassen worden ware, alles an den Herrn von Goethe Einlaufende unmittelbar nach Rom zu befördern.» Die Depesche Trauttmannsdorffs beunruhigte Kaunitz. Er antwortete am 7. Februar und beauftragte den Residenten, weitere Informationen in Erfurt einzuholen; zugleich wolle er auch die kaiserliche Botschaft in Rom mit der Frage befassen.[17] Goethe, der mit den politischen Machenschaften seines Herzogs nicht das geringste zu tun hatte, beschwor also mit seiner geheimnisvollen Abreise fast eine diplomatische Krise herauf! Trauttmannsdorff hatte zudem erfahren, daß Frau von Stein, von ihm fälschlich als Goethes Frau bezeichnet, im Laufe des Januars Goethes Mutter die aus Rom erhaltenen Briefe geschickt hatte, und daraus falsche Schlüsse gezogen. Der Herzog selbst hatte außerdem Frau Aja in Frankfurt einen Besuch abgestattet, wie diese am 29. Januar 1787 Charlotte von Stein in einem Brief berichtete, in dem sie sich auch für die erhaltenen Briefe aus Rom bedankte.[18] Alle diese kleinen, unbedeutenden Ereignisse ohne die geringste politische Relevanz wurden zu einem diplomatischen Fall aufgebauscht, der später auch noch ein römisches Nachspiel haben sollte.

Goethe konnte sein Ziel auch deshalb so lange geheimhalten, weil er vorsichtshalber ein Inkognito angenommen hatte. Im Brief an Carl August vom 2. September 1786 hatte er geschrieben, daß er unter falschem Namen reisen wolle, unter welchem, verriet er dem Herzog allerdings nicht. Nur Seidel hatte er den Namen in seinen Instruktionen vom 23. August angegeben, als er ihm auftrug, dem Jenaer Kaufmann Paulsen, der ihm Bankiersdienste leistete, die zur Finanzierung der Reise nötigen Gelder zu übermitteln: Die erste Tranche von 200 Talern, schrieb er Seidel, solle Paulsen an Herrn Johann Philipp Möller überweisen.[19] Hier erscheint zum ersten Mal der falsche Name, den Goethe für seine Reise gewählt hatte, wobei Johann sein eigener, Philipp der Name seines Dieners war.[20] Als einer der gewöhnlichsten deutschen Familiennamen bot Möller eine gute Tarnung, um unbemerkt zu bleiben. Paulsen wußte offenbar nicht, wer dieser Johann Philipp Möller war, denn am 14. Oktober bat Goethe Seidel in einem Brief, er möge jenem sagen, daß Möller in Venedig bei den Bankiers Reck und Lamnit die an ihn überwiesene Summe von 167 französischen Livres und 14 Scudi eingelöst habe.[21] Dieses Geld war auftragsgemäß über das Frankfurter Bankhaus Bethmann nach Venedig geleitet worden. Aber auch die Bethmanns sollten nicht wissen, wer sich hinter dem Namen Möller verbarg. Dem Brief an seine Mutter aus Rom vom 4. November 1786 legte Goethe einen Brief an die Bankiers mit der Bitte bei, ihn weiterzuleiten, ohne erkennen zu lassen, woher er käme. Denn: «Die Bethmänner haben mir ohne es selbst zu wissen unter einem fremden Namen Credit gemacht.»[22] Frau Aja führte den Auftrag nach Wunsch aus, wie sie ihrem Sohn am 17. November schrieb.[23] Seidel war und blieb also lange der einzige, dem die wahre Identität des Herrn Möller bekannt war.

Das Inkognito, zu dem Goethe seine Zuflucht nahm, war keineswegs überflüssig und erwies sich bei allen Etappen der Reise als sehr nützlich, vor allem auch schon in Deutschland, wo der Dichter viel bekannter war als in Italien. Die deutschen Zeitungen pflegten die Namen aller Reisenden zu veröffentlichen, die in den Hotels und Gasthöfen abstiegen, gleich welchen Standes sie waren. So geschah es auch während Goethes Reise durch Süddeutschland auf dem Weg nach Italien. Am 12. September 1786 schrieb das *Regensburger Diarium*: «Den 4. September per posta, Herr Möller, Passagier von Leipzig logiert im weißen Lamm.» Am 13. September vermeldete auch das *Münchner Wochenblatt,* daß «Herr Möller, Kaufmann aus Leipzig, bei Herrn Albert, Weingastgeber zum Schwarzen Adler, in der Kaufinger Gasse» abgestiegen sei.[24] In diesem Gasthof hatte im Jahr zuvor auch Knebel gewohnt; Goethe wußte dies und hatte aus diesem Grunde dieses Quartier gewählt.[25] Goethe kannte die Usance der Gazetten, die Namen der Reisenden bekanntzugeben. Am 5. Juni 1788 schrieb er aus Konstanz an Herder, er habe aus einer Zeitung erfahren, daß er zusammen mit Dalberg – dem Domherrn Johann Friedrich, Bruder des Statthalters von Erfurt Karl Theodor – die Reise nach Rom angetreten habe.[26] Es handelte sich jedoch um eine Zeitungsente. Herder reiste tatsächlich erst Anfang August ab. Daß die Zcitungen aber die Durchreise von Gästen anzuzeigen pflegten, war Goethe zweifellos bekannt.

Wenn Goethe aber verhindern wollte, daß man aus seinem Aufenthalt in Süddeutschland auf die Reiserichtung schloß, so mußte er noch weitere Vorsichtsmaßnahmen ergreifen. Es wäre natürlich klug gewesen, alle jene Orte zu vermeiden, wo man ihn hätte erkennen können. Aber gerade dieses Risiko bereitete ihm einen angenehmen Schauder. In Regensburg betrat er eine Buchhandlung, wo ihn ein Gehilfe, der im vorigen Jahr bei einem Buchhändler in Weimar gearbeitet hatte, sofort erkannte. Er leugnete aber ganz schamlos, Goethe zu sein. In der gleichen Stadt besuchte er auch das Naturalienkabinett des Pastors Jacob Christian Schäffer. Dieser kannte ihn indessen nicht persönlich, so daß er sich nur unter dem Namen Möller ins Besucherbuch einzutragen brauchte, um unbelästigt zu bleiben.[27] In München stieg er zwar im gleichen Gasthof wie Knebel ab, aber es genügte, den wahren Namen nicht zu verraten. Auch das Atelier des Malers Franz Kobell, mit dem er früher einmal korrespondiert hatte, besuchte er in München. Da ihn dort jedoch niemand vom Ansehen her kannte, vergnügte Goethe sich damit, den Malern, von denen ihm einige namentlich bekannt waren, bei der Arbeit zuzusehen. Diese ersten Reiseerfahrungen kommentierte er im Tagebuch für Frau von Stein mit den Worten: «Herder hat wohl recht zu sagen: daß ich ein groses Kind bin und bleibe, und ietzt ist mir es so wohl daß ich ohngestraft meinem kindischen Wesen folgen kann.»[28] Dies ist eine sehr wichtige Aussage, die Herder wiederholte, als er das Milieu kennenlernte, in dem sein Freund in Rom gelebt hatte.

Um sich dem Inkognito anzupassen und sich überzeugend als Kaufmann Möller aus Leipzig ausgeben zu können, mußte zuallererst auf passende Kleidung geachtet werden. Goethe reiste aus Karlsbad mit einem Mantelsack und einem Dachsranzen ab, in Regensburg kaufte er sich dazu ein «Coffregen», einen kleinen Koffer. Als Kleidung trug er eine Weste mit Ärmeln, einen Überrock, einen Mantel und Stiefel; auch ein Paar Taschenpistolen führte er mit sich, deren Gebrauch zum Glück nicht nötig wurde.[29] Sobald er die Sprachgrenze überschritten und in Rovereto festgestellt hatte, daß nur noch Italienisch gesprochen wurde, konnte er endlich auch seine Sprachkenntnisse auf die Probe stellen. Das Resultat scheint befriedigend gewesen zu sein, denn im Tagebuch merkte er an: «Wie froh bin ich daß die Geliebte Sprache nun die Sprache des Gebrauchs wird.» Schon vorher in Trient war er zur Erkenntnis gekommen, daß er völlig anders gekleidet ging, als es in Italien üblich war: «Es hat kein Mensch Stiefeln an, kein TuchRock zu sehn. Ich komme recht wie ein nordischer Bär vom Gebirge. Ich will mir aber den Spas machen mich nach und nach in die Landtracht zu kleiden.»[30] Dies tat er in Verona, wo er feststellte, daß die Leute auf der Straße verwundert seine Stiefel betrachteten, die ihn schon auf den ersten Blick als einen wohlhabenden ausländischen Reisenden auswiesen. Er beschloß also, sie auszuziehen und sich ganz italienisch zu kleiden. Parallel zum Tagebuch führte er auch ein Ausgabenbuch, zunächst in deutscher, dann, von Malcesine an, dem ersten Ort der Republik Venedig an der Grenze zum Reich, in italienischer Sprache, in dem er Tag für Tag seine Auslagen registrierte. Diesem Ausgabenbuch zufolge, das heute noch in Goethes Archiv bewahrt ist, kaufte er in Verona Stoffe, Schuhe, Schnallen, Strümpfe, Hemden sowie eine Haarbürste und ließ sich von einem Schneider eine seidene Hose und ein «vestimento» aus Tuch anfertigen, wohl einen langen Rock mit Schößen.[31] So als italienischer Kaufmann gekleidet, machte er einen Besuch beim Friseur und ging dann stolz unter dem Volk auf dem Bra, dem größten Platz der Stadt, spazieren. Am 17. September schrieb er abends ins Tagebuch: «Heute bin ich ganz unbemerckt durch die Stadt und auf dem Bra gegangen. Ich sah mir ab, wie sich ein gewisser Mittelstand hier trägt und lies mich völlig so kleiden. Ich hab einen unsäglichen Spas daran. Nun mach ich ihnen auch ihre Manieren nach. Sie schleudern Z. E. alle im Gehn mit den Armen. Leute von gewissem Stande nur mit dem rechten weil sie den Degen tragen und also die lincke stille zu halten gewohnt sind, andre mit beyden Armen. u.s.w.»[32]

In Vicenza kostete er zum zweiten Mal die Freude an der Verkleidung aus. Er schlenderte über den Markt, sprach mit diesem und jenem, beobachtete und wurde von anderen beobachtet, die ihn für einen der Ihrigen hielten: «In meiner Figur, zu der ich noch leinene Unterstrümpfe zu tragen pflege, wodurch ich gleich einige Stufen niedriger rücke, stell ich mich auf den Marckt unter sie, rede über jeden Anlaß, frage sie, sehe wie sie sich unter einander gebärden und kann ihre Natürlichkeit, freyen Muth, gute Art nicht genug loben.» Zwei Tage später, er war immer noch in Vicenza, dann wieder das gleiche Vergnügen. Er täuscht die Leute über seinen wahren

Stand, gibt sich als Kaufmann aus, ohne Angst, daß man ihn als den Dichter Goethe oder den Minister des Herzogs von Weimar entlarven könnte: «Nun ists mein Spas sie mit den Strümpfen irre zu machen, nach denen sie mich unmöglich für einen Gentleman halten können. Übrigens betrag ich mich gegen sie offen, höflich, gesetzt und freue mich nur so frey ohne Furcht erkannt zu werden herumzugehn. Wie lang es währen wird.» Der Unterschied zu Weimar war überwältigend und ließ die Reise nach Italien in einem neuen, begeisternden Licht erscheinen. Goethe entdeckte plötzlich eine ganz andere Form von Geselligkeit, bei der es möglich war, die Distanz aufzuheben, sich unter die anderen zu mischen und jene menschlichen Beziehungen herzustellen, welche die gesellschaftliche Hierarchie gewöhnlich verhinderte. Am Abend des 25. September wandte er sich im Tagebuch direkt an Frau von Stein und schrieb: «Ich kann dir nicht sagen was ich schon die kurze Zeit an Menschlichkeit gewonnen habe. Wie ich aber auch fühle was wir in den kleinen Souverainen Staaten für elende einsame Menschen seyn müssen weil man, und besonders in meiner Lage, fast mit niemand reden darf, der nicht was wollte und mögte. Den Werth der Geselligkeit habe ich nie so sehr gefühlt ...»[33] In Italien begann das Inkognito seine Früchte zu tragen.

In Venedig fehlte es natürlich nicht an Deutschen, aber nach dem Zwischenfall in Regensburg war er so vorsichtig, ihnen aus dem Weg zu gehen. Zwei Wochen blieb Goethe in der Lagunenstadt und benutzte die Zeit unter anderem dazu, seine Ausstattung zu verbessern. Er kaufte ein zweites Paar Schuhe, einen Hut, zwei Paar Strümpfe und zwei Unterhosen und ließ sich seine Wäsche zweimal von einer Waschfrau waschen. Er war auch versucht, sich einen Tabarro zuzulegen, den weiten Umhang, den man während des Karnevals in Venedig zu tragen pflegte. Doch war ein solches Kleidungsstück zu teuer, so daß er sich damit begnügte, zum bescheidenen Preis von 15 Soldi eine Karnevalsmaske zu kaufen und sich für einen Tag eine «Bautta», den typischen venezianischen Maskenmantel mit Kapuze, auszuleihen, was 5 Lire kostete. Dafür leistete er sich aber den Luxus, sich einen Diener zu nehmen, einen Deutschen, der die venezianischen Verhältnisse bestens kannte. Er kostete ihn die erkleckliche Summe von 70 Lire, aber seine Dienste waren sehr nützlich.[34] Die neuen Kleidungsstücke und vor allem die zahlreichen Bücher, die er in Vicenza und Venedig erworben hatte – darunter die dikken Bände der Werke Vitruvs und Palladios – vergrößerten sein Gepäck erheblich. So sah er sich gezwungen, in Vicenza den kleinen, in Regensburg gekauften Koffer reparieren zu lassen und in Venedig einen größeren Koffer dazuzukaufen.[35] Auch in Venedig gab Goethe sich als Kaufmann aus und verzichtete auch hier nicht auf den Spaß, sich unter die Menge zu mischen und Gesten und Bewegungen der Einheimischen nachzuahmen: «Alle haben etwas gemeines», notierte er, «sowohl weil sie von Einer Nation sind, die beständig im Leben und sprechen begriffen ist, als auch weil sie sich unter einander nachahmen. Sie haben gewisse Lieblings Gesten, die ich mir mercken will, und überhaupt üb' ich mich sie nachzuahmen und will euch in dieser Art Geschichten erzählen, wenn ich zurückkomme ob sie gleich mit der Sprache vieles von ihrer Originalität verliehren.»[36]

Schon am 10. Oktober hatte er im Tagebuch vorweggenommen, was er dann am 3. November Herzog Carl August in seinem ersten Brief aus Rom schrieb, daß nämlich seine Sehnsucht nach Italien eine echte Krankheit gewesen sei: «Jetzt darf ich's sagen, darf meine Kranckheit und Thorheit gestehen. Schon einige Jahre hab ich keinen lateinischen Schriftsteller ansehen, nichts was nur ein Bild von Italien erneuerte berühren dürfen ohne die entsetzlichsten Schmerzen zu leiden.» Jetzt, da er endlich Italien mit eigenen Augen sah, begann er von dieser Krankheit zu genesen: «Denn es ist mir wircklich auch jetzt so, nicht als ob ich die Sachen sähe, sondern als ob ich sie wiedersähe. Ich bin die kurze Zeit in Venedig und die Venetianische Existenz ist mir so eigen als wenn ich zwanzig Jahre hier wäre.»[37] Die Heilung machte also gute Fortschritte. Aber nicht nur Frau von Stein sollte diese Worte lesen. Bei der Abreise aus Venedig schrieb er ihr am 14. Oktober, wie schon erwähnt, daß das Tagebuch im Grunde auch für die Freunde in Weimar bestimmt sei, die es mit einigen Änderungen später einmal lesen könnten. Den letzten Teil des Tagebuchs schickte er ihr am 12. Dezember von Rom aus.[38] Dazu schrieb er ihr am 6. Januar, daß sie das Tagebuch gleich auch die anderen lesen lassen könne, womit er die anfängliche Einschränkung fallen ließ: «Mit meinem Tagebuch wenn es ankommt mache was du willst, eben so mit den ostensiblen Blättern und den Stellen meiner Briefe an dich. Gieb davon zu genießen wem und wie du willst, mein Verbot schreibt sich noch aus den stockenden Zeiten her, mögen die doch nie wieder kehren.»[39] Frau von Stein machte jedoch offenbar von dieser Erlaubnis keinen Gebrauch und schickte das Tagebuch, wie es scheint, nur an Goethes Mutter. Frau Aja fragte überall nach Nachrichten von ihrem Sohn, nicht nur bei Frau von Stein, sondern auch bei deren Sohn Fritz. Von ihnen erhielt sie zunächst einige Briefe aus Rom und dann auch das Tagebuch, dessen ersten Teil sie am 1. Juni 1787 mit großem Dank an Fritz von Stein zurückschickte.[40] Auch mit dem Ehepaar Herder tauschte Frau von Stein die römischen Briefe aus,[41] aber nichts weist darauf hin, daß sie ihnen oder anderen Freunden das Tagebuch zu lesen gegeben hätte.

Es ist leicht zu verstehen, warum sie das Tagebuch nicht zirkulieren ließ. Man konnte diesem nämlich entnehmen, daß, kaum hatte der Dichter Karlsbad den Rücken gekehrt, auch die schwere Krise mit einem Schlag überwunden war. Fern von Weimar hatte er die Freude am Leben sofort wiedergefunden: Das Wort «Spaß» kam im Tagebuch bezeichnenderweise immer wieder vor. Die wahre Krankheit war also nicht die Sehnsucht nach Italien, sondern der große Überdruß am Staatsdienst, dem Hofleben, der Etikette und den Regeln der guten Gesellschaft, welche die Hofdame ihm beizubringen versucht hatte. Das Tagebuch registrierte das Scheitern dieser erzieherischen Bemühungen. Der Bär hatte in Italien seine Freiheit zurückgewonnen und war endlich wieder glücklich. Das Tagebuch zur Lektüre herumzureichen bedeutete, die anderen wissen zu lassen, daß es Goethe fern von der Geliebten glänzend ging, so glänzend, daß er sich zu neuem Leben wiedergeboren fühlte. Es war schon besser, das Tagebuch für sich zu behalten.

Nach einigen Monaten begriff Goethe, daß er einen schweren Fehler begangen hatte, als er das Tagebuch nach Weimar schickte. Er hatte gehofft, durch das Tagebuch zu beweisen, daß die italienische Kur bestens funktionierte, und mit dieser guten Nachricht den Kanal zum Milieu des Hofes, an den er früher oder später zurückzukehren gedachte, offenzuhalten. Dabei hatte er jedoch übersehen, daß das Tagebuch eine radikale Kritik dieses Milieus enthielt, die zwar nur andeutungsweise hier und da zum Ausdruck kam, aber doch nicht leicht zu überhören war. Als Goethe sich dessen bewußt wurde, teilte er am 17. Januar 1787 Frau von Stein mit, daß er das Tagebuch seit seiner Ankunft in Rom nicht weitergeführt habe und deshalb von nun an seine Briefe dessen Aufgabe übernehmen sollten: «In Rom konnt ich nicht mehr schreiben,» rechtfertigte er sich, «Es dringt zu eine grose Masse Existenz auf einen zu, man muß eine Umwandlung sein selbst geschehen laßen, man kann an seinen vorigen Ideen nicht mehr kleben bleiben, und doch nicht einzeln sagen worinn die Aufklärung besteht. Meine Briefe, die ostensiblen Blätter mögen eine Art Tagebuch vorstellen.»[42] Seitdem schlug er einen anderen Ton an, in keinem der vielen Briefe, die er im Laufe des Jahres 1787 aus Italien schrieb, tauchte das Wort «Spaß» wieder auf. Er war in Rom, um zu studieren, die antiken und modernen Monumente sowie die Kunstsammlungen zu besichtigen und an der Edition seiner Werke zu arbeiten. Es handelte sich um eine Studien-, nicht um eine Vergnügungsreise. Dies schrieb er mit klaren Worten schon am 13. Dezember 1786 an das Ehepaar Herder: «Ich erhole mich nun hier nach und nach von meinem Salto mortale und studire mehr als daß ich genieße. Rom ist eine Welt und man brauchte Jahre um sich nur erst drinne gewahr zu werden. Wie glücklich find' ich die Reisenden, die sehen und gehn.»[43] Zurückhaltung wird von nun an den Briefwechsel prägen, der vor allem die Aufgabe hatte, eine Brücke nach Weimar zu schlagen mit dem Ziel, sich wieder mit dem Milieu zu versöhnen, aus dem er geflohen war, aber in das er früher oder später zurückkehren mußte.

Trotz aller Tarnmanöver konnte Goethe dennoch nicht verbergen, daß es ihm in Rom blendend ging. Die Freunde, die seine Briefe erhielten, merkten dies und erzählten es immer wieder weiter. Caroline Herder schrieb in diesem Sinne am 4. Februar 1787 an Johann Georg Müller («Daß unser Goethe in Rom ist wissen Sie. Er ist dort sehr glücklich ...») und am 8. Februar an Gleim («Er lebt dort sehr glücklich»).[44] Am 2. März schickte die Herzogin Anna Amalia Auszüge aus Goethes Briefen an dessen Mutter in Frankfurt. Ihre Hofdame, Luise von Göchhausen, schrieb am gleichen Tag dem gemeinsamen Freund Johann Heinrich Merck, daß man diesen Briefen anmerke, wie sehr er das römische Leben genieße («Sein Genuß steigt täglich»).[45] Frau Aja dankte der Herzogin am 9. März und drückte ihre Freude darüber aus, wie gut es ihrem Sohn gehe.[46] Der Herzog schrieb selbst an Knebel, daß es Goethe prächtig gehe, und er nur hoffe, daß er nicht über die Stränge schlage («Dem Menschen scheints gewaltig wohl zu gehen, und jetzt in seinem Alter hat er die Gewalt über sich, sichs nicht wohler werden zu lassen, als sichs geziemt»).[47] Goethes Bitte diesmal nachkommend, gab Frau von Stein die Briefe, die sie aus Rom erhielt, oft Herder zu lesen. Am 20. September 1787 schickte sie ihm gleich drei zur Lektüre. Sie hatte von ihrem Mann gehört, daß es Herder im Augenblick gesundheitlich nicht sehr gut ging, und deshalb fügte sie etwas betrübt hinzu: «Möge es Ihnen doch so wohl seyn wie ihm».[48]

In Weimar ahnte niemand, welches der wahre Grund für sein Wohlergehen war. Er hatte sich endlich aus den Zwängen des Hoflebens befreit. Eine *Römische Elegie*, die er kurz nach der Rückkehr schrieb, aber nicht zu drucken wagte, enthält eine giftige Attacke gegen die feine Gesellschaft und ihre einzwängende Etikette, die sich scheinbar auf die römische Gesellschaft bezieht, in Wirklichkeit aber gegen den Hof von Weimar zielt:

«Ehret wen ihr auch wollt! Nun bin ich endlich geborgen!
Schöne Damen und ihr Herren der feineren Welt;
Fraget nach Oheim und Vettern und alten Muhmen und Tanten;
Und dem gebundnen Gespräch folge das traurige Spiel.
Auch ihr übrigen fahret mir wohl in großen und kleinen
Zirkeln, die ihr mich oft nah der Verzweiflung gebracht.»[49]

Der Dichter gebrauchte in Rom das Inkognito vor allem, um sich den Ritualen des Gesellschaftslebens entziehen zu können, die ihm den Weimarer Hof so unerträglich gemacht hatten.

Goethe erreichte Rom am Abend des 29. Oktober 1786, aber von den Umständen seines Einzugs in die Stadt seiner Träume hat er nie in seinem Leben etwas erzählt. Durch ihn selbst erfahren wir nur, daß er Rom wie alle von Norden her kommenden Reisenden durch die Porta del Popolo betrat. Zwei Tage vor ihm war indessen ein anderer Deutscher in der Stadt eingetroffen, der Dichter Karl Philipp Moritz. Goethe lernte ihn kurz darauf kennen und schloß große Freundschaft mit ihm. In seinem Tagebuch über die italienische Reise, das er im Gegensatz zu Goethe schon bald (1792–93) veröffentlichte, beschrieb Moritz seine Ankunft in Rom sehr ausführlich. Von der Porta del Popolo aus begab er sich den langen Corso hinunter bis zum Forum Romanum, wo in der monumentalen «Basilika des Kaisers Antoninus» der Zoll seinen Sitz hatte. Hier wurde sein Felleisen untersucht, «welches», wie er schrieb, «mir nach Erlegung eines Trinkgeldes ohne Umstände verabfolgt wurde, da ich es sonst wegen einiger Bücher, die darin befindlich waren, erst in einigen Tagen wiedererhalten hätte.» Im Jahr zuvor war am 26. Februar auch der dänische Altertumsforscher Friedrich Münter in Rom angelangt. Er wußte jedoch nichts über die Notwendigkeit von dergleichen Schmiergeldern und machte unangenehme Erfahrungen: «Man visitirte den Koffer, und ziemlich scharf, die Helfte meiner Bücher ward gefunden, und zur näheren Untersuchung herausgenommen. Manuscripte hingegen waren ganz frey.»[50] Goethe hatte schon in Venedig ähnlich wie Moritz die Zollprobleme gelöst. Ein italienischer Reisender hatte ihm geraten, seinem Beispiel zu folgen, und so war, wie Goethe schrieb, «mit einem mäßigen Trinkgeld» die «Doganenqual» schnell ausgestanden.[51] Diese Episode wird nicht im Tagebuch für Frau von Stein, wohl aber in der *Italienischen Reise* erzählt, was darauf hindeutet, daß Goethe während der Reise von Karlsbad nach Rom noch ein zweites, persönliches Tagebuch führte, das er später ebenfalls für die *Italienische Reise* benutzte. In seinem Ausgabenbuch ist bei der Ankunft in Venedig am 28. September 1786 an erster Stelle eine «mancia per veder tutto» (Trinkgeld, um alles zu sehen) von 22 Lire eingetragen, keine geringe Summe, die wahrscheinlich beim Zoll nötig geworden war. Am 29. Oktober, dem Tag der Ankunft in Rom, verzeichnete Goethe ein noch höheres Trinkgeld, 24 Lire. Die römischen Zollbeamten waren offenbar noch habgieriger als die venezianischen, wenn auch zu berücksichtigen ist, daß das Gepäck in der Zwischenzeit zugenommen hatte. Außerdem trug Goethe die im Verhältnis dazu mäßige Ausgabe von 2 Scudi und 3 Paoli für das Gasthaus und 6 Lire für einen «servitor di piazza» ein, einen Mietdiener, der ihm wahrscheinlich Hilfestellung bei den ersten notwendigen Schritten wie Zollbesuch und Unterkunftssuche leistete. Ihn schickte er sicher auch gleich zu Johann Heinrich Wilhelm Tischbein, um dem Maler seine Ankunft melden zu lassen.[52] Er beabsichtigte nämlich, sich zunächst auf Tischbein zu stützen, der mit einem Stipendium des Herzogs Ernst von Sachsen-Gotha, dem Goethe ihn sehr empfohlen hatte, seit drei Jahren in Rom weilte. Goethe stand seit längerer Zeit in brieflicher Verbindung mit ihm, ohne ihn jedoch persönlich zu kennen. Tischbein beschrieb später in einem berühmten Brief an Goethe vom 14. Mai 1821 ihr erstes Zusammentreffen in Rom mit den folgenden Worten: «Nie habe ich größere Freude empfunden als damals, wo ich Sie zum Erstenmal sah, in der Locanda auf dem Wege nach St. Peter. Sie saßen in einem grünen Rock am Kamin, gingen mir entgegen und sachten: ich bin Goethe.»[53]

Einer recht plausiblen Vermutung zufolge nahm Goethe in der Locanda dell'Orso Quartier[54], aber nur für eine Nacht. Tischbein suchte ihn noch am Abend des Ankunftstages dort auf und bot ihm eine Unterkunft in der gleichen Wohnung an, in der er selbst logierte. Goethe zog schon am nächsten Tag dorthin um.[55] Es handelte sich um ein größeres Appartement im ersten Stock der Casa Moscatelli, heute Via del Corso 18–20, nur wenige Meter von der Porta del Popolo entfernt. Die Mieter dieser Wohnung waren der ehemalige Kutscher Sante Serafino Collina und seine Frau Piera Giovanna De Rossi. Das alte Ehepaar (er 71, sie 65 Jahre alt) lebten davon, daß sie einige Zimmer untervermieteten und auch die Mahlzeiten für ihre Gäste bereiteten. Zur Zeit von Goethes Ankunft in Rom waren drei deutsche Maler Untermieter bei ihnen, Tischbein und zwei jüngere Kollegen von ihm, Johann Georg Schütz und Friedrich Bury, die Landsleute von Goethe waren, da sie aus Frankfurt bzw. Hanau stammten. Tischbein hatte drei Zimmer bei den Collina gemietet, zwei große und ein kleines für seine Gäste, das er an Goethe abtrat.[56]

Auf der Reise hatte Goethe in Italien mehrmals Grenzen überschritten, als er von der Republik Venedig aus über die nördlichen Provinzen des Kirchenstaates, das Großherzogtum Toscana und wiederum durch den Kirchenstaat auf Rom zufuhr. Wie beim Betreten der Städte mußte auch an diesen Grenzen Zoll für mitgeführtes Gepäck entrichtet werden. Seinem Ausgabenbuch zufolge bezahlte er viermal,[57] möglicherweise sogar öfter. Jedesmal mußte er an der Grenze zur Bezeugung der Identität auch einen Paß zeigen.[58] Sehr wahrscheinlich lautete dieser auf den Namen Johann Philipp Möller, wenn sich auch kein solches Dokument in seinem Nachlaß gefunden hat. Im Tagebuch für Frau von Stein fällt der Name Möller nur einmal im Zusammenhang mit dem Besuch im Naturalienkabinett des Pastors Schäffer in Regensburg, den er, wie er schrieb, «unter dem angenommnen Nahmen Möller, den ich auch behalten werde,» vornahm.[59] Danach kommt der Namen Möller im Tagebuch nicht mehr vor, ebensowenig wie in den Briefen aus Italien an die deutschen Freunde. Nur Seidel machte, wie wir gesehen haben, eine Ausnahme. «Wenn ich alles überlege», schrieb Goethe ihm am 2. September, «so kann ich dir keine frühere Adresse als nach Rom geben und zwar: A Monsieur Monsieur Ioseph Cioja pour remettre à Mr. Jean Philippe Möller à Rome.»[60]

Kaum hatte er jedoch in Rom bei den Collina Quartier bezogen, so gab er neue Anweisungen. Am 1. November 1786 schrieb er den ersten Brief «an den Weimarer Freundeskreis», zu dem, wie Goethe selbst präzisierte, der Herzog, die Herzogin Louise, die Herzoginmutter Anna Amalia, Prinz August von Gotha, Herr und Frau von Stein, das Ehepaar Herder und Knebel gehörten. Diesem Brief legte er ein Blatt mit der römischen Adresse bei, an die die Briefe aus Deutschland gerichtet werden sollten, und beschrieb auch die Prozedur, welche dabei beachtet werden sollte: «Ich bitte diejenigen die mich lieben und mir wohlwollen mir ein Wort in die Ferne bald zu sagen, und dem Briefe an mich, der nur mit Oblaten gesiegelt werden kann, noch einen *Umschlag* zu geben mit der Adresse: Al signor Tischbein Pittore Tedesco al Corso, incontro del Palazzo Rondanini, Roma.» Eine Kopie davon fügte er auch dem Brief an Herzog Carl August vom 3. November bei mit der Bitte, das Blatt unter den Freunden zirkulieren zu lassen: «Aus Mangel der Zeit und damit der Posttag nicht vorbeygehe hab ich beiliegendes Circularschreiben verfaßt und bitte es denen am Ende benannten Personen mitzutheilen.» Adresse und Instruktionen wiederholte Goethe auch in den Briefen an Seidel vom 4. und an das Ehepaar Herder vom 10. November, dann im Brief an

Frau von Stein vom 14. Dezember und noch 1787 in den Briefen an Christian Gottlob Heyne vom 13. Januar sowie an Merck vom 10. Februar. Die römische Adresse war bald allen seinen Briefpartnern bekannt, zumal er zusätzlich noch am 9. Dezember an Seidel geschrieben hatte: «Es versteht sich von selbst daß du meinen nächsten Freunden in Weimar nun meine Adresse geben, oder mir ihre Briefe selbst zuschicken kannst.» Dem Dichter Christoph Martin Wieland und dem Musiker Philipp Christoph Kayser empfahl er am 17. bzw. 25. November 1786, seine Adresse bei den gemeinsamen Freunden zu erfragen.[61] Nur einzelne wie Goethes Mutter und Knebel beklagten sich noch, Goethes Anschrift in Rom nicht zu kennen,[62] aber dem konnte schnell abgeholfen werden.

Bei seiner Ankunft in Rom stellte Goethe fest, daß der römische Bankier, an den die Geldüberweisungen aus Deutschland gerichtet werden sollten, Bankrott gemacht hatte. Am 9. Dezember schrieb er Seidel, daß er sich wiederholt ins Büro der Bank begeben habe, aber kein einziger Brief unter dieser «fingirten Adresse» für ihn dort angekommen sei.[63] Die deutschen Freunde und Korrespondenten wußten dagegen nichts vom falschen Namen Möller. Frau von Stein und Goethes Mutter hatten ihn zwar im Tagebuch gelesen, doch konnten sie nicht sicher sein, ob Goethe ihn auch noch in Rom benutzte. Nur Seidel schickte nach wie vor das für seinen Herrn bestimmte Geld an Paulsen in Jena mit dem Auftrag, es über das Frankfurter Bankhaus Bethmann an Herrn Möller nach Italien zu überweisen. Aus der Zeit zwischen dem 14. Oktober 1786 und dem 9. Juni 1787 sind neun Quittungen erhalten, die beweisen, daß Goethe in Venedig, Rom und Neapel sein Geld unter diesem Namen abhob. Sieben davon sind in französischer Sprache ausgestellt und mit Jean Philippe Moeller unterschrieben, nur zwei auf italienisch mit der Unterschrift Giovanni Filippo Moeller (Abb. 1).[64]

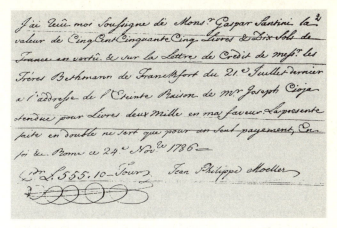

Abb. 1. Von Goethe mit dem Namen Jean Philippe Moeller unterschriebene Quittung vom 24. November 1786.

Paulsen war bis zum Juni 1787 nicht darüber informiert, daß sich hinter diesem Namen Goethe verbarg. Dies bezeugen drei Briefe. Nach dem «Italienischen Briefverzeichnis», der von ihm selbst geführten Liste aller seiner aus Italien geschriebenen Briefe, legte Goethe einem Brief an Seidel vom 13. Januar 1787 ein Schreiben an Paulsen bei, das nicht erhalten ist. Paulsen antwortete Goethe am 4. Februar, aber sein Brief enthält keine Adresse, weder die Weimarer noch die römische. Es ist deshalb anzunehmen, daß er Goethes Anschrift in Rom nicht kannte und seinen Brief an Seidel schickte, damit dieser ihn weiterleite. Er versicherte Goethe, daß er auftragsgemäß 2000 Livres an die Gebrüder Bethmann geschickt habe mit der Bitte, sie für Herrn Möller in Rom bei der Bank Belloni zu akkreditieren. Nichts läßt in diesem Brief darauf schließen, daß Paulsen die wahre Identität dieses Herrn Möller kannte.[65] Am folgenden 20. Februar beauftragte Goethe Seidel, Paulsen zu bitten, «unter dem vorigem Namen» nochmals 2000 Livres nach Rom schikken zu lassen. Erst in einem weiteren Brief an Seidel vom 18. August schrieb er schließlich: «Ich habe Anfangs Juni von Meurikoffre in Neapel 204 Neapolitanische Dukati und 83 Gran erhalten, deßwegen auch direkt an Paulsen geschrieben. Bald darauf von Belloni 2000 Livres welche du mir anweisen ließest. Laß jetzt wieder 2000 livres

> An H. Hofrath Reifenstein in
> Rom, für Rechnung des Geheim Rath
> von Goethe zahlen.»[66]

Anfang Juni hatte Goethe demnach aus Neapel einen Brief an Paulsen geschrieben. Er ist nicht erhalten, aber offenbar bestätigte er hierin den Empfang des wie immer an Möller überwiesenen Geldes bei der neapolitanischen Bank und gab damit zu verstehen, daß jener Möller er selbst war. Seitdem wußte Paulsen, daß die bis jetzt an Möller überwiesenen Summen in Wirklichkeit für Goethe bestimmt waren. Am 9. Juni hob Goethe bei der Bank Belloni in Rom nochmals 2000 Livres ab und quittierte den Empfang zum letzten Mal mit dem Namen Möller. Die letzten drei Überweisungen an ihn aus Deutschland (die entsprechenden Quittungen sind vom 9. Oktober 1787, 22. Januar und 18. März 1788) waren dagegen immer auf den Namen Reiffenstein ausgestellt, der sich das Geld für ihn von der Bank auszahlen ließ und dies dort mit dem Vermerk quittierte, daß es «pour Monsieur le conseiller privé baron de Goethe» bestimmt sei. Johann Friedrich Reiffenstein, gothaischer und russischer Hofrat, agierte als eine Art inoffizieller, freiwilliger Konsul der Deutschen in Rom und war auch Goethes großer Schutzgott während des ganzen Aufenthaltes in der Stadt. Auf der letzten Quittung vom 18. März 1788 vermerkte Reiffenstein außerdem, daß er das von den Gebrüdern Bethmann überwiesene Geld im Namen des Geheimrats Goethe kassiere und quittiere, «pour en tenir compte à Monsieur Jean Philippe Möller».[67] Damit brachte er die drei letzten Überweisungen mit den früheren, auf den Namen Möller lautenden in buchhalterischen Zusammenhang. Es war damit klar, daß die an Möller überwiesenen Summen stets der gleichen Person, das heißt Goethe, zugute gekommen waren. In einem Kontoauszug Paulsens für Goethe aus dem Jahr 1789 sind ohne Angabe des Empfängers alle Überweisungen nach Italien zwischen Oktober 1786 und Dezember 1788 aufgeführt. Hier sind alle Summen verzeichnet, die Goethe in Italien entweder direkt unter dem Namen Möller oder über Reiffenstein erhalten hatte.[68] Die genannten Quittungen befinden sich in Goethes Nachlaß in Weimar. Es muß sich dabei um Kopien der an Bethmann in Frankfurt zurückgeschickten Originalquittungen handeln, wie auch die ebenfalls erhaltenen Umschläge dazu mit der Adresse an Bethmann vermuten lassen. Die römische Bank erfuhr demnach nicht, daß Möller und Goethe die gleiche Person waren. Bis Juni 1787 nahm Goethe hier persönlich sein Geld in Empfang und quittierte mit dem Namen Möller. In der Folgezeit übernahm Reiffenstein diese Aufgabe für ihn, denn die Überweisungen aus Deutschland lauteten nunmehr auf seinen Namen. Dies zeigt, daß Goethe bis zum Ende seines römischen Aufenthaltes, zumindest bei offiziellen Beziehungen, das Inkognito Möller benutzte.

Anfang 1787 begab er sich in die Pfarrei Santa Maria del Popolo, zu der das Haus, in dem er wohnte, gehörte, und diktierte dem Pfarrer, der in Rom als Standesbeamter fungierte, seine Personalien. Er gab an, Filippo Möller zu heißen, 32 Jahre alt zu sein (sechs weniger als in Wirklichkeit!) und den Beruf eines Malers auszuüben. In den «Stati d'anime», dem Einwohnerregister der Pfarrei, wurde eingetragen, daß im ersten Stock der Casa Moscatelli unter anderen auch der «Sig. Filippo Miller Tedesco di anni 32» wohne.

Obwohl der Pfarrer aufgrund seines Amtes nicht gänzlich ungebildet war, hatte er doch Schwierigkeiten mit den deutschen Namen und verwandelte den Namen Möller, den Goethe ihm diktierte, in Miller. Auch die Namen Tischbein, Schütz und Bury sind im Register der Pfarrei in entstellter Form eingetragen: aus Tischbein wurde Tisben, aus Schütz Zicci, aus Bury Bir.[69]

Im schon erwähnten Brief vom 12. Dezember 1786 beschrieb Goethe Herzog Carl August die vielen Vorzüge seines Lebens unter falschem Namen, besonders im Hinblick auf die vornehme römische Gesellschaft: «Übrigens ist das strenge Incognito das ich hier halte mir vom größten Vortheile, man kennt mich, und ich rede mit jedem den ich ohngefähr hier oder da treffe, leide aber nicht daß man mich nach meinem Stande oder Nahmen begrüße, gehe zu niemanden und nehme keinen Besuch an. Hielte ich nicht so strenge darauf, so hätte ich meine Zeit mit Ehre empfangen und Ehre geben hinbringen müßen.»[70] Noch ein Jahr später betonte er erneut in einem Brief an Knebel vom 21. Dezember 1787 den Nutzen eines solchen Inkognitos, wobei er auch das ihm so verhaßte Kartenspiel nicht unerwähnt ließ: «Übrigens widersteh ich allem Andringen der sogenannten großen Welt. Ich will auch keine Stunde um der Menschen willen versäumen, die mir nichts geben können und denen ich nichts geben kann. Sie haben Fremde genug, die Visitenbillets abgeben, einen Platz bey Tische und am Spieltisch einnehmen.»[71] Die Gesellschaftsdame der Herzogin Anna Amalia, Luise von Göchhausen, die ihre Herrin 1788/89 auf der Italienreise begleitete, erzählte zur Bestätigung auch, daß in Rom während der Empfänge Karten gespielt wurde, und sie beschrieb dem Dichter Wieland in einem Brief, wie sie mit der Herzogin bei dergleichen Anlässen oft am Spieltisch saß, um Whist zu spielen.[72] Für die beiden Damen war dies nichts Ungewöhnliches, denn auch in Weimar war das Kartenspiel eine der beliebtesten Vergnügungen bei Hof. In keinem der erwähnten Briefe an den Herzog und an Knebel verriet Goethe freilich, daß sein Inkognito durch den falschen Namen Möller gedeckt war. Diesen Namen erwähnte er in seinen Briefen aus Rom überhaupt nicht, selbst Seidel bekam ihn nicht mehr zu hören.

An diesen schrieb Goethe dagegen am 9. Dezember 1786, daß er in Rom sofort erkannt worden sei, aber trotzdem an seinem Inkognito festhalten wolle: «Kaum war ich in Rom angekommen als ich erkannt wurde doch führ ich mein Incognito durch, sehe nur die Sachen und lehne alle andren Verhältniße ab. Man ist auch diese Sonderbarkeit schon gewohnt, der erste Sturm ist vorüber und man läßt mich so ziemlich meines Wegs gehn.» Und ein paar Zeilen weiter heißt es: «Jeder Teutsche schreibt nach Hause daß ich hier bin, also ists wenn du diesen Brief erhälst kein Geheimnis mehr, du schweigst indessen und läßest dich auf nichts ein.»[73] Ganz Deutschland durfte nun wissen, daß er in Rom war, aber daß er sich unter dem Namen Möller dort aufhielt, verschwieg er lieber. Denn wenn er sich von seinen deutschen Freunden mit doppeltem Umschlag an die Adresse von Tischbein schreiben ließ, so hieß das in gewissem Sinne auch, den Namen Tischbeins als einen zweiten falschen Namen anzunehmen. Wenn nötig, hätte er nur Wohnung und Adresse, im schlimmsten Fall auch die Stadt zu wechseln brauchen, um aufs neue verschwunden und unauffindbar zu sein wie vorher, als er unter dem Namen Möller nach Rom gereist war. Als er beschloß, Tischbeins Adresse für seine Korrespondenz zu benutzen, war er gerade erst in Rom angekommen und wußte noch nicht, wie Herzog Carl August reagieren würde, wenn er erfuhr, in welch ferner Stadt er sich aufhielt. Wir haben schon gehört, daß Goethe erst nach zweimonatigem, qualvollem Warten den ersten beruhigenden Brief vom Herzog erhielt. Der Name Möller bildete eine Art Garantie.

Falls der Plan nicht aufging und der Herzog ihm befahl, früher als gewollt nach Weimar zurückzukehren, blieb immer noch die Möglichkeit, unter einem neuen Vorwand wiederum unterzutauchen.

Das Verhältnis zu Herzog Carl August kam allmählich jedoch in die richtigen Bahnen. Bei der Rückkehr aus Sizilien Mitte Mai 1787 fand Goethe in Neapel drei Briefe des Herzogs vor. Überbracht hatte sie der Marchese Girolamo Lucchesini, ein italienischer Diplomat in preußischen Diensten, der nach Rom gesandt worden war, um in der Frage des Mainzer Koadjutors zu verhandeln und die Kandidatur Karl Theodor Dalbergs zu verfechten. Am 30. März hatte ihm Freiherr von Stein, Charlottes Gemahl, aus Weimar nach Rom geschrieben und am 8. April aus Mainz einen Umschlag mit Briefen für Goethe geschickt. Lucchesini schrieb am 18. und 25. April direkt an Herzog Carl August, er wolle dafür sorgen, daß Goethe die Briefe in Neapel bei seiner Rückkehr aus Sizilien erhalte, und fügte in scherzhaftem Ton hinzu: «Goethe qui est allé à jeter des fleurs sur la tombe de Théocrite et d'Archimède, trouvera à Naples les lettres de Votre Altesse Sérénissime.»[74] Goethe antwortete seinem herzoglichen Brotgeber am 27.–29. Mai aus Neapel. Dem langen Brief läßt sich entnehmen, daß der Herzog ihm seine Absicht mitgeteilt hatte, Johann Christoph Schmidt, einen seiner Kollegen im Geheimen Rat, zu seinem Nachfolger in der Leitung der Finanzen zu bestellen. Dies war ein wichtiger Schritt, mit dem eine der Hauptforderungen des Dichters erfüllt wurde. Die Weimarer Angelegenheiten entwickelten sich also in positivem Sinne, und es bestand Hoffnung auf die Befreiung auch von den anderen Verwaltungsaufgaben, ohne den Verlust des Gehaltes befürchten zu müssen. Goethe war sehr zufrieden mit dieser Wendung der Dinge und schrieb dem Herzog: «Mein Verhältniß zu den Geschäften ist aus meinem persönlichen zu Ihnen entstanden, laßen

Sie nun ein neu Verhältniß zu Ihnen nach so manchen Jahren, aus dem bisherigen Geschäfts-Verhältniß entstehn. Ich bin zu allem und jeden bereit, wo und wie Sie mich brauchen wollen.» Aber ein paar Zeilen weiter präzisierte er doch: «Ich habe so ein großes und schönes Stück Welt gesehn, und das Resultat ist, daß ich nur mit Ihnen und in dem Ihrigen leben mag. Kann ich es, weniger vom Detail überhäuft, zu dem ich nicht gebohren bin, so kann ich zu Ihrer und zu vieler Menschen Freude leben ...» Sein Enthusiasmus über diese Lösung ging so weit, daß er die Italienreise sogar für beendet erklärte und seine baldige Heimkehr in Aussicht stellte. Er beabsichtige, schrieb er, Rom Ende Juni zu verlassen, um sich auf den Weg nach Deutschland zu machen. Dann wolle er noch ein paar Wochen bei seiner Mutter in Frankfurt bleiben, bevor er endgültig nach Weimar zurückkehre.[75] Dies alles war denn auch der Grund, warum er Anfang Juni aus Neapel direkt an Paulsen schrieb und ihm enthüllte, daß er selbst immer die an Möller überwiesenen Gelder abgehoben hatte. Wenn der Herzog der Bitte stattgab, seinen Status zu ändern, dann war es auch nicht mehr nötig, Paulsen gegenüber das Geheimnis zu wahren. Der Name Möller fiel in Deutschland auch ihm gegenüber nicht mehr.

Es ist damit klar, daß Goethes Inkognito einen völlig anderen Charakter hatte als das der anderen Reisenden seiner Zeit. Ein Inkognito (zu deutsch «Reisen unter fremdem Namen», wie das *Wörterbuch der deutschen Sprache* von Joachim Heinrich Campe erklärt) wurde gewöhnlich von hochgestellten Persönlichkeiten angenommen, die sich den strengen Regeln der Etikette entziehen wollten. In Rom hatten Herrscher wie Kaiser Joseph II. und König Gustav III. von Schweden sowie Mitglieder ihrer Familien davon Gebrauch gemacht. Das hieß aber nicht, daß sie am päpstlichen Hof nicht empfangen worden wären – fast immer vom Papst persönlich – oder nicht an allen möglichen

Zeremonien und Empfängen teilgenommen hätten, die von den Kardinälen und den römischen Adelsfamilien zu ihren Ehren veranstaltet wurden.[76]

Das Reisen unter Inkognito war eine Mode geworden, es dispensierte aber nicht oder doch nur in geringem Maße vom päpstlichen Zeremoniell. Ein Beispiel hierfür ist die Reise des Prinzen August von Gotha, mit dem Goethe befreundet war. Der Prinz war 1777-78 in Italien und führte ein Tagebuch über seine Reise. Auch er reiste unter einem fremdem Namen, den er dann wechselte, um sich schließlich als Herr Hartmann, Kaufmann aus Berlin, auszugeben. Kaum war er aber in Rom angelangt, ließ er sich von Papst Pius VI. empfangen und segnen und nahm im folgenden eifrig am römischen Gesellschaftsleben teil, indem er Kardinälen und Adligen seine Aufwartung machte.[77] Er verhielt sich also genau so wie die Herzogin Anna Amalia, die nicht inkognito reiste und von Papst, Kardinälen und römischen Adligen empfangen wurde.[78]

Auch der Marquis de Sade war 1775 als Graf Mazan nach Italien gereist, aber für sein Inkognito gab es besondere Gründe. Zwar wollte auch der Marquis nicht darauf verzichten, seinem Landsmann, dem Kardinal François Joachim de Pierre de Bernis, der im Ruf stand, ein großer Libertin zu sein, seine Aufwartung zu machen. Doch verzichtete er wohlweislich darauf, den Papst zu besuchen oder in den römischen Salons zu verkehren, denn sein Inkognito entsprang einer peinlichen Notwendigkeit. Er befand sich nämlich auf der Flucht vor der Polizei, nachdem ein Gericht in Frankreich wegen einer seiner berühmten Orgien (diesmal mit minderjährigen Mädchen) Haftbefehl gegen ihn erlassen hatte.[79]

Der verbotene Dichter

Als Goethe nach Italien kam, war er bereits ein berühmter Dichter, nicht nur in Deutschland, sondern auch in ganz Europa. Sein Ruhm gründete auf einem einzigen kleinen Buch mit dem Titel *Die Leiden des jungen Werther*. Dessen wider alles Erwarten durchschlagender Erfolg stellte alle anderen Werke Goethes in den Schatten. 1774 erschienen, hatte der *Werther* nicht nur beim Publikum großen Erfolg gehabt, sondern auch einen gewaltigen Skandal erregt, der alle Hüter der Ordnung auf den Plan rief. Deren Meinung nach stellte das Buch einen nicht zu tolerierenden Angriff gegen das Recht, die Moral, die Familie und natürlich auch die Religion dar. In Deutschland kam es zu einer wütenden Kontroverse um das Werk, dessen Verteidigern sogar Staatsfeindschaft vorgeworfen wurde. Der Disput verließ sehr bald das Terrain der Literatur und wurde zu einer Frage der Politik und der Moral. Die lutherische Kirche verlor keine Zeit und griff mit ungewohnter Schnelligkeit ein: Am 30. Januar 1775 verdammte die theologische Fakultät in Leipzig, wo das Buch veröffentlicht worden war, den *Werther* und untersagte den Buchhändlern unter Androhung eines Strafgeldes den Verkauf. 1776 verbot auch die theologische Fakultät von Kopenhagen den Druck der dänischen Übersetzung. Selbst der Magistrat von Goethes Geburtsstadt Frankfurt bezog Stellung gegen das zwar berühmte, aber aus seiner Sicht eindeutig anstößige Werk. Er bestimmte, daß in den Druckereien der Stadt keine Schrift gegen die Gegner des Buches gedruckt werden dürfe. Der erbittertste und unnachgiebigste Kritiker, der Hamburger Pastor Johann Melchior Goeze, benannte als einer der ersten den Kern des Problems, um den sich die ganze Diskussion damals und auch späterhin drehte. Dem *Werther* wurde vorgeworfen, eine Apologie des Selbstmords zu sein.[1] Die Behauptung, daß jeder Mensch Herr über sein eigenes Leben sei, irritierte die christlichen Kirchen, gleich welcher Konfession sie auch waren, stark.

Doch es war die Zeit der Aufklärung, und das Urteil der Theologen beeinträchtigte überhaupt nicht den Erfolg des Romans, der bald über die Grenzen Deutschlands hinaus auch in Frankreich und England berühmt wurde. Mit einiger Verspätung gelangte der *Werther* auch nach Italien. Ein jüdischer Arzt aus Padua, Michele Salom, der in der deutschen Sprache und Literatur bewandert war, ergriff die Initiative, das Buch zu übersetzen (vgl. Abb. 2). Am 2. Oktober 1781 schrieb er an Goethe, daß er seine italienische Übertragung des Buches beendet habe, und legte längere Auszüge seines Textes mit der Bitte bei, die Übersetzung einiger besonders schwieriger Stellen zu kontrollieren. Das Ergebnis scheint nicht sehr befriedigend gewesen zu sein, denn am 20. Februar 1782 bot Goethe Salom in einem Brief an, das ganze Manuskript der Übersetzung durchsehen zu wollen, wenn er es ihm schicke.[2] Die Korrespondenz zwischen dem Autor und seinem Übersetzer wurde sicher fortgesetzt, aber leider hat sie keine weiteren Spuren in Goethes Briefwechsel hinterlassen.

Der Paduaner Arzt war indessen nicht der erste italienische Übersetzer. Schon kurze Zeit zuvor hatte der Mailänder Gaetano Grassi im graubündischen Poschiavo, das nur wenige Meilen von der lombardischen Grenze entfernt lag, eine italienische Übersetzung des *Werther* gedruckt. Sie ist nicht datiert, aber eine lange Widmung trägt das Datum 2. Februar 1782. Es ist anzunehmen, daß das Buch nicht lange danach erschien. Über Gaetano Grassi ist nur das bekannt, was er selbst in einer anderen Übersetzung über sich

Abb. 2

berichtet: Er war ein Mailänder Kaufmann, den der Bankrott seiner Firma dazu geführt hatte, sich mit Übersetzungen die Zeit zu vertreiben.[3] Der Initiator der Übersetzung des *Werther* war der Graubündener Freiherr Thomas Franz de Bassus, ein bekannter Vertreter des bayerischen Illuminatenordens[4], der in Poschiavo eine Druckerei gegründet hatte, um in Italien Propaganda für die Freimaurerei zu machen.[5] Außer der Widmung enthielt die Übersetzung Grassis eine «Apologie» zur Verteidigung des *Werther*, in der von den vielen «Verfolgern» die Rede war, die das Buch in Deutschland angegriffen hätten, weil es angeblich dem Selbstmord das Wort redete. Die literarischen Qualitäten des *Werther* werden in dieser «Apologie», die höchstwahrscheinlich von Bassus inspiriert, wenn nicht sogar persönlich von ihm geschrieben war, überhaupt nicht erwähnt. Es ging dem Verfasser einzig um die Verteidigung des Selbstmords als einer erlaubten Handlung, woraus deutlich wird, daß der ganzen Initiative politische Motive zugrunde lagen.[6] Die Erzeugnisse der von Bassus betriebenen Druckerei waren in Norditalien gut bekannt. So waren zum Beispiel kurz vorher sowohl in Venedig als auch in Turin zahlreiche Exemplare von Publikationen aus der Druckpresse in Poschiavo beschlagnahmt worden.[7]

Es wundert deshalb nicht, daß es dem *Werther* ähnlich erging. Diesmal griff jedoch nicht die weltliche Obrigkeit, sondern der Erzbischof von Mailand, Kardinal Giuseppe Pozzobonelli, ein, der die Geistlichen seiner Diözese anwies, alle Exemplare, deren sie habhaft werden konnten, einzuziehen. Goethe scheint von dieser Maßnahme erfahren zu haben, denn er sagte am 3. April 1829 in einem Gespräch zu Eckermann: «Von meinem Werther erschien sehr bald eine italienische Übersetzung in Mailand. Aber von der ganzen Auflage war in kurzem auch nicht ein einziges Exemplar mehr zu sehen. Der Bischof war dahinter gekommen und hatte die ganze Edition von den Geistlichen in den Gemeinden aufkaufen lassen. Es verdroß mich nicht, ich freute mich viel mehr über den klugen Herrn, der sogleich einsah, daß der ‹Werther› für die Katholiken ein schlechtes Buch sei, und ich mußte ihn loben, daß er auf der Stelle die wirksamsten Mittel ergriffen, es ganz im stillen wieder aus der Welt zu schaffen.»[8] Die seltsame Vorgehensweise, die Goethe ironisch kommentierte, hatte ihre Gründe. Zwischen den staatlichen und den kirchlichen Gewalten war gerade ein heftiger Konflikt darüber entbrannt, wem die Kontrolle der Druckerzeugnisse zustehe, und dieser Kampf war zu jener Zeit in dem unter österreichischer Herrschaft stehenden Mailand in vollem

Gange. Graf Karl Joseph von Firmian, Gouverneur des mailändischen Staates und ein treuer Verfechter der Direktiven Kaiser Josephs II., ließ keine Einmischung Roms und der Inquisition in Fragen der Zensur gelten. Dem widersetzte sich Erzbischof Pozzobenelli natürlich mit allen Mitteln und drohte 1782 sogar mit dem Rücktritt.[9] Im Fall des *Werther* zog er es in dieser gespannten Situation jedoch vor, seinen Anspruch nicht offen durchzusetzen, sondern schnell im geheimen mit eigenen Mitteln zu handeln. Die Leute des Kardinals leisteten ganze Arbeit, denn in keiner italienischen Bibliothek findet sich heute mehr ein Exemplar von Grassis Übersetzung.

Ein Exemplar des *Werther* aus Poschiavo gelangte allerdings in die Hände von Giovanni Ristori, der in Bologna die Zeitschrift *Memorie enciclopediche* und in Modena die Gazette *Storia dell' anno* herausgab; wahrscheinlich war es ihm von Bassus selbst zugeschickt worden, der ein Abonnent der *Memorie enciclopediche* war. Hier rezensierte Ristori 1783 das Buch – heraus kam ein Verriß. Da Ristori sich als Aufklärer bezeichnete und wahrscheinlich selbst Freimaurer war, unterlag er einer besonders strengen Aufsicht von seiten der kirchlichen Zensurbehörden.[10] Der *Werther* hatte also keine Chancen. Ristori streifte die Frage des Selbstmords jedenfalls nur beiläufig und begründete seine Ablehnung, indem er dem Buch einen Exzeß an Empfindsamkeit vorwarf. Mehr konnte er wohl nicht tun.[11]

Auf unbekannten Wegen gelangte ein Exemplar von Grassis Übersetzung auch in den Besitz von Salom, der zweifellos von den heimlich ins Werk gesetzten Maßnahmen des Erzbischofs von Mailand erfahren hatte. Salom war ebenfalls Freimaurer, und in diesen Kreisen verbreiteten sich dergleichen Nachrichten schnell.[12] Die Vorgänge in Mailand waren wohl der Grund, warum Salom die Publikation seiner Übersetzung einstweilen zurückstellte in der Erwartung, daß sich mit der Zeit niemand mehr an diese mißliche Geschichte erinnern würde. Sein *Werther* erschien erst 1788. Noch andere politische Tatsachen mögen zu diesem langen Zögern beigetragen haben. 1785 beschloß die Regierung der Republik Venedig die Schließung aller Freimaurerlogen,[13] und dies bestimmte wahrscheinlich den vorsichtigen Übersetzer, vorerst kein Gesuch um Druckerlaubnis einzureichen.[14] Im ersten Band der zweiteiligen Ausgabe druckte Salom seinen Brief an Goethe vom Oktober 1781 und dessen Antwort vom Februar 1782 ab, jedoch unter Weglassung des Jahresdatums. In einer Nachschrift machte er seine Leser auch darauf aufmerksam, daß schon früher in der Druckerei von Poschiavo eine wenig gelungene, auf einer französischen Übersetzung beruhende Übersetzung des *Werther* erschienen sei, die außer den Fehlern jener noch eigene dazu enthalte.[15] Salom war also gut informiert. Grassis französische Vorlage ist identifiziert worden. Auch korrespondierte Salom zweifellos weiterhin mit Goethe, dem er sicher die vollständige Übersetzung zuschickte und von ihm korrigiert zurückerhielt. In einem Brief vom 13. Dezember 1781 an Frau von Stein hatte Goethe sehr kritisch angemerkt, daß Salom den Namen der Geliebten Werthers fälschlich mit Annetta wiedergegeben habe. Im endgültigen, gedruckten Text ist der Name tatsächlich auch korrekt mit Carlotta übersetzt. Die Tatsache, daß in dem von Salom abgedruckten Brief Goethes die Namensfrage nicht erwähnt wird, läßt auf die Existenz weiterer Briefe schließen.[16] Wahrscheinlich erfuhr Goethe durch Salom auch von der Beschlagnahmung des *Werther* in Mailand und machte sich darüber eine Notiz, die er dann um das Jahr 1828 herum, als er den letzten Teil der *Italienischen Reise* vorbereitete, in seinen Papieren wiederfand.

Zwischen Goethe und Grassi sind dagegen keine Beziehungen bezeugt, weshalb es auch höchst unwahrscheinlich ist, daß die Nachricht von der Beschlagnahme des *Wer-*

ther in Mailand durch diesen nach Weimar gelangte. Der Grassi, der 1802 Goethe einen Brief des italienischen Dichters Ugo Foscolo zusammen mit dessen Roman *Ultime Lettere di Jacopo Ortis*, einem vom *Werther* inspirierten Werk, überbrachte, war ein anderer: Nicht der Mailänder Gaetano, sondern der Turiner Literat Giuseppe Grassi, der wegen des gleichen Familiennamens manchmal mit dem Übersetzer verwechselt worden ist.[17] Dieser wußte wohl kaum von dem Mißgeschick, das seinem Namensvetter zwanzig Jahre zuvor mit seiner Werther-Übersetzung zugestoßen war.

Man darf wohl schließen, daß im 18. Jahrhundert vor allem freimaurerische Kreise dem *Werther* in Italien zum Erfolg verhalfen. Aber dies galt nicht nur für Italien. Während der ausgedehnten Repressionskampagne der bayerischen Regierung gegen die Illuminaten wurden im Oktober 1786 in Landshut die Papiere von Franz Xaver von Zwack, einem der hervorragendsten Vertreter dieser Sekte, beschlagnahmt. Unter diesen Dokumenten, die im März 1787 von der bayerischen Regierung publik gemacht wurden, befand sich auch eine Denkschrift über den Selbstmord. Adam Weishaupt, das Haupt der Illuminaten, flüchtete Hals über Kopf aus Bayern nach Norddeutschland, wo er im folgenden Mai einen Brief veröffentlichte, in dem er enthüllte, daß die Denkschrift in Wirklichkeit ein Auszug aus dem *Werther* war. Es handelte sich um den fiktiven Brief vom 12. August, in dem Lottes Verlobter Albert und Werther heiß darüber diskutieren, ob der Selbstmord erlaubt sei.[18] Der Roman wurde also ohne Wissen und Zutun des Autors in den bayerischen Freimaurerskandal hineingezogen.

Goethes Beziehungen zur Freimaurerei sind gut dokumentiert. Zusammen mit Herzog Carl August trat er 1780 in die Weimarer Loge «Amalia» ein, die zur strengen Observanz gehörte, aber 1782 ihre Tätigkeit einstellte. Im Februar 1782 traten der Herzog und Goethe dem Illuminatenorden bei, doch schon 1785 gaben sie alle freimaurerischen Aktivitäten völlig auf, denn die Gründe, die sie zum Beitritt bewogen hatten – die Frage des Fürstenbundes und der Beziehungen zu Preußen –, waren hinfällig geworden. Goethe hatte eher ein laues Verhältnis zur Freimaurerei, eine innere Anteilnahme an deren Ideen hat sich nicht nachweisen lassen. Er betrachtete das ganz Freimaurerwesen nur als ein Mittel zum Zweck.[19] Trotzdem konnte er nicht verhindern, daß die deutschen Logen sein literarisches Prestige ausnutzten und versuchten, sein berühmtestes Werk, dem politische Interessen grundsätzlich fern lagen, für die eigene Politik zu mißbrauchen.

Salom wurde von den deutschen Freimaurern, mit denen er, wie man weiß, in engem Kontakt stand, umgehend über die bayerischen Vorfälle unterrichtet. So konnte er den Text seiner Übersetzung noch modifizieren, indem er den kompromittierenden Brief vom 12. August fast vollständig strich. Auf diese Weise erhielt er 1788 problemlos von den venezianischen Behörden die Druckerlaubnis. Die einzige in Italien gedruckte Übersetzung war also präventiv einer Selbstzensur unterzogen worden und erregte deshalb bei den Zensoren auch keine Aufmerksamkeit. Im gleichen Jahr 1788 erschien in London eine dritte italienische Übersetzung des *Werther*. Als Übersetzer zeichnete ein gewisser Corrado Ludger, über den nichts weiter bekannt ist.[20] Offenbar hatte er jedoch nichts mit der Freimaurerei zu tun, denn der heikle Brief vom 12. August ist vollständig wiedergegeben. Auch diese Übersetzung scheint in Italien sehr wenig verbreitet gewesen zu sein, denn sie wurde nirgendwo rezensiert und keine italienische Bibliothek besitzt heute noch ein Exemplar davon. In seiner 1784 erschienenen Übersicht über die deutsche Literatur widmete der Schriftsteller Aurelio Bertola De Giorgi Goethe zwar mehrere Seiten, wobei er vor allem den *Götz von*

Berlichingen herausstellte, doch den *Werther* streifte er nur ganz flüchtig, ohne auch nur den Titel zu nennen («ein Roman, der viel Aufsehen erregt hat»).[21] Dabei war er Freimaurer und kannte den *Werther* sicherlich gut.[22] Sein Schweigen ist bezeichnend. In Italien sprach man von diesem in ganz Europa berühmten Roman nur negativ oder überhaupt nicht, was freilich nicht hieß, daß er, vor allem im Milieu der Literaten, nicht gelesen worden wäre. Für die Verbreitung sorgten schon die zahlreichen französischen Übersetzungen, die trotz der strengen Kontrolle der Zensur so gut wie überall in Italien zirkulierten.

Als Goethe nach Rom kam, lag der bayerische, durch die Entdeckung der Papiere Zwacks provozierte Skandal noch in der Zukunft. Goethe wußte aber sicher damals schon von der 1782 erfolgten Beschlagnahme des *Werther* in Mailand und war sich darüber im klaren, daß der Roman und sein Autor den päpstlichen Autoritäten in Rom leicht zum Anstoß werden konnten. Goethe wollte auf jeden Fall vermeiden, daß der Autor des *Werther* zum Gegenstand der Aufmerksamkeit wurde. Unter diesem Aspekt erhielten das Inkognito und der falsche Name Möller eine neue Funktion. Es handelte sich nicht mehr nur darum, sich vor dem Weimarer Hof zu verstecken, sondern auch und vor allem vor den päpstlichen Behörden. Diese sollten besser nicht erfahren, daß der Verfasser eines Buches, das noch vor wenigen Jahren der Erzbischof von Mailand für gefährlich und jedenfalls schädlich für die katholischen Leser gehalten hatte, in Rom weilte.

Vielleicht machte ihm auch seine vergangene Mitgliedschaft bei den Freimaurern etwas Sorge. Zwei päpstliche Enzykliken – die «In eminenti» Clemens' XII. vom 28. April 1738 und die «Providas» Benedikts XIV. vom 18. Mai 1751 – hatten jede Art von Beteiligung an den Freimaurerlogen strengstens untersagt.[23] Folglich gebot die Vorsicht, sich von allen freimaurerischen Zirkeln, die es auch in Rom trotz aller Verbote gab, fernzuhalten. Ein Jahr vor Goethe war ein hervorragender Exponent des Illuminatenordens, der dänische Altertumsforscher Friedrich Münter, nach Rom gekommen und hatte hier im Frühjahr 1785 eine Loge gegründet, an der kein einziger Italiener, aber verschiedene Deutsche teilnahmen. Unter diesen befand sich auch der Maler Tischbein, mit dem Goethe zusammen wohnte und in täglichem, vertrautem Verkehr stand. Doch scheint von Freimaurerei zwischen ihnen nie die Rede gewesen zu sein. Es kann als sicher gelten, daß Goethe keine Kontakte zur römischen Illuminatenloge unterhielt, denn Münter, der in seinen Tagebüchern penibel jede Zusammenkunft der Loge beschrieb, erwähnt Goethe kein einziges Mal unter den Teilnehmern. Münter kannte Goethe schon von Weimar her und traf in Rom mehrmals mit ihm und mit Tischbein zusammen, doch notiert er nie, daß er mit ihm über Fragen der Freimaurerei gesprochen hätte. Münter verließ Rom am 23. Dezember 1786 wieder. Seine minutiösen Tagebücher geben keinerlei Hinweis darauf, daß Goethe von der Existenz einer Illuminatenloge in Rom überhaupt etwas wußte.

Goethe tat jedenfalls gut daran, sich von allen Freimaurerkonventikeln fernzuhalten, denn die Verfolgung der Illuminaten in Bayern hatte auch in Rom Auswirkungen. Am 5. Dezember 1787 schrieb der Agent des Kurfürsten Karl Theodor von Bayern, Tommaso Antici, nach München, er habe erfahren, daß der bekannte französische Freimaurer Louis-Claude de Saint Martin sich in Rom aufhalte. Man vermute, daß er das Haupt der gefährlichen Sekte der Illuminaten sei, «secte que tous les souverains devroient proscrire d'un commun accord dans leurs Etats et la suffoquer au berceau». Der bayerische Außenminister Matthias von Vieregg antwortete ihm am 22. Dezember aus München, daß Saint-Martin nichts mit den Illuminaten zu tun habe, von deren Namen die bayerische Regierung eine Liste besitze. Diese Liste wurde auch der päpstlichen Regierung übermittelt, wie wir einem weiteren Brief Anticis an Vieregge vom 5. Januar 1788 entnehmen, in dem der Agent auch schrieb, daß Saint Martin in der Zwischenzeit nach Neapel abgereist sei.[24] Es ist mir leider nicht gelungen, diese Liste in Münchner oder römischen Archiven wiederaufzufinden, und so bleibt unbekannt, ob auch Goethes Name darauf stand. Das Archiv des Governatore von Rom, das auch die Polizeiakten enthält, ist nur lückenhaft überliefert und das Erhaltene auf verschiedene Archivbestände verteilt. So war es mir nicht möglich festzustellen, ob die päpstliche Regierung Goethe überwachen ließ. Dies ist zwar wahrscheinlich, aber eine Initiative gegen ihn wurde nicht ergriffen. Sicher ist dagegen, daß die kaiserliche Botschaft in Rom ihn bespitzeln ließ.

In die von Münter gegründete Illuminatenloge hatte sich von Beginn an ein Sekretär der kaiserlichen Botschaft, ein gewisser Franz Eberle, infiltriert.[25] Die Depeschen von Trauttmannsdorff aus Mainz hatten, wie wir oben sahen, den Staatskanzler Kaunitz alarmiert. Dieser bat deshalb den kaiserlichen Botschafter in Rom, Kardinal Franz Herzan, Goethe nicht aus den Augen zu lassen und ihm alles mitzuteilen, was er über sein Tun in Erfahrung bringen könne. Herzan schickte mehrere Depeschen mit Informationen über Goethe an Kaunitz, und in den beiden ersten vom 3. bzw. 24. März 1787 gab er an, diese Informationen von einem Sekretär der Botschaft erhalten zu haben. Dessen Namen nannte er nicht, aber es handelte sich zweifellos um Eberle. Dieser hatte Herzan, der es an Kaunitz weiterberichtete, erzählt, daß er den Dichter in einer Osteria kennengelernt habe, mit ihm vertraut geworden sei und auf diese Weise seine Nachrichten direkt von ihm erhalten habe. Dies war zweifellos falsch, denn Goethe hätte sicher nicht dem Erstbesten, der ihm über den Weg lief, seine Geheimnisse preisgegeben. In Wirklichkeit beschaffte sich Eberle seine Informationen über Tischbein, indem er die gemeinsame Mitgliedschaft bei den Freimaurern ausnutzte, wenn auch nicht ganz klar ist, wie weit Tischbein dabei mitspielte. Einige der von Herzan an Kaunitz übermittelten Auskünfte sind eindeutig falsch, wobei schwierig zu bestimmen ist, ob es sich nur um Mißverständnisse handelte oder ob Tischbein nicht alles sagte, was er wußte.

In der ersten Depesche vom 3. März schrieb Herzan zum Beispiel, daß Goethe in Rom unter einem falschen Namen lebe, den er auch für die aus Deutschland an ihn gerichtete Korrespondenz benutze. Letzteres war nicht richtig. Tischbein sagte Eberle also nicht, daß Goethe den deutschen Freunden als Adresse seinen eigenen Namen angegeben hatte, sondern nur, daß er einen anderen Namen gebrauchte. Eberle seinerseits sagte ihm sicher nicht, daß er für Herzan spionierte. Doch wußte Tischbein wohl, daß er Sekretär der kaiserlichen Botschaft war, und dies veranlaßte ihn sicher, vorsichtig zu sein und seine eigene Rolle bei diesem Versteckspiel nicht aufzudecken. Zweifellos aber stand Eberle mit Tischbein auf ziemlich vertrautem Fuß, was er, als Tischbein mit Goethe nach Neapel reiste, offenbar ausnutzte, um sich Zugang zu Goethes Zimmer zu verschaffen. Hier fand er einen Brief, den Frau Aja ihrem Sohn aus Frankfurt geschrieben hatte, und entwendete ihn. Diesen Brief legte Herzan seiner Depesche an Kaunitz vom 24. März bei, und so erklärt es sich, daß er heute im Staatsarchiv in Wien aufbewahrt wird. In der Depesche schrieb Herzan, er habe erfahren, daß Goethe in seiner Korrespondenz mit dem Herzog von Weimar den eigenen Namen benutze und daß der Herzog ihn wiederum in seinen Briefen an ihn offen als seinen Geheimen Rat bezeichne. Wahrscheinlich entnahm Eberle diese

Informationen dem Brief von Goethes Mutter, denn hätte er Briefe des Herzogs in Goethes Zimmer gefunden, so hätte er diese sicher auch mit entwendet. Eberles Spionage führte also zu keinen überwältigenden Ergebnissen. Dennoch gelang es ihm, sich einigermaßen zutreffende Informationen über Goethes Leben in Rom zu beschaffen. Herzan verfügte noch über andere, bislang unbekannte Informationsquellen, die, wie wir sehen werden, von nicht geringem Interesse sind.[26]

Goethe fiel es nicht schwer, die Freimaurerkonventikel zu meiden. Weniger leicht war es indessen für ihn, den römischen Literaten aus dem Weg zu gehen, wenn auch die Literatur, die damals in Rom betrieben wurde, ihn schwerlich interessiert haben dürfte. Der erste Kontakt mit den literarischen Kreisen Roms kam schon bald nach seiner Ankunft zustande. Am 4. Januar 1787 schrieb Goethe an Fritz von Stein: «Ferner muß ich dir erzählen, daß ich zum Pastore dell'Arcadia bin ausgerufen worden, als ich heut in diese Gesellschaft kam ... Vergebens habe ich diese Ehre abzulehnen gesucht, weil ich mich nicht öffentlich bekennen will. Ich mußte mir gar schöne Sachen vorlesen lassen, und ich erhielt den Namen *Megalio* per causa della grandezza oder grandiosità delle mie opere, wie sich die Herren auszudrücken beliebten. Wenn ich das Sonett, das zu meiner Ehre auch verlesen wurde, erhalte, so schicke ich dir's.»[27] Er wußte gut genug über diese Akademie Bescheid, um der Aufnahme keine weitere literarische Bedeutung zuzumessen. So schrieb er zwei Tage später an den Weimarer Freundeskreis: «Ich habe Fritzen scherzend von meiner Aufnahme in der *Arcadia* geschrieben, es ist auch darüber zu scherzen, denn das Institut ist zu einer Armseligkeit zusammengeschwunden.»[28]

Die 1690 gegründete Arcadia war lange Zeit die bedeutendste Akademie in Italien gewesen und hatte in der Literatur des frühen 18. Jahrhunderts eine entscheidende

Rolle gespielt. Der damals in ganz Europa berühmte italienische Dichter, der Römer Pietro Metastasio, hatte sich an ihren Idealen ausgerichtet. Schon im zweiten Jahrzehnt des Jahrhunderts hatte jedoch unaufhaltsam der Niedergang eingesetzt. Die Ideale der Arcadia, die einem seichten, längst überholten Geschmack huldigte, verkamen zur reinen Konvention und gesellschaftlichen Praxis. Zwar waren alle bedeutenden italienischen Literaten auch weiterhin Mitglieder der Arcadia, doch repräsentierte diese am Ende nur noch die berühmte Vergangenheit einer literarischen Tradition, die zu einer Erneuerung nicht mehr fähig war. Die Geschichte dieser Dekadenz konnte Goethe in Johann Jakob Volkmanns Reiseführer nachlesen,[29] den er während seines Aufenthaltes in Italien fast täglich zu Rate zog.[30] Hier erfuhr er unter anderem, daß man für eine Handvoll Dukaten das Aufnahmediplom erlangen konnte – eine etwas peinliche Angelegenheit für die altehrwürdige Institution. Ähnlich negative Auskünfte über die Arcadia enthielt auch ein anderer Reiseführer, nämlich jener von Johann Wilhelm von Archenholz,[31] den Goethe schon von Deutschland her kannte und den er sich, wie er am 2. Dezember 1786 an das Ehepaar Herder schrieb, in Rom kaufte.[32] Es gab also gute Gründe, jeder Versuchung in dieser Hinsicht aus dem Weg zu gehen. Zu diesen Gründen zählte auch die Sorge um sein Inkognito, wie Goethe im Brief an Fritz von Stein andeutete.

In seiner Depesche an Kaunitz vom 24. März 1787 hatte Kardinal Herzan geschrieben, daß Goethe seine Aufnahme in die Arcadia dem jungen Fürsten Liechtenstein verdanke.[33] Die Sache war indessen etwas komplizierter. Bei dem genannten Fürsten handelte es sich um den knapp neunzehnjährigen Wenzel von Liechtenstein. Dieser war ein jüngerer Bruder der Gräfin Marie Josephine Harrach, mit der Goethe in Karlsbad verkehrt hatte. Der junge Mann aus dem österreichischen Hochadel war für die geistliche Laufbahn bestimmt und aus diesem Grunde zusammen mit seinem Erzieher, Abate Carlo Tacchi, zum Studium nach Rom geschickt worden.[34] Goethe hatte ihn hier schon im November 1786 kennengelernt, ihm einen Besuch abgestattet und war von ihm zum Abendessen eingeladen worden. Durch seine Vermittlung erhielt er Zutritt zu einigen schwer zugänglichen kirchlichen Gebäuden, wo er gewisse Kunstwerke, die ihn interessierten, besichtigen konnte.[35] Friedrich Noack, der bekannte Erforscher der Deutschen in Rom, war dagegen der Überzeugung, daß Goethe mit einem Vetter dieses jungen Fürsten in Verbindung stand, mit Philipp von Liechtenstein, einem fünfundzwanzigjährigen Offizier, der sich damals ebenfalls einige Monate in Rom aufhielt. Doch ist anzunehmen, daß Kardinal Herzan als kaiserlicher Botschafter beide Angehörigen des fürstlichen Hauses kannte und in der Depesche ausdrücklich vom jungen Fürsten und seinem Erzieher Tacchi sprach, um diesen von seinem etwas älteren Vetter zu unterscheiden. Daß Goethe beim angehenden Geistlichen und nicht bei seinem soldatischen Cousin verkehrte, legt auch ein Brief Tischbeins vom 14. Mai 1821 nahe, in welchem er Goethe an eine fröhliche Abendgesellschaft bei Liechtenstein in Rom erinnerte, an der zahlreiche geistliche Herren teilgenommen hatten. Er schrieb dabei wörtlich: «Erinnern Sie sich eines Abends als wir beim Prinzen Lichtenstein waren, der so viele Beichtväter und Geistlige versammelt hatte, was dieße, als ihnen der Wein in die Krone gestiegen war, da alle erzählten?»[36] Wo anders schon als im Haus eines Geistlichen konnten sich so viele Vertreter dieses Standes zusammenfinden? Es ist aber nicht auszuschließen, daß der junge Wenzel, der im Kloster S. Stefano del Cacco logierte, diese Abendgesellschaften zusammen mit seinem Vetter veranstaltete, der in der benachbarten Casa della Vetera am Corso den ganzen zweiten Stock gemietet hatte und über eine zahlreiche Dienerschaft verfügte. Gewiß ist dagegen, daß Fürst Philipp von Liechtenstein nichts mit der Arcadia zu tun hatte, während sein Vetter Wenzel schon seit mehr als einem Jahr dort Mitglied war.

Der jüngere Liechtenstein war am 5. Mai 1785 zusammen mit seinem Präzeptor unter die «Schäfer» der Arcadia aufgenommen worden. Abate Carlo Tacchi war ein Literat, der sich der Depesche Herzans zufolge bereiterklärt hatte, Goethes *Iphigenie* ins Italienische zu übersetzen. Goethe selbst bestätigt diese Nachricht im schon erwähnten Brief vom 6. Januar 1787 an die Freunde in Weimar, ohne jedoch den Namen des Übersetzers zu nennen. Im Protokoll der Sitzung, in der seine Aufnahme in die Arcadia erfolgte, wurde Tacchi nicht ohne eine gewisse Übertreibung als «ein in der literarischen Republik aufgrund seiner dichterischen Werke sehr bekannter Patrizier aus Como und Rovereto» bezeichnet. Er konnte zweifellos Deutsch, aber aus der Übertragung des schwierigen Textes wurde dann doch nichts. Sonette verfaßte Tacchi indes im Überfluß, und viele davon las er in der Arcadia vor, wo er großen Einfluß gewann. Am 12. Januar 1786 wurde er in den Rat der zwölf «Schäfer» gewählt, die dem «Kustos» bei der Leitung der Akademie zur Seite standen, und am 4. Januar 1787, das heißt in der gleichen Sitzung, in der Goethe der Arcadia beitrat, wurde er in diesem Amt bestätigt.[37]

Tacchi war an den Bemühungen zur Aufnahme Goethes in die Arcadia zweifellos beteiligt, aber möglicherweise wurde er dabei von einem römischen Literaten unterstützt, der das innere Leben der Akademie als Einheimischer noch besser kannte als er selbst. Ebenso wahrscheinlich ist, daß außer Tacchi noch andere Personen Goethe zur Annahme der Ehre ermutigten und ihn davon überzeugten, daß sich bei einiger Vorsicht die Mitgliedschaft in der Arcadia mit dem Inkognito vereinbaren lasse. Am

7. November 1786 hatte Goethe an die Weimarer Freunde geschrieben, er habe die Malerin Angelika Kauffmann kennengelernt, mit der er sich in der folgenden Zeit immer mehr anfreundete: «Bey Angelika Kaufmann bin ich zweimal gewesen, sie ist gar angenehm und man bleibt gern bey ihr», erzählte er ihnen[38] und fügte hinzu, auch die Bekanntschaft von Hofrat Reiffenstein gemacht zu haben. In seinem Ausgabenheft verzeichnete Goethe unter den Auslagen des Monats Dezember 1786 einige Trinkgelder, am 19. für den Diener Liechtensteins, am 23. für die Diener Reiffensteins und Angelika Kauffmanns, am 31. für den Diener eines gewissen De Rossi.[39] Die Trinkgelder weisen darauf hin, daß er an den besagten Tagen in den genannten Häusern Besuche machte. Vielleicht dürfen wir aufgrund dieser Chronologie annehmen, daß er am 19. Dezember von Liechtenstein den Vorschlag erhielt, der Akademie beizutreten, sich am 23. mit Reiffenstein und Angelika darüber beriet und diese ihn am 31., vier Tage vor der Aufnahme, zu De Rossi schickten.

Giovanni Gherardo De Rossi war einer der bekanntesten und einflußreichsten römischen Literaten und ständiger Gast im Salon Angelika Kauffmanns, deren Biographie er nach deren Tod schrieb. Als Redakteur der Zeitschrift *Giornale delle belle Arti* erwarb er sich die Gunst des Senators Abbondio Rezzonico, Haupt der städtischen Verwaltung, und des Kardinals Ignazio Boncompagni Ludovisi, Staatssekretär Papst Pius' VI.[40] Er war schon am 18. August 1773, also lange vor Tacchi, Mitglied der Arcadia geworden.[41] In den Jahren 1785–1786 nahm er an vielen Sitzungen teil und übernahm repräsentative Aufgaben wie Gedenkreden auf hervorragende verstorbene Akademiker oder andere wichtige Ansprachen zu verschiedenen Anlässen; dazu kamen noch die üblichen Sonette zum Lob von diesem und jenem.[42] Goethe erwähnt De Rossi weder in den Briefen aus Rom noch in der *Italie-*

nischen Reise, aber in den Notizen zur Vorbereitung dieses Werks taucht sein Name zweimal auf.[43] Er war dem Namen zweifellos in seinen nicht erhaltenen römischen Tagebüchern wiederbegegnet. Ein Exemplar von De Rossis 1788 in Rom erschienenen *Favole* befindet sich auch in Goethes Bibliothek; möglicherweise handelt es sich um ein Geschenk des Autors.[44] Wahrscheinlich lernte Goethe De Rossi bei Angelika Kauffmann kennen, die ihm riet, seine Unterstützung bei der etwas komplizierten Angelegenheit der Arcadia zu suchen.

Die Prozedur der Aufnahme erwies sich in der Tat als etwas schwierig, und es ist wahrscheinlich, daß Goethe, um sie in seinem Sinn zu gestalten, Tacchi wie auch De Rossi beim «Kustos» Gioacchino Pizzi intervenieren ließ. Das Protokoll der Sitzung vom 4. Januar 1787 registriert seltsamerweise keine neue Aufnahme, Goethes Name erscheint darin nicht. Friedrich Noack konnte ihn deshalb auch hier nicht finden.[45] Der deutsche Gelehrte machte sich allerlei Gedanken über diese merkwürdige Lücke, ohne der sehr einfachen Wahrheit nahezukommen. Goethes Freunde wußten, wie sehr der Dichter um sein Inkognito besorgt war, und machten ihn sicher darauf aufmerksam, daß die römische Wochenzeitung *Diario ordinario*, die als offiziöses Organ der päpstlichen Regierung in der Stadt viel gelesen wurde, anhand der Sitzungsprotokolle über alle Versammlungen der Arcadia zu berichten pflegte. Sie hatte auch über die Sitzung vom 7. Dezember 1786 referiert, in der De Rossi ein Sonett rezitierte, wie sie auch später über die Sitzung vom 4. Dezember 1788 berichtete, in der die Herzogin Anna Amalia von Sachsen-Weimar «Schäferin» der Arcadia wurde.[46] Eine Erwähnung der Aufnahme Goethes im *Diario ordinario* hätte jedoch seinem Aufenthalt in der Stadt höchste Resonanz verliehen und dem Inkognito, das ihm so wichtig war, sehr gefährlich werden können. Am 13. Januar 1787 berichtete die Zeitung über zwei Sitzungen der Arcadia. Eine hatte am 28. Dezember 1786 stattgefunden; bei dieser Gelegenheit waren zwei adlige Veroneser Damen, Silvia Curtoni Verza und Marianna Marioni Strozzi, in die Akademie aufgenommen worden. Bei der zweiten handelte es sich um die uns interessierende Sitzung vom 4. Januar 1787. Die Zeitung informierte, daß hierin der «Kustos» Pizzi die Zusammensetzung des neuen Rates bekanntgegeben habe. Von Goethe kein Wort. Seinem Wunsch um Diskretion war also stattgegeben worden.

Die Zeremonie der Aufnahme fand indessen, wie Goethe Fritz von Stein erzählte, mit der gewohnten Feierlichkeit statt. Doch wurde die entsprechende Dokumentation beiseite getan und verschwand im Archiv, wo sie sieben Jahre nach Noacks vergeblichen Nachforschungen wiederaufgefunden und in der Zeitschrift der Akademie publiziert wurde.[47] Der kleine, wenige Seiten umfassende Faszikel enthält Pizzis Vorstellung des neuen «Schäfers» und das Konzept des Diploms, das Goethe ausgestellt wurde. Die Lektüre der beiden Dokumente hält Überraschungen bereit. Die Rede Pizzis, abgefaßt im emphatisch hochtönenden Stil, wie es der Tradition der Akademie entsprach, verrät eine mehr als oberflächliche Kenntnis der literarischen Werke und des Inkognitos, unter dem Goethe in Rom lebte: «Die heutige Sitzung», sagte Pizzi, «ehrt einen jener Genien ersten Ranges, wie sie heute in Deutschland sprießen, welcher, obwohl er mit philosophischer Mäßigung die Vortrefflichkeit seines Blutes, seiner Ämter und seiner Tugend zu verbergen sucht, doch das Licht nicht auslöschen kann, das seine gelehrten Werke in Prosa wie in poetischer Form verbreitet haben, weswegen er in der ganzen literarischen Welt Ruhm erlangt hat. Deshalb dürfen wir unsere Gesellschaft nicht eines solch schätzenswerten Erwerbs berauben; und ohne seine tugendsame Bescheidenheit zu beleidigen, genüge es, euch zu sagen, daß er der berühmte Autor der Leiden des jungen Werther ist. Darüber hinaus werden seine philosophischen Fragmente, seine verschiedenen Dramen und die anderen Dichtungen, die bereits aus dem deutschen Original in mehrere Sprachen und besonders von unserem gelahrten Mitschäfer Padre Soave ins toskanische Idiom übertragen worden sind, ein ewiges Denkmal seines guten Geschmacks bleiben; sie haben ihn uns schon als einen glücklichen Nacheiferer der Tragiker Englands und Frankreichs offenbart. Ein solch hervorragender Genius hat alles Recht, geehrt und mit dem Schäfernamen Megalio ausgezeichnet zu werden, einem Namen, der auf die Vorzüglichkeit seines Talentes und seiner Werke hinweist».

Goethe wurde es sicher etwas mulmig, als er dieser hochtrabenden Rede lauschte. Der unverhüllte Hinweis auf den verfluchten *Werther,* der ihn in Italien geradezu zu verfolgen schien, ließ ihn sicher zusammenzucken. Die Literaten, die Pizzi den Stoff zu seiner Rede geliefert hatten, waren indes bemüht gewesen, dem üblen Ruf des kleinen Romans gegenzusteuern, indem sie den Namen eines sehr ehrwürdigen Mannes als des Übersetzers ins Spiel brachten. Der Ordensgeistliche Francesco Soave, ein aus Lugano stammender, berühmter Literat und wie alle seines Metiers «Schäfer» der Arcadia,[48] war in Italien vor allem wegen seiner *Novelle morali* bekannt. 1782 zum ersten Mal erschienen, waren sie oft nachgedruckt worden und galten als der grundlegende Text für die Erziehung der katholischen Jugend. Alessandro Manzoni, von allen italienischen Dichtern der katholischste, der in späteren Jahren auch mit Goethe in Verbindung trat, hatte sich als Kind an diesem Werk gebildet.[49] Der Hinweis darauf, daß ein solch frommer Mann wie der Pater Soave Werke Goethes ins Italienische übertragen habe, darunter vielleicht auch den so übelbeleumdeten *Werther,* bedeutete, dessen Autor ein gutes Zeugnis auszustellen. Im Wirrwarr der italienischen Übersetzungen fremdsprachiger Werke war nicht leicht festzustellen, ob der gute Pater überhaupt etwas von Goethe übersetzt hatte.[50] Auch Grassis aus dem Verkehr gezogene Übersetzung hatte wohl in Rom niemand zu Gesicht bekommen. Doch wie beruhigend auch der Name Soave auf die römischen Literatenkollegen wirken mochte, Goethe wünschte nicht, daß der *Werther* genannt werde. An der Rede ließ sich zwar nichts mehr ändern, aber das Diplom über die Aufnahme, in dessen Konzept wiederum vom *Werther* und den anderen angeblich von Soave übersetzten Werke die Rede war, harrte noch der Ausstellung. Der Vergleich zwischen dem Konzept und dem Diplom, das Goethe tatsächlich ausgehändigt wurde (es ist publiziert), zeigt, daß alle Hinweise auf den *Werther* und den Übersetzer gestrichen wurden.[51] Nur Goethe selbst, das ist klar, kann den «Kustos» Pizzi gebeten haben, alles Unerwünschte wegzulassen. Im Diplom heißt es wörtlich, daß «einer jener großen, in Deutschland blühenden Genien, wie es der ruhmreiche und gelehrte Herr De Goethe ist, derzeitiger Staatsrat ihrer durchlauchtigsten Hoheit des Herzogs von Sachsen-Weimar», unter die «Schäfer» der Arcadia aufgenommen worden sei. Auch Goethes Inkognito in Rom wird erwähnt, doch was seine Werke betraf, so begnügte man sich mit einem allgemeinen Hinweis auf die zahlreichen Prosa- und Dichtwerke, die ihn in der ganzen literarischen Welt bekannt gemacht hätten.

Wenn auch aus dem Sitzungsprotokoll gestrichen, so wurde Goethes Name doch in das Mitgliederverzeichnis der Arcadia eingetragen, und zwar sowohl in das Verzeichnis nach den Schäfernamen als in jenes nach den Familiennamen. Die betreffenden Eintragungen lauten: «Megalio Melpomenio, De Goethe, Consigliere di Stato del duca di Sassonia, Tedesco» bzw. «De Goethe. Consigliere di Stato di Sua Altezza Serenissima il duca di Sassonia. Megalio Melpomenio.»[52] Wie er Fritz von Stein im Brief vom 6. Januar versprochen hatte, bewahrte Goethe das Sonett, das in der Sitzung zu seinen Ehren von einem anderen Arkadier, dem venezianischen Stegreifdichter Giuseppe Fortis, rezitiert wurde.[53] Von Fortis hob er noch zwei weitere Sonette auf, die ebenfalls «dem ausgezeichneten Verdienst des berühmten, hochgeehrten Herrn De Goethe, Geheimrat des Weimarischen Hofes, bewandert in allen Wissenschaften, berühmt wegen der Eleganz seines Stiles und bekannt wegen der geistvollen Art seiner Gedanken», gewidmet waren. Die drei Sonette sind in einem kleinen Heft in Goethes Archiv in Weimar aufbewahrt, aber die einzige davon publizierte Terzine ermutigt nicht dazu, das Heftchen noch einmal in die Hand zu nehmen.[54] Als Herder nach Rom kam, wurde ihm eines dieser Sonette im Salon Angelika Kauffmanns vorgetragen, wie er Goethe in einem Brief vom 3. Dezember 1788 berichtete. Am Tage darauf wurde die Herzogin Anna Amalia in die Arcadia aufgenommen, aber niemand kam es in den Sinn, diese Ehre auch Herder anzutragen. Am 6. Dezember schrieb dieser mit vorgespielter Überlegenheit an seine Frau, er sei noch einmal davongekommen und wolle sich hüten, «die heilige Schwelle wieder zu betreten.» Ein paar Monate später teilte ihm jedoch Kardinal Stefano Borgia, ein bekannter Gelehrter, mit, er habe ihn für die Akademie der Volsker in Velletri vorgeschlagen. Herder akzeptierte sofort begeistert. Das betreffende Diplom bewahrte er sorgfältig auf und rühmte sich gleich in einem Brief vom 7. März 1789 an seine Frau dieser Auszeichnung. Dabei ließ er allerdings den Umstand außer acht, daß zwischen Velletri und Rom ein ebenso großer Abstand lag wie zwischen den Akademien der Volsker und der Arkadier.[55]

In der *Italienischen Reise* gab Goethe einen etwas manipulierten Bericht von seiner Aufnahme in die Arcadia.[56] Von den Befürchtungen, die ihn veranlaßt hatten, der Arcadia beizutreten, ist hier nichts mehr zu spüren. Außerdem verlegte er die Zeremonie auf ein Jahr später, den Januar 1788, und nannte auch die Arkadier nicht, die ihm bei dieser Angelegenheit behilflich gewesen waren. Um die Sorgen, die ihm der *Werther* bereitet hatte, noch besser zu vertuschen, behauptete er sogar, daß ein Kardinal während der Zeremonie neben ihm gesessen habe. Dies kann aber nicht wahr sein, denn wenn ein Kardinal anwesend gewesen wäre, hätte man diese Tatsache im Sitzungsprotokoll sicher erwähnt. Den Wortlaut des Diploms gab Goethe richtig wieder, jedoch fehlte auf diesem das genaue Datum der Sitzung, da es nach dem arkadischen Kalender datiert war. Noch weniger ließ das Zeugnis die Hintergründe erahnen, die diese offizielle Fassung bedingt hatten.

Es ist an der Zeit, die Summe zu ziehen, um die wahre Bedeutung der komplizierten Operation, die zu Goethes Aufnahme in die Arcadia führte, richtig zu verstehen: Ein paar Monate nach seiner Ankunft in Rom wurde Goethe von seiten höchster deutscher Gesellschaftskreise, bei denen er wegen seiner literarischen Werke berühmt war, angetragen, in die Akademie einzutreten. Das lag ganz in der Tradition, denn fast alle Ausländer von einigem Verdienst, und war es auch nur eine hohe gesellschaftliche Stellung, wurden zu Mitgliedern der Arcadia ernannt. Handelte es sich um Männer der Feder, so war die Aufnahme sozusagen automatisch. Obwohl er in seinen Tagebüchern alles erdenklich Negative, was über die Arcadia gesagt wurde, verzeichnete,[57] hatte sich selbst Münter diesem Schritt nicht entzogen.[58] Wahrscheinlich überwand Goethe seinen Mißmut darüber, auch nur für einen halben Tag sein Inkognito aufgeben zu müssen, als er bei Archenholz die Worte las, «selbst Kardinäle, ja Päpste sogar wurden arkadische Schäfer und nahmen, den Institutionsgesetzen gemäß, arkadische Namen an.»[59] Dies entsprach durchaus den Tatsachen, denn die Arcadia war eine offizielle päpstliche Institution, in der der Papst «der oberste Schäfer» war und an deren Sitzungen nicht selten ein oder mehrere Kardinäle teilnahmen.[60] Zu Goethes Zeit war auch der Kardinalstaatssekretär Boncompagni Ludovisi Mitglied der Akademie.[61] Mit der Aufnahme in die Arcadia wurde Goethe deshalb ein gutes Führungszeugnis ausgestellt. Da er sich gegenüber der päpstlichen Regierung weder als Geheimrat des Herzogs von Weimar, geschweige denn als Autor des *Werther* zu erkennen geben wollte, kam er nach einigem Zögern wahrscheinlich zur Überzeugung, daß er gut daran täte, sich wenigstens diesen Rettungsanker zu verschaffen. Wenn er sich in den Akten der Akademie, die zwar nicht jedem zugänglich waren, jedoch bei Anlaß hervorgezogen werden konnten, als Geheimer Rat des Herzogs von Weimar ausweisen ließ, so bedeutete dies eine Garantie für den Fall, daß er Verdruß mit den päpstlichen Behörden bekam.

In seiner Depesche an Kaunitz vom 3. März 1787 schrieb Kardinal Herzan, von seinem Sekretär erfahren zu haben, daß Goethe die Absicht hege, einen Bericht über seine Reise zu schreiben. Er habe Eberle ein paar Stellen aus seinem Tagebuch gezeigt, in denen er die Inquisition und die päpstliche Regierung hart kritisierte.[62] Es ist jedoch ausgeschlossen, daß Goethe Eberle sein sorgfältig gehütetes Tagebuch lesen ließ. Wirklich aber ist ein Schema für einen solchen politischen Bericht über die römischen Verhältnisse unter Goethes Aufzeichnungen zu seiner Italienreise erhalten. Es ist in drei, wiederum in Kapitel unterteilte Abschnitte gegliedert («Politischer Staat, Religion, Volck»), enthält jedoch keinen expliziten Hinweis auf die Inquisition.[63] Goethe erzählte Tischbein vielleicht von diesem Plan, den er dann nicht ausführte, und dieser berichtete Eberle davon. Zwar finden sich öfter äußerst negative Urteile über die päpstliche Regierung in den Briefen aus Rom (am 20. Februar 1787 schrieb er zum Beispiel an Seidel: «Überhaupt ist der päbstliche Staat ein Muster einer abscheulichen Administration»[64]), von der Inquisition ist jedoch nie die Rede. Dies bedeutet natürlich nicht, daß ihm deren Existenz unbekannt gewesen wäre, und sicherlich hatte er gelesen, was bei Volkmann darüber stand. Dieser hatte sehr ausführlich und kenntnisreich über die Indexkongregation geschrieben, eine der wichtigsten Abteilungen der Inquisition, deren Aufgabe die Kontrolle über die Bücher war. In unregelmäßigen Abständen gab die Kongregation ein Verzeichnis jener Bücher heraus, die nach ihrem Urteil schädlich für die katholischen Leser waren und deren Lektüre sie deshalb verbot. Volkmann kommentierte: «Man erstaunt, in welcher Sklaverey sich die Musen in Rom befinden.»[65]

In der Ausgabe vom 22. Juli 1787 kündigte das *Diario ordinario* die Publikation eines neuen Index der verbotenen Bücher an, die bis einschließlich 1786 erschienen waren. Ein Blick in das lange Verzeichnis läßt erkennen, daß die Kongregation bei Büchern literarischen Inhalts sich meist vom Zufall leiten ließ. Eine Ausnahme machten nur die Werke der bekanntesten Vertreter der Aufklärung wie zum Beispiel Voltaire. Gewisse Bücher wurden auch erst dann verboten, wenn sie auf italienisch erschienen. Dies war der Fall bei der Komödie *The Drummer* des englischen Dichters Joseph Addison, die durch Grassi wie der *Werther* aus dem Französischen übersetzt worden war.[66] Aber warum traf es ausgerechnet das englische Lustspiel, während viele andere literarische Texte, die unter Umständen sehr viel schädlicher für die katholischen Leser hätten sein können, ungeschoren blieben? Nur, weil jemand sich die Mühe gemacht hatte, das Stück bei der Indexkongregation anzuzeigen. Dies beweist die umfangreiche Dokumentation im Archiv der Indexkongregation, in dem es von Anzeigen verdächtiger Bücher nur so wimmelt. Sie kamen von Geistlichen, die Bücher jeder Art, auch literarischen Inhalts, massenweise zum Verbot vorschlugen, weil sie angeblich der katholischen Moral zuwiderliefen.[67] Wenn niemand den *Werther* anzeigte, konnte man sicher sein, daß die guten Väter der Kongregation selbst, denen die Lektüre von Texten solcher Art gewöhnlich fernlag, dessen Existenz nie bemerken würden. Bezeichnenderweise lebte damals in Rom Pater Appiano Buonafede,[68] ein Mitglied des Zölestinerordens, der eine gelehrte Abhandlung über den Selbstmord geschrieben hatte, die mehrmals und zuletzt 1786 nachgedruckt worden war. In dieser hatte er gegen Montesquieu polemisiert, der seiner Meinung nach in den *Lettres persanes* dem Selbstmord das Wort geredet hatte. Den *Werther* zitierte er dagegen in seiner Schrift nicht, wahrscheinlich weil er ihn nicht kannte. Und dabei warnte er doch ausdrücklich vor den «falschen und wahnwitzigen Ideen jener, die sich aus Liebe umgebracht haben»![69] Obwohl er einer der berühmtesten Arkadier war,[70] nahm er nur selten an den Sitzungen teil[71] und war sicher auch nicht zugegen, als Goethe zum «Schäfer» ernannt wurde. Pizzi wußte zweifellos nichts davon, daß die bayerischen Illuminaten den berühmten Brief über den Selbstmord aus dem *Werther* zu ihren Zwecken mißbraucht hatten.

Der *Werther* war den römischen Literaten durchaus geläufig. Sie lasen ihn in französischer Übersetzung, von denen es mehrere gab. In der *Italienischen Reise* schrieb Goethe später unter dem Datum 1. Februar 1788, daß man ihn in Rom mit den Übersetzungen des *Werther* belästigt habe; man habe von ihm wissen wollen, welche die beste sei.[72] Einem Brief Rat Reiffensteins an Goethe vom 11. Juni 1790 läßt sich entnehmen, daß es sich um französische Übersetzungen handelte und daß Graf Giovanni Fantoni der am meisten Interessierte war.[73] Dieser bekannte Literat war Anfang 1788 von Neapel nach Rom übergesiedelt[74] und hatte Goethe im Salon von Angelika Kauffmann kennengelernt. Er übersetzte den *Werther* aus dem Französischen und widmete die Übersetzung Angelika Kauffmann, aber es gelang ihm nicht, sie dann auch zu drucken.[75] Schon ein paar Jahre zuvor hatte Vincenzo Monti, der im Mittelpunkt des römischen literarischen Lebens stand, mit vollen Händen aus einer französischen Übersetzung des *Werther* geschöpft. Eine poetische Dichtung in freien Versen, die er 1783 in Siena veröffentlichte, ist über weite Stellen hinweg ein Abklatsch des Romans.[76] Damit noch nicht zufrieden, wagte es Monti drei Jahre später, eine Tragödie mit dem Titel *Aristodemo* zu veröffentlichen, die sich ganz um die Frage des Selbstmords drehte – doch mit welcher Vorsicht ging er das heikle Thema an! Das Stück ist in der antiken Stadt Messene angesiedelt, die mit Sparta im Krieg liegt. Hier gibt sich Aristodemo den Tod, weil er, um sich der Herrschaft über die Stadt zu bemächtigen, seine Tochter den Göttern geopfert hat. Der Autor stellte den Selbstmord als eine durch nichts gerechtfertigte Wahnsinnsgeste dar, die Aristodemo selbst verdammt, indem er die Barbarei der alten Götter für seine Tat verantwortlich macht.[77] Doch trotz der Verzerrung, ja Desavouierung des vom *Werther* vorgegebenen Modells fühlte sich der Autor schon wegen der Kühnheit, ein solch heikles Thema überhaupt behandelt zu haben, in Gefahr und besorgte sich hohen Schutz, um dem Vorwurf der Subversion zuvorzukommen. Monti war Sekretär von Herzog Luigi Braschi Onesti, dem Neffen des Papstes, und widmete die erste, 1786 in Parma gedruckte Ausgabe der Tragödie dessen Gattin mit den Worten: «Ihrer Exzellenz, Frau Prinzessin Donna Costanza Braschi-Onesti geborene Falconieri, Nichte Unseres Herrn Papstes Pius' VI.»[78] Über diese Papstnichte – die «Nipotina» – wußte Goethe so gut Bescheid[79], daß er sie sogar in einer *Römischen Elegie* nannte, die er dann jedoch nicht veröffentlichte. Um sie unkenntlich zu machen, nannte er sie Borghese – die Fürstin Livia Borghese war ihre Gegenspielerin im römischen Gesellschaftsleben –, aber ihr wahrer Name war Falconieri. Sie, die auch die Geliebte Montis war, hatte Goethe vor Augen, als er dichtete:

> «Hab ich den Himmel nicht hier? – Was gibst du schöne Borghese,
> Nipotina was gibst deinem Geliebten du mehr?
> Tafel, Gesellschaft und Cors und Spiel und Oper und Bälle
> Amorn rauben sie nur oft die gelegenste Zeit.»[80]

Unter dem Schutzmantel einer solchen Widmung wagte Monti es sogar, ein Exemplar seines Werkes dem Papst selbst zu überreichen. Dieser zog es jedoch vor, sich zum Inhalt nicht zu äußern, und lobte dafür die Schönheit des von Giovanni Battista Bodoni, dem berühmtesten Drucker der Zeit, besorgten Druckes.[81] Mit dieser doppelten Rückendeckung beschloß Monti endlich, sich auch dem römischen Publikum zu stellen, das bekanntlich an Tragödien wenig Geschmack zu finden pflegte. Am Abend des 16. Januar 1787 wurde der *Aristodemo* im Teatro Valle uraufgeführt. Im Dezemberheft des *Giornale delle belle arti* hatte Giovanni Gherardo De Rossi versucht, einige von ihm verbreitete Malignitäten über das Verhältnis der Herzogin mit Monti, der darüber sehr aufgebracht gewesen war, wiedergutzumachen.[82] Um das gebildete Publikum auf das Theaterereignis vorzubereiten, lobte er die unvergleichliche Schönheit des Stückes, wobei er auch «die Barbarei des grausamen Todes», mit dem die Tragödie endete, gebührend hervorhob. Im Heft vom 27. Januar 1787 zeigte er dann den verdienten Erfolg des Dramas an, wobei er noch einmal darauf hinwies, daß der Autor der Sekretär von Herzog Braschi, dem Neffen des Papstes sei. Der *Diario ordinario,* in dem gewöhnlich alle römischen Aufführungen von einigem Niveau besprochen wurden, zeigte das Ereignis indessen nicht an. Sein Schweigen verriet das offizielle Unbehagen gegenüber einem Text, der es wagte, das verbotene Thema des Selbstmordes ganz öffentlich auf einer Bühne in der Hauptstadt der Christenheit zu behandeln.

Unter dem applaudierenden Publikum befand sich auch Goethe, den der Autor, äußerst besorgt um eventuelle negative Reaktionen des Publikums, um seelischen Beistand gebeten und eingeladen hatte. Von seinen Beziehungen zum Autor des *Werther* ließ Monti jedoch niemals etwas verlauten und bewahrte selbst in den vertrautesten Briefen darüber Schweigen, so groß war seine Angst, man könne erfahren, daß er mit Goethe zu tun gehabt habe. Erst vierzig Jahre später spielte er in einem Gespräch mit seinem Freund Paride Zajotti in Mailand kurz auf diese Bekanntschaft an. Er gab zu, den berühmten Goethe bei Gelegenheit der Aufführung des *Aristodemo* in Rom getroffen zu haben, als er zusammen mit vielen anderen Gästen zur Gratulation in sein Haus gekommen sei. Ihre damalige Begegnung beschrieb er mit folgenden Worten: «Ich hatte den Werther gelesen und drückte ihm meine Anerkennung aus. Er war sehr glücklich darüber und sagte, ich sei der erste gewesen, der von diesem seinem Werk mit ihm gesprochen hätte. Danach sahen wir uns mehrmals beim Fürsten von Liechtenstein.»[83]

Auf der Basis seiner nicht erhaltenen römischen Tagebücher gab Goethe in der *Italienischen Reise* eine ausführlichere und wohl auch wahrheitsgetreuere Darstellung seiner Beziehungen zu Monti. Unter dem Datum 23. November 1786 verzeichnete er hier, daß der italienische Dichter ihm von Fürst Liechtenstein an diesem Tage vorgestellt worden sei. Von welchem der beiden Vettern gleichen Namens, präzisierte er nicht, aber da er Fürst Philipp nirgendwo erwähnt, meinte er sicher auch diesmal Fürst

Wenzel, der durch seinen Erzieher Tacchi Verbindung zu den literarischen Kreisen Roms hatte. Eines Abends traf Goethe überraschend Monti in Liechtensteins Haus an. Dieser hatte seinen *Aristodemo* mitgebracht und las Goethe, nachdem er ihm erklärt hatte, sich am *Werther* inspiriert zu haben, sein Werk vor. Dessen erster, etwas ärgerlicher Kommentar lautete mit Bezug auf das klassische Sujet der Tragödie: «Und so konnte ich selbst in den Mauern von Sparta den erzürnten Manen des unglücklichen Jünglings nicht entgehen.» Im Januarbericht sprach er sodann von den Zwistigkeiten zwischen den römischen Literaten und den unnützen Versuchen der jeweiligen Parteien, ihn auf ihre Seite zu ziehen.[84] Dabei hatte er wohl Pizzi und De Rossi im Sinn, die heimlich gegen Monti manövrierten.[85]

Goethe hat es zwar nie eingestanden, aber es ist klar, daß er in den ersten Monaten seines römischen Aufenthaltes fürchtete, wegen des *Werther* von irgendwelchen eifrigen literarisch bewanderten Hütern der katholischen Moral bei der Indexkongregation denunziert zu werden. Es war allein schon sehr unangenehm, auf den Index gesetzt zu werden, aber noch unangenehmer war die Aussicht auf einen Prozeß vor der Kongregation, den eine solche Denunzierung ins Rollen gebracht hätte. Vor allem aber, und das war noch schlimmer, hätte ein Prozeß ihn gezwungen, das Inkognito aufzugeben, ans Licht zu treten, den Kontakt mit der päpstlichen Obrigkeit aufzunehmen und seinen Status als Geheimer Rat des Herzogs von Weimar geltend zu machen. Seine Vorsichtsmaßnahmen schützten ihn vor einer solchen Gefahr, aber die Erinnerung an das stets drohende Ungemach, das ihm der *Werther* in Rom hätte bereiten können, war nicht leicht zu vergessen, und so schrieb er in den *Römischen Elegien* in einem Distichon, das er nicht in die Endfassung aufnahm:

«Wäre Werther mein Bruder gewesen, ich hätt ihn erschlagen,
Kaum verfolgte mich so rächend sein trauriger Geist.»[86]

Als Goethe Ende Februar 1787 Neapel betrat, spürte er sofort, daß hier ein völlig anderer Wind wehte. Die Beziehungen des neapolitanischen Hofes zur römischen Kirche waren äußerst gespannt.[87] Der Chef der bourbonischen Regierung, Marchese Domenico Caracciolo, war ein überzeugter Anhänger der Aufklärung.[88] Er hatte lange Jahre als neapolitanischer Botschafter in Paris gewirkt, wo er mit den bekanntesten Vertretern der Aufklärung verkehrt und vor allem mit D'Alembert Freundschaft geschlossen hatte. Mit diesem blieb er auch später in brieflicher Verbindung, als er als Vizekönig nach Palermo versetzt wurde. Eine seiner ersten politischen Maßnahmen dort, von der er D'Alembert umgehend begeistert Nachricht gab, war die Abschaffung der örtlichen Inquisition. Dies war mehr als genug, um einem verbotenen Schriftsteller wie Goethe das Gefühl der Sicherheit zu geben. In Neapel gab er deshalb sein Inkognito auf, besuchte die Salons und machte die Bekanntschaft des Aufklärers Gaetano Filangieri, «bekannt durch sein Werk über die Gesetzgebung»,[89] das auf den Index gesetzt worden war.[90] Auch verbarg er nicht mehr, der Autor des *Werther* zu sein.[91] Eine ähnliche Situation fand er in Palermo vor, wo ihn der Vizekönig Francesco d'Aquino, Fürst von Caramanico,[92] auch er ein Aufklärer, zum Essen einlud. Goethe nahm die Einladung mit Freude an und hatte die Überraschung, im vizeköniglichen Palast einem Malteserritter zu begegnen, der in Erfurt gewesen war und sich bei ihm nach dem berühmten Autor des *Werther* erkundigte. Auch bei dieser Gelegenheit zögerte Goethe nicht, sich als Autor eines Werkes zu erkennen zu geben, das ihn in Rom in so große Verlegenheit gestürzt hatte.[93] Gegen Ende seiner Reise ins Königreich beider Sizilien konnte Goethe am 25. Mai 1787 aus Neapel Charlotte von Stein schreiben, daß er während der Reise viele Menschen getroffen habe, die den Verkehr wert gewesen seien. In ähnlichem Sinne äußerte er sich am 27. Mai in einem Brief an Herzog Carl August, dem er schrieb: «Ich habe mehrere interessante Menschen kennen lernen, um derentwillen ich wohl noch eine Zeit bleiben möchte.»[94] Nach einem mehrmonatigen Verzicht auf den falschen Namen Möller machte er sich Anfang Juni wieder auf den Weg nach Rom, versehen mit einem vom Marchese Caracciolo ausgestellten Passierschein von der Dauer von zehn Tagen, der auf den Namen «Monsieur Giovanni de Goethe di Weimar, tedesco» lautete.[95]

Spiel und Spass

Als Goethe nach Rom kam, bat er Tischbein nur, wie dieser in seinem berühmten Brief an Lavater vom 9. Dezember 1786 schrieb, ihm «ein klein Stüpgen, wo er in Schlaffen und ungehindert in arbeiten könte, und ein ganz einfaches Essen» zu besorgen. Deshalb konnte ihn Tischbein ohne Schwierigkeiten in der Wohnung unterbringen, in der er selbst bei der Familie Collina am Corso zur Untermiete wohnte. Er überließ Goethe das kleine Zimmer neben dem seinen, das er gewöhnlich für seine Gäste bereithielt: «Da sizet er nun jezo und arbeitet des Morgens an seiner Efigenia ferdig zu machen, bis um 9 Uhr, den gehet er aus und sieht die grosen hiesigen Kunstwercke.»[1] Eberle erzählte er dagegen weitere Einzelheiten, denn Kardinal Herzan schrieb am 24. März 1787 in seiner Depesche an Kaunitz, daß Goethe niemandem vorgestellt werden wolle, weil er die zum Auftritt in der Gesellschaft nötige Garderobe nicht mitgebracht und keinerlei Absicht habe, sich eine solche in Rom zuzulegen.[2]

Über die Kleiderfrage erhalten wir sehr genaue Auskunft durch die Briefe, die Herder im Herbst 1788, zu Beginn seines römischen Aufenthaltes, mit seiner Frau Caroline wechselte. Herder merkte schnell, daß er in Rom Kleider von anderer Farbe und Zuschnitt brauchte als die, welche er aus Deutschland mitgebracht hatte. Goethe hatte ihm diesbezüglich nicht das Richtige gesagt, und so entlud Herder am 11. Oktober seinen Zorn gegenüber dem Freund in einem Brief an seine Frau: «Goethe hat gut reden; alle seine Ratschläge in Ansehung Roms taugen nicht ... Da schwätzt er und warnt mich vor dem schwarzen Rock, und macht, daß ich den meinigen nicht mitnehme. Und nun muß ich mir einen hier machen lassen, weil ich mit Keinem andren, auch keinem gestickten, der immer nur Frack ist, in eine Gesellschaft kommen kann ... und so hat er mehr geredet; ich habe mich manchmal schon über ihn geärgert, daß ein Mensch, der 2. Jahr in Rom gewesen ist, einen so ziehen läßt.» Schon kurz darauf erzählte er seiner Frau von den Kleidern, die er in Auftrag gegeben hatte: «Mein schwarzes Kleid von unaufgeschnittenem Samt ist fertig ... Ein Frack nach hiesiger Mode wird jetzt auch gemacht, und so werde ich allmählich ein Römer werden.» Als der Schneider mit seiner Arbeit fertig war, glaubte er, so ausstaffiert nun Kardinäle und den höchsten Adel Roms frequentieren zu können, denn, so meinte er, «in Rom kommt auf alle das viel an; es ist im Zeremoniell und Anstande die hohe Schule.» Im November erhielt er die ersten Einladungen und schrieb am 22. November höchst zufrieden an seine Frau: «Diese Woche bin ich denn wieder in der großen Welt gewesen, das ist bei Bernis, der hier *einzig* große Welt gibt, wenn der Senator nicht da ist. Donnerstag speiste ich bei ihm; gestern Abend war Konzert und Versammlung. Heut will ich der Santacroce aufwarten, wenn sie mich annimmt: ich bin ihr gestern vorgestellt worden ...»[3] Kardinal de Bernis war eines der einflußreichsten Mitglieder des Kardinalskollegiums und französischer Botschafter in Rom, während die Fürstin Giuliana Santacroce geb. Falconieri den höchsten römischen Adel repräsentierte. Ihr Salon war der vornehmste der ewigen Stadt. Mit genau dieser Gesellschaft hatte Goethe in Rom nichts zu tun haben wollen, aber er kannte seinen Freund und wußte, wie eitel er war und wie sehr er es liebte, aufgeputzt in den Salons herumzustolzieren. Deshalb sagte er ihm nichts und zwang ihn, sich in Rom eiligst neue Kleider zu besorgen. Es handelte sich um eine jener kleinen Bosheiten gegenüber dem Weimarer Hof, an dem Herder eine hochangesehene Stellung einnahm.

Goethe hat sich hingegen bis zum letzten Tag seines römischen Aufenthaltes mit sehr einfacher Kleidung begnügt, obwohl auch er sich wärmere Kleidungsstücke anschaffen mußte, um dem Winter trotzen zu können. Seinem Ausgabenbuch zufolge suchte er zwischen November 1786 und Januar 1787 fünfmal einen Schneider auf, welche Kleidungsstücke er sich jedoch anfertigen ließ, gibt er nicht an. Sicher ist nur, daß er sich den berühmten weißen Umhang machen ließ, mit dem er auf Tischbeins großem Ölbild «Goethe in der römischen Campagna» (Abb. 3) abgebildet ist. Mit diesem Umhang schützte er sich nicht nur draußen vor der Kälte, sondern auch im Hause in seiner Stube, wie er am 4. Januar 1787 Fritz von Stein schrieb.[4] Wahrscheinlich ließ er sich auch neue Hosen schneidern, dazu vielleicht einen Rock aus schwererem Tuch. Er verzeichnete Ausgaben für Strümpfe und seidene Kniestrümpfe, ein Unterhemd, Schnallen, ein Paar Schuhe, einen Geldbeutel. Außerdem ließ er sich die berühmten Stiefel, die er aus Deutschland mitgebracht hatte, neu besohlen.[5] Diese bescheidene Garderobe reichte aus, um sich vor Kälte zu schützen und im Salon Angelika Kauffmanns verkehren zu können, das einzige Gesellschaftsleben, das er akzeptierte. Nur in Neapel ließ er sich dazu verleiten, ein paar wichtigere Salons zu besuchen; hierfür kaufte er sich eine Halsbinde und ein Paar Handschuhe.[6] In Rom aber verweigerte er sich bis zum letzten Tag der schönen Gesellschaft. Die einzige Ausnahme blieb im Februar 1788 eine Einladung des Senators Abbondio Rezzonico zu einer Abendgesellschaft, von der er nur in der *Italienischen Reise* berichtet.[7] In einem Brief an Herzog Carl August vom 25. Januar 1788 rechtfertigte er sein Verhalten, indem er die römische Gesellschaft mit den Worten abtat: «Ich habe mich zwar ganz aus der Welt gehalten,

Abb. 3

kenne aber doch so ziemlich die hiesige Societät, sie ist wie überall und noch überdieß sehr exigeant, weil man würcklich in dem großen Rom ein wenig kleinstädtisch ist.»[8]

Der Gegensatz zu Herder konnte nicht größer sein. Ihm hatte er schon am 13. Januar 1787 geschrieben: «... mein Leben mit den Künstlern ist einzig dießem Ort angemessen. Das andre Leben ist schaal wie überall und schaaler wo möglich. Ich will zuletzt nur einige Becher schlurpfen.»[9] Von den bittern Bechern, die er nicht ausgeschlagen hatte, wie die Aufnahme in die Arcadia und die Beziehungen zu Monti, hatte er zu jener Zeit schon getrunken. Danach ließen ihn alle in Ruhe, kein einziger Literat ließ es sich später noch einfallen, Kontakt mit ihm zu suchen. Gelehrte, Adlige und Kardinäle nahmen keine Notiz mehr von ihm. Der Gelehrte Gaetano Marini, der Herzog Karl Eugen von Württemberg als Informant diente, erwähnt Goethe kein einziges Mal in den zahlreichen Depeschen, die er in jener Zeit aus Rom nach Deutschland schickte. Dabei unterrichtete er den Herzog über jedes noch so nichtssagende kulturelle Ereignis, über jeden Besuch eines mehr oder weniger bekannten ausländischen Reisenden in der ewigen Stadt. So berichtete er in zwei Depeschen vom 4. November und 6. Dezember 1786 ausführlich vom Aufenthalt Münters in der Stadt, und ebensowenig ließ er sich die Ankunft des Abate Giovanni Battista Casti, eines italienischen Dichters von unbestreitbarem Talent, entgehen. Der Abate war in Begleitung des österreichischen Grafen Joseph Fries nach Rom gekommen, wie Marini in einer Depesche vom 25. Juli 1787 den Herzog informierte.[10] Goethe hatte Graf Fries in Neapel kennengelernt und war ein Bewunderer der Opernlibretti Castis. So ließ er sich die Gelegenheit nicht entgehen, Casti bei der Lesung einiger seiner noch unveröffentlichten *Novelle galanti* zuzuhören.[11] Damit machte er eine Ausnahme in seinem römischen Leben, aber es lohnte die Mühe. Castis *Novelle galanti* gehören zu jenen wenigen literarischen Werken, die Goethe in Italien kennenlernte und schätzte; sie gaben ihm auch später noch Anregungen für sein dichterisches Schaffen.[12]

Kaum in Rom eingetroffen, suchte Herder sich alle nur möglichen Informationen über das Künsterleben zu verschaffen, das sein Freund nach eigenen Angaben hier geführt hatte. Als erstes begab er sich in die Wohnung am Corso, wo Goethe Pensionsgast bei den Collina gewesen war. Hier lernte er Bury kennen, den Goethe ihm wärmstens empfohlen hatte. Er lehnte jedoch die Einladung, selbst in die Wohnung einzuziehen, mit der Begründung ab, daß diese zu weit vom Logis des Domherrn Dalberg entfernt läge, zu dessen Begleitung er gehörte. Der erste Kommentar, abgegeben, als der Zorn über das Kleiderproblem noch in ihm flammte, war lakonisch: «Er hat wie ein Künstlerbursche hier gelebt», schrieb er seiner Frau verächtlich im schon erwähnten Brief vom 11. Oktober. Die weiteren Auskünfte, die er in den folgenden Wochen erhielt, verschärften dieses Urteil noch: «Göthe», schrieb er seiner Frau am 4. November, «spricht über Rom, wie ein Kind, und hat auch wie ein Kind, freilich mit aller *Eigenheit,* hier gelebt; deshalb ers denn auch so sehr preiset. Ich bin nicht Göthe, ich habe auf *meinem* Lebenswege nie nach seinen Maximen handeln können; also kann ichs auch in Rom nicht.» Am 8. November tat er auch die Künstler ab, mit denen Goethe in Rom zusammengelebt hatte: «Auch von Göthes Gesellen habe ich eigentlich wenig; es sind junge Maler, mit denen am Ende doch nicht viel zu tun ist, geschweige daß ich mit ihnen Jahrelang leben sollte ... Sie sind alle gutwillige Leute, die aber von meinem Kreise zu fern abliegen.»[13]

Herders ablehnende Haltung war nur allzu logisch. Er kannte Goethe seit langer Zeit und berührte sogleich den springenden Punkt, als er seiner Frau in den Briefen den tiefen Gegensatz zwischen ihm selbst und dem Freund beschrieb. Er selbst repräsentierte in Rom die Norm, das richtige Verhalten, das seine Stellung als Gelehrter und hoher Geistlicher in der Weimarer Gesellschaft garantierte; Goethe das Gegenteil davon, nämlich die Übertretung der Norm, die Negierung der Konventionen, den Dissens, der den Dichter in Gegensatz zur Gesellschaft, in der er lebte, brachte. Es handelte sich natürlich nicht, wie betont werden muß, um einen Dissens politischer Natur. Was diesen Punkt betrifft, hat es, in dem einen und dem anderen Sinne, viele Mißverständnisse gegeben, die immer noch nicht ganz ausgeräumt sind. Doch nur wenige Male in der Geschichte der europäischen Literatur ist die Dissenshaltung, zu der ein Schriftsteller sozusagen berufshalber verpflichtet ist, so klar und im Bewußtsein ihrer Grenzen und Funktionen manifestiert worden. Dies ist um so bemerkenswerter, wenn man bedenkt, wie sehr im

18. Jahrhundert, vor allem am Vorabend der Französischen Revolution, die Vertreter der Aufklärung Rolle und Ziele der Literatur mit denen der Politik vermischten. Es ist bezeichnend, daß Goethe in die Rolle des Kindes schlüpfte, um seinen Dissens auszudrücken. Das Kind steht noch an der Schwelle der organisierten Gesellschaft und sträubt sich, in diese Gesellschaft mit allen ihren Regeln angemessenen Verhaltens einzutreten. Sein Widerstand ist bizarr und erfindungsreich und irritiert und verärgert Eltern und Erzieher. Herder hatte dem Freund schon immer sein kindisches Wesen vorgeworfen, und Goethe wußte wohl, daß seine Art, in Italien zu leben, schwerlich bei ihm auf Billigung stoßen konnte. Aber er machte sich nichts daraus und schrieb, wie gesagt, schon im Tagebuch für Frau von Stein: «Herder hat wohl recht zu sagen: daß ich ein groses Kind bin und bleibe, und ietzt ist es mir so wohl daß ich ohngestraft meinem kindlichen Wesen folgen kann.» Goethe wollte in Italien wieder Kind sein und vor allem wieder spielen. Denn das Hauptmerkmal der Kindheit ist das Spiel, und es kann zu recht gesagt werden, daß Goethe in Rom sein Leben als ein Spiel zu leben versuchte. Aber das Spiel ist nicht frei von Gefahren und kann manchmal zum Risiko werden.

In den ersten vier Monaten seines römischen Aufenthaltes, vom November bis zur Abreise nach Neapel, lebte Goethe in engster Lebensgemeinschaft mit Tischbein. In seinen Briefen an die deutschen Freunde aus dieser Zeit nannte er ihn mehrmals seinen «Cicerone». Er war ein erfahrener und intelligenter Führer, der genau Bescheid wußte über die antiken und modernen Monumente, die öffentlichen und privaten Kunstsammlungen, die geistlichen und weltlichen Schauspiele, die die Stadt bot. Mit ihm zusammen besuchte Goethe zum Beispiel die römischen Kirchen und einmal auch den Petersdom, wo er den Papst bei der Ausübung der kirchlichen Zeremonien beobachten konnte. Auch als er einmal der grauslich beeindruckenden Szene einer öffentlichen Schweineschlachtung beiwohnte, war Tischbein an seiner Seite. Beide Spektakel beschrieb er in einem Brief an Fritz von Stein vom 4. Januar 1787.[14] Über die Besichtigung der Stadt, die Goethe in diesen vier Monaten sehr emsig, ja sozusagen in Eilmärschen betrieb, ist sehr viel, um nicht zu sagen zuviel, schon geschrieben worden. Deshalb wollen wir uns hier nicht noch einmal darüber verbreiten. Vielmehr gilt es, die Bedeutung dieser Besichtigungen für Goethes Bildung einzuschränken, wie es vor kurzem auch schon in sehr begrüßenswerter Weise versucht worden ist.[15] Ihr Einfluß muß auf das wahre Maß zurückgeführt werden – und dies war eher bescheiden. Mit dem vielen Geschwafel von den klassisch antiken Einflüssen, die soviel Unheil in der Goethe-Forschung angerichtet haben, sollte endlich Schluß gemacht werden.

Tischbein war in Rom für Goethe nicht nur ein geschätzter, zuverlässiger Führer, sondern noch vieles mehr. Goethe war sich dessen bewußt und ihm dankbar dafür. Kurz bevor ihr gemeinsames Leben zu Ende ging, zog er in einem Brief an Knebel vom 19. Februar 1787 Bilanz über die ersten Monate seines Aufenthaltes in Rom. Er war zufrieden damit, wie er sie genutzt hatte, und bezeichnete seine Lage in Rom als «sehr glücklich und erwünscht».[16] Diese doppelte Funktion Tischbeins kommt auch in den Portraits zum Ausdruck, die er in Rom von Goethe malte. Auf dem großen Ölbild «Goethe in der Campagna» stellte er ihn als den großen Dichter dar, der in die Hauptstadt der antiken Welt gekommen und durch ihre Sehenswürdigkeiten geführt worden war, als jenen bedeutenden Mann, den seine deutschen Freunde auf dem Kapitol zum Dichter krönen lassen wollten, ohne die Unsinnigkeit einzusehen, «einen Fremden und Protestanten zum Protagonisten einer solchen Comödie auszusuchen», wie Goethe am 6. Januar 1787 an seine Freunde in Weimar schrieb.[17] Tischbein selbst schrieb an Lavater in ganz anderen Tönen von diesem Plan, wenn er auch einräumen mußte, daß Goethes Weigerung «ihm gewis eben so viel Ehre macht, als wen er wercklig auf dem Capitol gekrönet worten wehre.»[18] Auf zwei anderen, nicht weniger berühmten Bildern, dem Aquarell «Goethe am Fenster der römischen Wohnung am Corso» (Abb. 4) und der Federzeichnung «Goethe lesend auf zurückgelehntem Stuhl» (Abb. 5), zeigte er seinen Mitbewohner dagegen ganz in der Intimität des häuslichen Lebens. In Pantoffeln, Hemd und Weste, die langen Haare zu einem Zöpfchen geflochten, steht er auf dem ersten in seiner Stube, den Rücken dem Betrachter zugewendet. Er hat einen Fensterflügel geöffnet und blickt auf die Via Fontanella herab, die Gasse, die zum Corso führt. Um besser zu sehen, beugt er sich weit hinaus und stützt sich dabei auf die Fensterschwelle. Ebenso leger ist er auf dem zweiten Bild gekleidet, auf dem er lesend mit dem Stuhl wippt.[19]

In diesen ersten Monaten in Rom war Tischbein auch Goethes unzertrennlicher Spielgenosse. Unter den vielen Zeichnungen, in denen er sich als aufmerksamer und getreuer Chronist von Goethes römischem Aufenthalt erweist, veranschaulicht besonders eine ganz unmittelbar diesen so wichtigen Aspekt. Sie zeigt zwei Männer, die sich gelöst auf einem Sofa räkeln (Abb. 6).[20] Der Mann links auf dem Sofa ist in Strümpfen (seine auffälligen Schuhe mit den Schleifen sind im Vordergrund zu sehen) und reckt die Beine hoch, als ob er zu einem Purzelbaum ansetzen wollte; dazu gestikuliert er mit den Händen. Der Mann auf der rechten Seite des Sofas hat die Stiefel noch an. Seine Beine liegen auf einem Schemel, die Arme sind in die Höhe gestreckt. Wir dürfen in diesen beiden Männern wahrscheinlich Goethe und Tischbein in einem Augenblick kindlichen Vergnügens

Abb. 4

erkennen. Dieses Bilddokument erinnert an ein schriftliches Zeugnis, einen Brief Tischbeins vom 14. Mai 1821, in dem von einem anderen damals in Rom getriebenen Spaß die Rede ist: «Auch wird Ihnen das noch gegenwärtig sein», schrieb der Maler an Goethe, «wie wir uns übten, dem Vorbeygehenden den Mantel von der Schulter zu winden.»[21] Hätte einer der Deutschen, die ihn feierlich zum Dichter krönen lassen wollten, den achtunddreißigjährigen Weimarer Geheimen Rat wie einen verrückt gewordenen Studenten durch die Straßen rennen sehen, um den Passanten den Mantel von der Schul-

Abb. 5

ter «zu winden», dann hätte er wohl seinen Augen nicht getraut!

Ihre Vertraulichkeit speiste sich aus vielen kleinen Gelegenheiten, die sie mit Freimut und Natürlichkeit auskosteten. So erzählte Goethe in einem Brief an die Freunde in Weimar, wie sie einmal auf dem Petersplatz spazierengegangen waren, bis sie schließlich «im Schatten des großen Obelisks, der eben für zwey breit genug geworfen wird», die Trauben verzehrten, die sie in der Nähe gekauft hatten.[22] Unter den Ausgaben ist mehrmals der Kauf von Trauben verzeichnet, noch öfter jedoch der von Schoko-

Abb. 6

lade, die es warm oder kalt gab. Am 21. Juli 1787 mahnte Tischbein Goethe aus Neapel, ihre alte Gewohnheit, während der Spaziergänge Schokolade zu trinken, auch ohne ihn fortzusetzen. Er schrieb: «Wie ist Ihre Gesondheit in diesser hize? Trinken Sie doch des Morgens anstatt gekochte cocolate gefrohrene. Sie können sich selbige in dem Eis haus bey S. Carlo alle morgen machen lassen.»[23] Diese vielen schönen Erinnerungen veranlaßten Goethe am 30. Mai 1814, Kanzler von Müller zu gestehen: «Ich lebte 10 Monate lang zu Rom ein zweytes academisches Freyheitsleben».[24] Zu den Hauptvergnügungen jener Monate gehörte auch der Besuch der Osterien, der dem Ausgabenbuch zufolge sehr häufig vorgenommen wurde.

Die römischen Osterien bildeten zu jener Zeit einen beinahe obligaten Treffpunkt für das römische Volk; sie waren der bevorzugteste Ort der Geselligkeit in diesen Schichten. Eine Recherche in den Prozeßakten des Gerichts des Governatore läßt erkennen, daß das römische Volk hier sehr viel Zeit zu verbringen pflegte. In diesen Weinschenken versammelten sich die Freunde, wurden

Verbindungen angeknüpft, traf man Dirnen an, entstanden Raufereien, blitzten die Messer, und nicht selten blieb einer nach solchen Raufereien sogar tot am Boden liegen. Man spielte dort auch und tanzte zur Musik. Ein Mann, der auf der Piazza del Popolo festgenommen worden war, gab am 22. Februar 1787 zu Protokoll, daß in einer Osteria vor den Toren nach dem Umtrunk «Boccia, Mora und Karten» gespielt worden sei. Am Tag zuvor hatte ein anderer Zeuge in einem Prozeß ausgesagt, daß in einer Osteria an der Piazza Barberini jemand den «calascione» (ein volkstümliches Zupfinstrument) gespielt und damit ein paar Leute zum Tanz angeregt habe. Aus einem im Mai 1786, wenige Monate vor Goethes Ankunft geführten Prozeß geht hervor, daß es organisierte Gruppen gab, die durch die Wirtschaften zogen und sangen und aufspielten. Eine Frau, so hören wir, sang dabei «in der Art einer Dichterin», auch ein Blinder trat als Sänger auf, und ein Lahmer begleitete sie auf der Laute.[25] Schriftliche Äußerungen zu seinen Besuchen in den römischen Osterien hat Goethe nicht hinterlassen, aber wir dürfen annehmen, daß seine Sammlung von italienischen volkstümlichen Texten, Motti, Liedern und Sprichwörtern, die sich unter den Notizen zu seiner Italienreise finden, den römischen Osterien viel verdanken. In einem der aufgezeichneten Texte, einem Vierzeiler, wird sogar ausdrücklich auf das Leben in der Osteria angespielt, denn hier heißt es:

«Ottenesti quindi in mercede	(Dann erhieltest du zum Lohn
delle danze e delli fiaschi	für die Tänze und die Flaschen
Buona notte e figli maschi	Gute Nacht und Söhne zu Kindern
e ciascuno se n'andò»	und jeder ging davon).

Und wo anders schon als in römischen Osterien konnte man so gotteslästerliche rituelle Verwünschungen hören wie «Venga il cancaro al lupo che non mangiò Cristo quando era agnello» (Verflucht sei der Wolf, weil er Chri-

Abb. 7

stus nicht fraß, als er noch ein Lamm war) oder Aussprüche von eindeutig antiklerikalem Charakter wie «Ehi! Forse siete figlio di un frate» (Heh! Seid ihr vielleicht das Kind eines Bettelmönchs). Schwerlich war wohl auch in den Salons der Ausruf zu hören: «Non temcte scandalo, tutte che entrano qui sono puttane» (Keine Angst vor einem Skandal, alle, die hier reinkommen, sind Huren).[26]

Tischbein schrieb in seinen Erinnerungen, daß er in den Osterien gern nach Modellen Ausschau gehalten habe.[27] In Goethes Sammlung von Tischbeinzeichnungen befindet sich als Nr. 8 der «Gemeines Leben» betitelten

IV. Abteilung eine Federzeichnung mit der Überschrift «Erzürnter Trasteveraner» (Abb. 7).[28] Mit knappen Strichen hingeworfen, zeigt sie einen unrasierten Kerl aus dem Volk mit Hut und Umhang und einem zugleich stolzen wie finsteren Gesicht. Aufrecht, die zur Faust geballten Hände hochgehoben, hat er einen zornig drohenden Ausdruck. Er scheint gerade aus einer Osteria zu kommen. Trastevere war eines der ältesten und volksreichsten Viertel von Rom, dessen Einwohner im 18. Jahrhundert als die wahren Abkömmlinge der alten Römer angesehen wurden. Der mailändische Schriftsteller Alessandro Verri schrieb am 21. Juli 1779, als er schon mehrere Jahre in Rom lebte, seinem Bruder Pietro, daß er diese Ansicht durchaus teile. Die Männer aus dem Trasteveraner Volk hätten «einen heftigen Hang zur Rache» und legten keinen Wert darauf, angenehm zu wirken, sondern «trachteten nur danach, gefürchtet zu werden».[29] Archenholz widmete diesem Thema eine ganze Seite, und auch der Reiseführer von Volkmann, Goethes «Bibel», was Rom betraf, streifte diese Frage.[30] Goethe sprach zwar nicht eigens von den Bewohnern Trasteveres, doch teilte er die gängige Ansicht, daß die alten Römer im römischen Volk fortlebten. In einem Brief an das Ehepaar Herder vom 10. November 1786 brachte er diese Auffassung klar zum Ausdruck: «Wenn man so eine Existenz ansieht die 2000 Jahr und drüber alt ist, durch die Wechsel der Zeiten so manigfaltig und von Grund aus verändert, und doch noch derselbe Boden, derselbe Berg, ia oft, dieselbe Säule und Mauer, und im Volcke noch die Spuren des alten Characters, so wird man ein Mitgenoße der großen Rathsschlüße des Schicksals.»[31] Tischbeins Zeichnung könnte gut der Kommentar zu einer mit Goethe in einer Trasteveraner Schänke geführten Unterhaltung sein.

Besonders viel Spaß bereitete Goethe das Spiel mit seinen zum Zweck des Inkognitos angenommenen falschen

Namen. Der offizielle Name, den er für den Geldtransfer angegeben hatte, lautete Johann Philipp Möller. Kardinal Herzan schrieb dagegen in seiner Depesche an Kaunitz vom 3. März 1787, von seinem Sekretär erfahren zu haben, daß Goethe sich, um der Aufmerksamkeit zu entgehen, Müller nenne.[32] Diese Auskunft hatte Eberle sicher von Tischbein erhalten. Kurz nach seiner Ankunft in Rom schrieb auch der Schweizer Kupferstecher Johann Heinrich Lips am 24. November 1786 an Lavater, er habe von Tischbein gehört, daß Goethe in Rom sei und noch eine Zeitlang «unter dem Namen Müller» dort zu bleiben gedächte. Das gleiche berichtete Moritz seinem Freund Joachim Heinrich Campe am 20. Januar 1787.[33] Zwischen Möller und Müller besteht kein großer Unterschied, aber es handelt sich schließlich doch um zwei verschiedene deutsche Familiennamen. Goethe sagte Tischbein und Moritz sicher, daß er in Rom inkognito zu leben wünsche und aus diesem Grund einen falschen Namen angenommen habe. Aber sagte er Möller oder Müller? Da beide Freunde den gleichen Namen nannten, ist anzunehmen, daß er Müller sagte. Der Grund hierfür wurde schon im zweiten Kapitel erklärt. Goethe wollte verhindern, daß der Name Möller, den er geheimzuhalten wünschte, durch irgendwen nach Deutschland getragen wurde. Natürlich amüsierte ihn dieses Verwirrspiel auch, das seine Freunde darüber im unklaren lassen sollte, wie sein «wahrer» falscher Name lautete.

Wie schon beschrieben, begab sich Goethe Anfang 1787 zum Pfarrer von S. Maria del Popolo und gab sich als Philipp Möller aus. Der Pfarrer konnte kein Deutsch und trug ihn folglich als Filippo Miller ins Einwohnerregister ein. Die falschen Namen nahmen zu, inzwischen waren es drei geworden: Möller – Müller – Miller. Goethe amüsierte sich sicher über die Verwandlung von Möller in Miller, zumal er ganz unschuldig daran war. Wer weiß, wie herzlich er mit Tischbein zusammen darüber lachte. Das brachte ihn auf einen anderen Streich, wobei sich der Name nochmals änderte.

Am 21. Februar 1787, einen Tag vor der Abreise nach Neapel, begab er sich zusammen mit Tischbein zur Botschaft des Königreichs beider Sizilien beim Heiligen Stuhl, um einen Passierschein für den Grenzübergang zwischen den beiden Staaten zu erhalten. Dem Sekretär der Botschaft erzählten sie, «Toichbein» und «Milleroff» zu heißen und aus Moskau zu stammen. Der Passierschein (Abb. 8), gültig für zwölf Tage, ist in Goethes Nachlaß erhalten und lautet auf diese beiden Namen.[34] Die kuriose Idee stammte zweifellos von Goethe selbst, einem wahren Artisten des Inkognitos und stets bereit, mit Namen sein Spiel zu treiben. In der Form Toichbein bekam der Name seines Begleiters einen exotischen Anstrich; zugleich wurde damit aber auch einer möglichen Entlarvung vorgebeugt, denn es war nicht leicht, Toichbein mit Disben oder Tisben, der italienischen Verballhornung von Tischbeins Namen, zu assoziieren. Milleroff war dagegen eine Neuschöpfung. Der von Möller in Miller verwandelte Name bekam das typisch russische «off» angehängt und wurde damit zu einem russischen. Goethe und Tischbein verwandelten sich so in Russen in der festen Überzeugung, daß ein einfacher neapolitanischer Beamter zwischen einem Deutschen und einem Russen schwerlich unterscheiden konnte. Das Gelächter über diese Komödie setzte sich sicher bis nach Neapel fort. Die falschen Namen häuften sich: Möller, Müller, Miller, Milleroff. Aber damit noch nicht genug. Ganz ohne sein Zutun wurde Goethe noch ein fünfter Name beschert. Es war der, unter welchem er in Rom bei den einfachen Leuten, mit denen er in Verbindung kam, bekannt war.

Unter Goethes italienischen Papieren befinden sich neben dem Ausgabenheft noch weitere seine Auslagen in

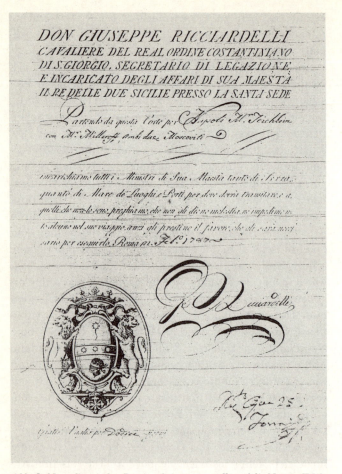

Abb. 8. Neapolitanischer Passierschein, ausgestellt auf die Namen Toichbein (Tischbein) und Milleroff (Goethe), vom 21. Februar 1787.

Rom betreffende Dokumente, die bis heute nicht näher untersucht worden sind. Der Dichter glaubte wohl nicht, daß sie spätere Biographen interessieren könnten. Auch schienen sie ihm wahrscheinlich wenig aufschlußreich in bezug auf sein privates Leben in Rom, das er unbedingt geheimhalten wollte. Es handelt sich um Rechnungen von Goethes Wirtsleuten. Seit der Rückkehr aus Neapel im Juni 1787 stellte Sante Collina regelmäßig jeden Monat eine detaillierte Liste aller auf Essen und Wohnung bezüglichen Ausgaben auf, um sie seinem Gast zur Bezahlung vorzulegen. Auf diesen Rechnungen wird Goethe gewöhnlich als «il Signor Cavaliere» bezeichnet, ein Titel, mit dem im 18. Jahrhundert in Italien nicht nur Angehörige des Ritterstands, sondern auch einfache Edelleute ohne Feudalbesitz, die in der Adelshierarchie auf einer niedrigeren Stufe standen, ausgezeichnet wurden. Mit dieser Anrede wollte Collina Goethe offenbar von seinen anderen Pensionsgästen, einfachen Malern, unterscheiden. Diese bezeichnete er auf der Liste mit ihren italianisierten Vornamen, denen er ein «Signore» vorausstellte («il Signor Giorgio» und «il Signor Federicho»), eine Anrede, die jedermann gern zugestanden wurde.

Sante Collina hatte, so dürfen wir schließen, in der Zwischenzeit erfahren, daß sein distinguiertester Pensionsgast ein adliger deutscher Herr war, der in seinem Heimatland über viel Geld und Einfluß verfügte. Goethe hatte indessen niemals zu erkennen gegeben, daß er Wert auf Abstand legte. So kam es, daß Collina ihn in diesen Rechnungen, ebenso wie er es mit Schütz und Bury hielt, versehentlich zweimal mit dem Vornamen bezeichnete, jedoch nicht mit seinem wahren. Mit der ungelenk großen Schrift eines alten Kutschers schrieb Collina im Juni 1787 «il Signor Felippo» und im Januar 1788 «il Signor Felipo» auf die Rechnung. Dies war der Vorname, mit dem er ihn offenbar schon vor der Abreise nach Neapel angeredet hatte und unter dem er als neuer Pensionsgast der Collina auch in das Pfarreiregister eingetragen worden war, nämlich als Filippo Miller. Im Januar 1788 wußte er jedoch schon genauer über seinen Gast Bescheid und war sich darüber klargeworden, daß sich unter der Maske des Malers eine Person von sehr viel höherem Gesellschaftsstand verbarg, als er anfänglich angenommen hatte, jemand, der in seinem Heimatland ein wichtiger Mann und ein «Baron» war. Dieser Titel und Goethes wahrer Name stehen auf einer Quittung, die Santes Sohn Filippo Goethe am 9. November 1787 ausstellte.[35] Die quittierte Summe von 30 Scudi diente zur Finanzierung der Deutschlandreise des jungen Collina, der die Herzogin Anna Amalia von Weimar abholen und nach Rom geleiten sollte. Die Familie Collina wußte also spätestens seit jenem Zeitpunkt, daß ihr Gast unter falschem Namen in Rom lebte und sie dieses Geheimnis nicht verraten durfte. Der «Signor Filippo» war aber ein sehr umgänglicher Herr, der die schlichte Offenheit der Collina schätzte und sich nicht wichtig machte. Wichtig machte sich dagegen Tischbein, nicht nur den Collina, sondern auch Schütz und Bury gegenüber, zu denen er bewußt Abstand hielt. Auf den Rechnungen wie in den «Stati d' anime» wird er als «Signor Dispen» oder «Disben» bzw. als «Signor Tisben» bezeichnet;[36] er liebte es offenbar nicht, mit dem Vornamen angesprochen zu werden.

Für die Nachbarn und die anderen einfachen Leute, die ihn kannten, blieb Goethe jedoch weiterhin der «Signor Filippo». Darauf weist auch eine Stelle aus der Schrift *Das Römische Carneval* hin, die Goethe 1789 veröffentlichte und später in die *Italienische Reise* einfügte. Hier beschreibt er den Brauch, in der Karnevalszeit abends mit angezündeten kleinen Kerzen umherzugehen, wobei der Kerzenträger die typisch römische Verwünschung auszustoßen pflegte: «Sia ammazzato chi non porta moccolo! *Ermordet werde, wer kein Lichtstümpfchen trägt!* ...» indem er ihm das Licht auszublasen sucht. Es wird auch erklärt, daß dieser Ausruf seinen ursprünglichen, gewalttätigen Sinn verloren habe und «zum Losungswort, zum Freudengeschrei, zum Refrain aller Scherze, Neckereien und Komplimente» geworden sei: «So hören wir spotten: sia ammazzato il Signore Abbate che fa l'amore (...). Oder einen vorbeigehenden Freund anzurufen: Sia ammazzato il Signore Filippo.»[37] Da ist er wieder der Name Filippo! Wahrscheinlich hatte ein Nachbar aus dem Viertel Goethe beim abendlichen Karnevalstreiben mit diesem Namen angerufen, unter dem er bei den Männern und Frauen aus dem Volk, mit denen er in Berührung gekommen war, bekannt war.

Die Gewohnheit, Bekannte nur mit dem Vornamen anzureden, notfalls mit einem «Signore» davor, war in Rom sehr verbreitet. Goethe war dies gleich aufgefallen, wie er unter dem Datum 8. November 1786 in der *Italienischen Reise* vermerkt.[38] Wie sich dem Ausgabenheft entnehmen läßt, paßte er sich dieser Usance sofort an. Zwar verzeichnete er noch im November 1786 eine Zahlung «an Collina», aber im folgenden ist nur noch von «Santi» die Rede. Auch dessen Ehefrau erscheint im Ausgabenheft unter ihrem Vornamen Piera; Goethe pflegte ihr jeden Monat großzügig einen Scudo Trinkgeld zu geben. Nur einmal, am 30. Januar 1787, taucht ein anderer italienischer Frauenname im Ausgabenheft auf, Mariuccia, der er die bescheidene Summe von einem Scudo und zwei Paoli zahlte.[39] Mariuccia scheint von Zeit zu Zeit kleinere Arbeiten, wahrscheinlich Nähereien, für Collinas Pensionsgäste ausgeführt zu haben. Auch Tischbein erwähnt sie einmal in dem schon genannten Brief aus Neapel vom 21. Juli 1787. Darin bezeichnete er sie mit der ihm eigenen Förmlichkeit als «Signora Mariuce», machte diese ehrenvolle Anrede mit einem wenig schmeichelhaften Attribut aber gleich wieder rückgängig, indem er sie «den dicken

Schatz» nannte, den Goethe von ihm grüßen solle.[40] Im Ausgabenheft erscheinen indessen nur die Italiener aus den unteren Schichten mit ihren Vornamen, die Deutschen dagegen stets mit ihren Nachnamen. Von dieser Regel machte nur Angelika Kauffmann eine Ausnahme; Goethe war mit ihr so eng befreundet, daß diese Vertraulichkeit gerechtfertigt erscheint.

Die Rechnungen von Collina werfen eine Frage auf: Bezahlte Goethe sie oder bezahlte jeder für sich? Die Untersuchung dieser Rechnungen ergibt, daß Goethe für alle bezahlte, nicht nur das Essen, sondern auch die Miete für die von den einzelnen bewohnten Zimmer. Damit verstehen wir, was Goethe meinte, als er einmal von seiner römischen «Wilhelmiade» sprach. Mit dieser Wortschöpfung verwies er auf seinen 1785 unterbrochenen Roman *Wilhelm Meisters theatralische Sendung*, dessen Manuskript nur wenige enge Freunde gelesen hatten. In diesem Roman verschwendet Wilhelm Meister, der weichherzige Protagonist des Romans, einen großen Teil seines Vermögens, um einer stets in Geldnot befindlichen Theatergruppe unter die Arme zu greifen. Am 25. Januar 1788 gab Goethe in einem Brief Herzog Carl August einen summarischen Überblick über seine Ausgaben in Rom, indem er schrieb: «Bey meiner Lebensart hätte ich sollen wohlfeiler davon kommen, allein meine Existenz ist wieder auf eine wahre Wilhelmiade hinausgelaufen. Doch kann ich völlig zufrieden seyn meine Entzwecke aus dem Grunde erreicht zu haben. Auch habe ich Bedacht gehabt mein Inkognito selbst, durch eine mäßige und schickliche Freygebigkeit respecktable zu machen und dadurch, daß ich einige Künstler mit mir leben ließ, zugleich Lehrer Freunde und Diener erworben. Es hat sich alles so hübsch gemacht, daß ich völlig zufrieden seyn kann.»[41]

Wie wir in der *Italienischen Reise* lesen, gefiel Reiffenstein Goethes «Grille», inkognito unter falschem Namen zu leben, aus Gründen, die verschwiegen werden, überhaupt nicht. Ihm ging es wahrscheinlich gegen den Strich, daß der Dichter, sein Protegé, wie ein Malerbursche in Rom herumlief: «So baronisierte er mich geschwind und ich heiße nun der Baron gegen Rondanini über»,[42] setzte Goethe hinzu. Er erzählt dies in einem eingerückten Brief vom 8. November 1786, aber im Verzeichnis der aus Rom abgesandten Briefe ist keiner mit diesem Datum verzeichnet.[43]

Als Baron wird Goethe erstmals auf der Quittung Filippo Collinas vom 9. November 1787 bezeichnet, danach noch auf einigen wenigen anderen Quittungen, deren Formel offenbar von Reiffenstein, der für seinen Schützling öfter geschäftliche Dinge erledigte, vorgegeben worden war.[44] Damit erhält Goethes Angabe in der *Italienischen Reise* eine Bestätigung. Reiffenstein scheint ihm tatsächlich den Titel «Baron» angeheftet zu haben, wenn auch nur im geschäftlichen Verkehr mit Italienern wie Riggi, Collina und ein paar Handwerkern. Von der hochtönenden Titulatur «Baron gegen Rondanini über» findet sich in anderen bekannten Dokumenten keine Spur. Im Gegensatz zu dem, was er später in der *Italienischen Reise* schrieb, muß Goethe in Rom diesen Titel, besonders wenn er an sein Inkognito dachte, als einen Mißklang empfunden haben. Er tolerierte aber Reiffensteins Initiative wohl oder übel und betrachtete den «Baron» allenfalls als einen Beinamen, der sich den anderen falschen Namen zufügte.

Ein Nachklang von dem Mißbehagen, das der Titel Baron bei ihm auslöste, läßt sich in der als «Hexenküche» betitelten Szene des *Faust* ausmachen. Goethe schrieb sie, wie er später Eckermann und Riemer erzählte, in den ersten Monaten des Jahres 1788 in Rom. Mephistopheles, der wegen seiner vornehmen Kleidung von der Hexe nicht gleich erkannt wird, gibt zu, sich verkleidet zu haben, will aber dementsprechend angeredet werden (Vers 2510–2514):

«Du nennst mich Herr Baron, so ist die Sache gut;
Ich bin ein Kavalier, wie andre Kavaliere.
Du zweifelst nicht an meinem edlen Blut;
Sieh her, das ist das Wappen, das ich führe!
Er macht eine unanständige Gebärde.»

Der Teufel brüstet sich, ein Kavalier zu sein, und gebraucht damit jenen Titel, mit dem Sante Collina Goethe auszuzeichnen pflegte und der hier ebenso wie der «Baron» durch die «unanständige Gebärde» ins Lächerliche gezogen wird.

Beim Spiel mit den Namen war der Schritt vom falschen Namen zum Spitz- oder Necknamen nicht weit. Auf die Idee gebracht wurde Goethe von den Überlegungen seines Freundes Moritz zum Ursprung und der Funktion der Worte, von denen er in einem kleinen, «Moritz als Etymolog» überschriebenen Kapitel in der *Italienischen Reise* berichtet. Hier heißt es über Moritz: «Er hat ein Verstand- und Empfindungsalphabet erfunden [...] Nun lassen sich nach diesem Alphabete die Sprachen beurteilen, und da findet sich, daß alle Völker versucht haben sich dem innern Sinn gemäß auszudrücken, alle sind aber durch Willkür und Zufall vom rechten Wege abgeleitet worden. Dem zufolge suchen wir in den Sprachen die Worte auf, die am glücklichsten getroffen sind, bald hat's die eine, bald die andre; dann verändern wir die Worte, bis sie uns recht dünken, machen neue, usw.» Dies konnte man auch auf die Personennamen übertragen, denn Goethe fährt fort: «Ja, wenn wir recht spielen wollen, machen wir Namen für Menschen, untersuchen, ob diesem oder jenem sein Name gehöre ... Genug, es ist das witzigste Spiel von der Welt ...»[45] Unter Goethes römischen Papieren findet sich eine Exemplifizierung dieser vergnüglichen «sprachwissenschaftlichen» Versuche, bei denen es darum ging, Verbindungen zwischen den Namen deutscher Personen und italienischen Wörtern herzustellen, welche die Person mit Bezug auf ihr Aussehen und ihre körperlichen, sozialen und geistigen Charakterzüge definieren sollte. Es handelt sich um eine mit dem Wort «Unnamen» überschriebene Liste (siehe unten) von insgesamt sechsundzwanzig, fast ausschließlich deutschen Namen, deren Inhaber durch das zugesetzte Attribut in italienischer Sprache einen Spitz- oder Spottnamen erhalten sollten. Von diesen Namen sind einundzwanzig ausgeschrieben; sie gehören alle zu Personen, die sich zu Goethes Zeit in Rom aufhielten. Von sechs dieser Namen, die am Schluß der Liste unter dem Titel «Santa Famiglia» – Heilige Familie – zusammengefaßt sind, werden nur die Initialen angegeben, die sich aber, wie wir sehen werden, leicht auflösen lassen. Mit fast allen diesen Personen stand Goethe während seines römischen Aufenthalts nachweislich in Verbindung.[46]

Hirt.	Letterato	Nahl	Lampeggio vom Kopf zucken
Moritz.	Philosopho		
Schütz	Conte.		
Bury	Pastorello		
Tisbe [Tischbein]	Naso storto		
	Flemmaccio		
Grund	Cosetto		
Münter	Mathematico		
	Mezzo matto.		
Hannov.			
Pape	Principini.		
		brutto	
Meyer	Villano filosofo serio		
Cölla	Villano filosofo		
	bellino.		
Bach	Scappelliato.		
Lips.			
Muller	Cavallo Tedesco.		
Wolf.	Musichino	zuviel Verschnitten	
Rehberg	Nasuriccio.		
Schmidt.	Fornaro.	äusseres Ansehn	
Cahlmann	Struzzo.		
Meyer	Jove Tonante		
Becker	Casciotto. figur.		
	Santa Famiglia		
R.	Dio Padre Onnipotente		
P. H	Dio Figlio Redentore		
	a causa di pranzi		
G. H	D. Spirito Santo onnisciente.		
A.	Madonna		
Z.	St. Giuseppe		
Rubi.	Sommaro.		

Die Untersuchung dieser mehrmals publizierten Liste hat zu wenig befriedigenden Ergebnissen geführt, weil die Verbindung zwischen den deutschen Familiennamen und den entsprechenden italienischen «Unnamen» komplex und nicht leicht zu dechiffrieren ist. Das Spiel ist subtil und setzt Kenntnisse über die genannten Personen voraus, die uns oft fehlen. Wir wollen uns hier deshalb auf ein paar Beispiele beschränken. Tischbein ist einer der schwierigsten Fälle. Er ist auf der Liste als «Tisbe», das heißt mit der italienisch verzerrten Form seines Namens, aufgeführt. «Tisbe» verweist auf «Tisben», unter welchem Namen er, wie schon erwähnt, in die «Stati d'anime» der Pfarrei S. Maria del Popolo eingetragen wurde.

Dieses «Tisben» muß Goethe aber auch an die Geschichte von Pyramus und seiner Geliebten Tisbe erinnert haben, die Ovid in den Metamorphosen erzählt (IV, 55–166). In Shakespeares *Sommernachtstraum* wird sie in Form eines Possenspiels von einigen dilettierenden Handwerkern als Intermezzo aufgeführt. Das «Tisbe» auf der Liste beinhaltete also wahrscheinlich auch eine Anspielung auf die literarischen Ambitionen des Malers Tischbein, der Goethe in Rom ein gemeinsames Werk vorschlug, die *Idyllen*, in denen seiner Vorstellung nach Poesie und Bild zusammenwirken sollten.[47] «Tisbe», Tischbein, wird durch zwei Attribute in italienischer Sprache charakterisiert. Das erste, «Naso storto» (Schiefnase), bezog sich offenbar auf Tischbeins leicht verformte Nase, wie sie auch auf den Selbstportraits zu erkennen ist, das zweite, «Flemmaccio», eine freie Umbildung des italienischen Wortes «flemmatico» (Phlegmatikus), bezeichnet ein wenig empfindsames Temperament. Durch das Suffix «accio», das in der italienischen Sprache dem Wort eine pejorative Bedeutung verleiht, erhält das Prädikat eine noch negativere Konnotation. Kein Zweifel, das Kunstwort «Flemmaccio» wurde konstruiert, um die Sprachtheorien von Moritz unter Beweis zu stellen.

Ein etwas einfacheres Beispiel für die Vorgehensweise der beiden Freunde betrifft Münter, der auf der Liste auf italienisch als «Matematico» (Mathematiker) und als «Mezzo matto» (Halbirrer) charakterisiert wird. Zur Auflösung kann ein Brief an Herder vom 25.–27. Januar 1787 dienen.[48] Goethe kündete hierin für den kommenden Mai Münters Ankunft in Weimar an, warnte Herder aber vor dem bizarren Wesen des Gelehrten. «Gegen mich hat er sich gut betragen», schrieb er, «übrigens ist aber etwas tolles im Menschen.» Zugleich wies er ihn auf ein Manuskript hin, in welchem Münter «Linnaische» Kriterien für die Klassifizierung antiker Münzen angewandt habe, was Goethe wohl mit der Mathematik in Verbindung brachte. Münter glaubte offenbar, daß naturwissenschaftliche Kriterien auch in der Altertumsforschung anwendbar seien. Dies erklärt den italienischen Spitznamen «matematico»; außerdem (oder gerade deshalb?) war er halb verrückt. Bei anderen Personen bezeichnete der italienische «Unname» einen physischen Defekt. Nahl, das heißt der Maler Johann August Nahl, wird «Lampeggio» (Blitz) genannt, «vom Kopf zucken», wie erklärt wird; er hatte offenbar einen Tick. Der Maler Johann Heinrich Schmidt, der mit Goethe ein engeres Verhältnis hatte,[49] wird als «Fornaro» (Bäcker) verspottet, wegen seines «äußeren Ansehens», wie es heißt. «Wolf», nämlich der Maler Benjamin Wolf, erhält das Beiwort «Musichino», wörtlich übersetzt «kleiner Musikant». Der wahre Sinn wird aber gleich dazugeliefert, denn daneben steht geschrieben: «zuviel Verschnitten». Wolf hatte offenbar eine hohe Stimme, die an die eines Kastraten erinnerte. Friedrich Rehberg, Goethes und Moritz' gemeinsamer Freund, bekam den Spitznamen «Nasuriccio», wiederum eine freie Wortschöpfung, zusammengesetzt aus «nasuto» (mit einer großen Nase versehen) und «riccio» (kraus); auf deutsch läßt sich das Wort am besten mit «Rümpfnase» wiedergeben. Rehberg war offenbar ein schwer zufriedenzustellender Mensch.

Die sechs unter dem Titel «Santa Famiglia» zusammengefaßten «Unnamen» betrafen dagegen enge Freunde, denen man Rücksicht schuldig war. Deshalb wurden sie nur mit dem Anfangsbuchstaben ihres Namens angeführt. Sie sind schon seit langem identifiziert.[50] R., «Dio Padre Onnipotente» (allmächtiger Gottvater), ist Reiffenstein, so charakterisiert wegen seines großen Einflusses in Rom. Unter P. H. verbirgt sich Philipp Hackert; er wird als «Dio Figlio Redentore a causa di pranzi» (Gottsohn der Erlöser, von wegen der Mahlzeiten) bezeichnet. Es handelte sich um eine scherzhafte und etwas blasphemische Anspielung auf Hackerts Gewohnheit, den Abschluß von Aufträgen mit üppigen Festmählern zu feiern, zu denen er auch die fremden Reisenden unter der Führung Reiffensteins einzuladen pflegte.[51] G. H. ist Philipps Bruder Georg Hackert. Warum er aber als «Dio Spirito Santo onnisciente» (Gott allwissender Heiliger Geist) bezeichnet wird, bleibt dunkel. Es folgen A., Angelika Kauffmann, und Z., ihr Gemahl Antonio Zucchi, als «Madonna» und der «Hl. Joseph» bezeichnet. Mit diesem Vergleich wollte man offensichtlich auf den asexuellen Charakter ihrer Ehe anspielen. Der letzte auf der Liste ist «Rubi», nämlich der englische Maler John James Rubby.[52] Er hatte einen sehr schlechten Ruf und wurde kurzerhand als «Sommaro» (Esel, mit dem doppelten «m» des römischen Dialekts) verspottet. Es muß präzisiert werden, daß die Liste der «Unnamen» zwar, wie gezeigt wurde, unter Mitwirkung von Moritz zustande kam, in der letzten schriftlichen Fixierung aber von Goethe allein stammt. Goethes Name erscheint bezeichnenderweise nicht auf der Liste, während Moritz' Name als einer der ersten aufgeführt wird, wenn sein «Unname» *Philosopho* auch nichts Beleidigendes hat, sondern vielmehr in gutmütig ironischem Sinn zu verstehen ist. Kein Zweifel, es handelte sich um sehr viel subtilere und ausgeklügeltere Spiele, als Goethe sie mit Tischbein zu spielen pflegte. Das ist natürlich in der Person und dem geistigen Niveau des Spielgenossen begründet. Heraus kam ein launig bissiges intellektuelles Spiel, das großen sprachlichen Erfindungsgeist bezeugt.

Die enge Lebensgemeinschaft mit Tischbein währte nur vier Monate lang. In Neapel merkte Goethe, daß der Maler nicht der war, für den er ihn gehalten hatte, und das Vertrauen, das er ihm bewiesen hatte, nicht verdiente. Was zwischen ihnen in Neapel vorfiel, ist nicht ganz klar, denn Goethe hat über die Einzelheiten stets Schweigen bewahrt. Fest steht nur, daß Tischbein die in ihn gesetzten Erwartungen nicht erfüllte und sich widerstandslos von Mäzenaten wie dem Fürsten Christian August von Waldeck anlocken ließ, von denen er sich große materielle Vorteile versprach. Aus diesem Grund wandte er sich von Goethe ab und weigerte sich, ihn auf der Reise nach Sizilien zu begleiten. Goethe fühlte sich davon sehr getroffen, machte ihm jedoch keine Vorhaltungen und korrespondierte weiter mit ihm, als ob nichts geschehen wäre. In den Briefen aus Rom erwähnte er aber seinen Namen nicht mehr.[53] Als er Anfang Juni nach Rom zurückkehrte, begegnete er dem Maler in der Wohnung am Corso wieder. Doch schon einen Monat später reiste Tischbein wiederum nach Neapel, wo er ohne Unterbrechung viele Jahre lang blieb. Von Rom aus blieb Goethe auch weiterhin in brieflichem Kontakt mit ihm und schrieb ihm in der Zeit zwischen Juli 1787 und April 1788 vier Briefe, von denen keiner erhalten ist. Auch Tischbein schrieb ihm aus Neapel. Drei von diesen recht pittoresken Briefen publizierte Goethe in der «Italienischen Reise», allerdings in verkürzter Form und nachdem er Tischbeins sehr unzulängliche Orthographie normalisiert hatte. Erst später äußerte sich Goethe in einem Brief an Herder vom 2. März 1789 mit ziemlich harten Worten über seinen einstigen Freund: «Tischbein», schrieb er, «ist mit allen guten Qualitäten ein wunderliches Thier, eine Art Hasenfuß, ist faul, unzuverlässig, seitdem er von den Italiänern in das Metier der Falschheit, Wort- und Bundbrüchigkeit zu pfuschen gelernt hat ... Er hält sich für fein, und ist nur kleinlich, er glaubt intriguieren zu können, und kann höchstens die Leute nur verwirren. Er ist unternehmend, hat aber weder Kraft noch Fleiß zum Ausführen.»[54] Und das alles schrieb Goethe, ohne zu wissen, daß er in Rom mit dem kaiserlichen Botschaftssekretär Eberle den Spion gegen ihn gespielt hatte.

Nachdem Tischbein den römischen Schauplatz verlassen hatte, entdeckte Goethe, daß sich mit einem der beiden Maler, die noch mit ihm zusammenwohnten, gut Freundschaft schließen ließ. Dies war der junge Friedrich Bury, der noch keine vierundzwanzig Jahre alt war. Es vergingen jedoch noch etliche Monate, bevor er von seinem neuen Freund nach Deutschland berichtete. Das Freundschaftsverhältnis war sehr verschieden von dem, das ihn mit Tischbein verbunden hatte, denn Bury war sehr viel jünger als er selbst. Dieser große Altersunterschied hatte sein Gewicht, zumal der junge Maler so unerfahren und schüchtern war, daß er fast noch ein Kind schien. Bury erinnerte Goethe an einen anderen jungen Freund, an Fritz von Stein, den Sohn Charlottes, den er in Weimar zu sich genommen hatte. Aus Rom schrieb er ihm oft, und in einem Brief an ihn vom 18. Dezember 1787 erwähnte er zum ersten Mal auch Bury: «Auch habe ich wieder einen *Fritz* im Hause», erzählte er ihm, «einen jungen Maler, der recht geschickt und gut ist, mit dem ich allerlei zeichne und componire.»[55]

Mignon, das kleine Mädchen mit dem männlichen Namen, seine poetische Kreatur, in welcher sich die Sehnsucht nach dem unbekannten Italien mit jener nach der vergangenen Kindheit unauflöslich verband, zeigte sich in neuer Gestalt. Das Leben, das Goethe «wie ein Kind» in Rom lebte, nahm eine neue Wendung. Dieses große Kind war inzwischen hier ein Stück gewachsen und konnte nun wieder die Rolle einnehmen, die es in Weimar Fritz von Stein gegenüber übernommen hatte. Das Wichtige war, den Kontakt zur Kindheit, aus dem Goethe immer noch Kraft bezog, lebendig zu erhalten. In einem langen, wundervollen Brief, den er dem deutschen Fritz am 16. Februar 1788 schrieb, zeigt sich, wie sehr sich die Erinnerung an die eigene Kindheit in dieser neuen Freundschaft reflektierte: «Dieser zweite Fritz ist um zehn Jahre älter als du», erzählte er dem jungen Stein, «und eben auch ein vernünftiger Kindskopf. Du wirst dich gut mit ihm vertragen, wenn du ihn einmal zu sehen kriegst. Er hat mich auch recht lieb. Da er einen erstaunlichen Abscheu für Schnee, Eis, u.s.w. und Allem, was nach Norden schmeckt, empfindet (er ist sehr jung nach Rom gekommen), so ist der Abendsegen: ‹Die Zwillinge sind in der Nähe›, auf seinen Zustand abgeändert worden; Und wenn er Abends bei Tische anfängt einzuschlafen, so wird Folgendes recitiert:

> Der Segen wird gesprochen
> Die Riesin liegt in den Wochen;
> Die Wölfe sind ausgekrochen.
> Sie liegt zwischen Eis, und Nebel und Schnee,
> Tränke gerne Eicheln- und Rübenkafee,
> Wenn sie ihn nur hätte!-
> Da läuft die Maus!-
> Kind geh' zu Bette
> Und lösche die Lichter aus.

Ich werde mich freuen, wenn ich diesen Abendsegen einmal über dich sprechen kann. Recitire ihn Herder's und dem Fräulein Göchhausen.»[56] Den Herder-Kindern hätte dieser Kinderreim sicher viel Spaß gemacht, aber ihrem

Vater wäre die Idee, ein solches Schlafliedchen einem vierundzwanzigjährigen Burschen vorzusingen, sicher lächerlich vorgekommen. Dabei war Herder einer der ersten gewesen, die Volkslieder gesammelt und erforscht hatten. Wir haben aber schon gehört, wie er reagierte, als er Bury später in Rom kennenlernte.

Die Freundschaft mit Bury gab Goethe Gelegenheit, sich auf eine andere Art von Vergnügungen zu konzentrieren. Am 14. Juli 1787 berichtete er dem befreundeten Musiker Kayser, im Theater gewesen zu sein, wo ihm eine Opera buffa von Domenico Cimarosa großes Vergnügen bereitet habe: «In der komischen Oper hab ich oft Gelegenheit an Sie zu dencken. Cimarosa unterhält uns noch und lockt uns ohngeachtet der Hitze in's Theater.»[57] Es ist dies die einzige Anspielung in Goethes Briefen auf Cimarosas Oper «L'impresario in angustie», die, wie einer anderen Quelle zu entnehmen ist, im Juli 1787 im Teatro Valle aufgeführt wurde.[58] Goethe sah sich die Oper mehrmals an und berichtete darüber auch in der *Italienischen Reise* in einem offenbar fiktiven Brief vom 31. Juli (er fehlt im «Italienischen Briefverzeichnis»).[59] Hier schrieb er: «Nachts in die komische Oper. Ein neues Intermezz L' Impresario in angustie ist ganz fürtrefflich und wird uns manche Nacht unterhalten, so heiß es auch im Schauspiele sein mag. Ein Quintett, da der Poeta sein Stück vorlies't, der Impresar und die prima donna auf der einen Seite ihm Beifall geben, der Komponist und die seconda donna auf der andern ihn tadeln, worüber sie zuletzt in einen allgemeinen Streit geraten, ist gar glücklich. Die als Frauenzimmer verkleideten Kastraten machen ihre Rollen immer besser und gefallen immer mehr. Wirklich für eine kleine Sommertruppe, die sich nur so zusammen gefunden hat, ist sie recht artig. Sie spielen mit einer großen Natürlichkeit und gutem Humor. Von der Hitze stehen die armen Teufel erbärmlich aus».[60] An diesen Opernbesuchen nahm auch Moritz teil, der ebenfalls von dem Schauspiel hell begeistert war. Ihm verdanken wir eine noch ausführlichere Beschreibung, in der auch von den beiden Sängern berichtet wird, denen das Hauptverdienst am durchschlagenden Publikumserfolg zukam. Es waren der Buffotenor Gioacchino Caribaldi (oder Garibaldi) und der Kastrat Domenico Guizza, genannt Caporalini, der den Sopran sang. Über den damals vierundvierzigjährigen Caribaldi (er war 1743 geboren)[61] schrieb er: «Der alte Gioacchino ist als Greis noch immer der Liebling des Publikums; er hat so etwas Angenehmes in seiner Stimme und Manieren und etwas so natürlich Komisches in seinem Wesen, wie man selten findet; wenn er nur auftritt, reizt er oft durch seine bloße Stellung und trocknes Mienenspiel zum Lachen; und man ist einmal so an ihn gewöhnt, daß er bei diesem Schauspiel gewiß eine der unentbehrlichsten Personen ist». Caporalini, 1769 geboren, war erst achtzehn Jahre alt[62] und schien dem Aussehen nach noch jünger zu sein. Moritz beschrieb ihn auf folgende Weise: «Ein Knabe von ohngefähr sechzehn Jahren ist jetzt der Liebling des römischen Publikums; er ist nichts weniger als hübsch, und seine Stimme ist keine der vorzüglichsten; aber die außerordentliche Naivität in seinem Charakter und das Unnachahmliche in seinem Spiel fesselt alle Gemüter, und man muß diesen Knaben liebgewinnen».[63]

Wie Goethe in der *Italienischen Reise* schreibt,[64] hatte sich Bury mit den beiden Sängern angefreundet und sie dazu bewogen, ein Konzert in Goethes Wohnung zu geben, wozu sie auch die Musiker des Teatro Valle mitbrachten. Dirigiert wurde das kleine Orchester bei dieser Gelegenheit vom Kapellmeister des Herzogs von Weimar Johann Friedrich Kranz, der sich gerade auf Urlaub in Rom befand. Zum Konzert waren Angelika Kauffmann und ihr Gatte sowie einige ihrer Freunde eingeladen worden. Es wurde ein sehr gelungener Abend mit großem Erfolg. Goethe gibt an, er habe das Konzert zu Ehren Angelikas, die nie ins Theater ging, veranstaltet, um ihr Gelegenheit zu geben, einmal gute Musik zu hören. Die Initiative hatte auch noch andere, nicht vorhergesehene Auswirkungen. Das Konzert, das an einem heißen Juliabend bei offenen Fenstern stattfand, zog die Aufmerksamkeit des ganzen Viertels auf sich. Eine kleine Menge von Neugierigen versammelte sich unter den Fenstern, um den bekannten Stimmen der beiden römischen Publikumslieblinge zu lauschen und zu applaudieren. Ein jeder, gleich ob Nachbar oder Passant, fragte sich, wer wohl ein solch prächtiges Konzert in einer solch bescheidenen Wohnung gäbe. Denn Konzerte dieser Art, pompös «Accademie del canto» (Singakademien) genannt, fanden gewöhnlich in Rom nur in den vornehmsten Palästen oder Villen statt, veranstaltet von Vertretern der höchsten römischen Familien und Persönlichkeiten von öffentlichem Rang wie dem Fürsten Marco Antonio Borghese, Kardinal Bernis, dem Botschafter von Malta oder dem Senator Rezzonico.[65] Goethe kommentierte diesen Menschenauflauf mit leichter Ironie: «Auf einmal nun zog unsere zwar anständige aber doch stille Wohnung dem Palast Rondanini gegenüber die Aufmerksamkeit des Corso auf sich. Ein reicher Mylordo, hieß es, müsse da eingezogen sein, niemand aber wußte ihn unter den bekannten Persönlichkeiten zu finden und zu entziffern».[66] Aber wer konnte schon auf den Gedanken kommen, daß der Signor Filippo, der Deutsche, der nach Rom gekommen war, um sich im Malen zu üben, der Veranstalter war? Und so führte das Konzert die Römer ganz schön an der Nase herum.

Das Libretto zur Oper «L'impresario in angustie» gefiel Goethe so gut, daß er es sich kaufte und nach Deutschland mitnahm. Als er Theaterdirektor in Weimar wurde, übersetzte und überarbeitete er es und ließ die Oper unter dem deutschen Titel «Die theatralischen Abenteuer» seit 1791 mehrmals aufführen.[67] Von den beiden Sängern Gioacchino und Domenico, die sich bei der Aufführung im Teatro Valle wegen ihrer glänzenden schauspielerischen und sängerischen Leistungen so sehr ausgezeichnet hatten, hinterließ vor allem der Kastrat Domenico Caporalini eine tiefe Spur in Goethes Phantasie. Bury erwähnte ihn manchmal auch noch später in den Briefen, die er Goethe nach Weimar schrieb, wobei er ihn Rugantino nannte,[68] obwohl nicht bezeugt ist, daß er in Rom diesen Beinamen führte. Offenbar hatten ihm Goethe und Bury diesen Namen gegeben. Der Grund läßt sich nicht leicht erraten.

Rugantino war eine volkstümliche römische Figur, die zunächst in Stegreifkomödien, dann aber auch in schriftlichen Komödientexten den typischen Römer verkörperte, ähnlich wie Pulcinella für den Neapolitaner stand. Über den Ursprung und das Auftreten dieser Maske im römischen Theater des 18. Jahrhunderts ist wenig bekannt. Rugantino war zunächst wohl hauptsächlich eine Figur des Marionettentheaters, trat aber auch in Theaterstücken für Kinder auf. Er repräsentierte den römischen Sbirren in seiner typischen Uniform, dessen Karikatur er war. Es handelte sich um eine Figur von grober Komik, die wegen ihrer großmäuligen Prahlerei, gefolgt von feiger Flucht, sobald ihm jemand drohte, Gelächter provozierte.[69] In Rom waren Theateraufführungen nur während der Karnevalszeit erlaubt. Durch Moritz erfahren wir aber,[70] daß die Impresarien dieses Verbot zu umgehen pflegten, indem sie komische Opern oder «Intermezzi», wie sie genannt wurden, in Stücke für Kinder, die auch außerhalb der Karnevalszeit gestattet waren, einbauten. Auf eine solche «Kinderkomödie» bezog sich wohl auch Bury in einem Brief vom 13. Juni 1789 an die Herzoginmutter Anna Amalia, die während ihres Besuchs in Rom die Kunst Gioacchinos und Domenicos ebenfalls sehr bewundert hatte. Hierin erzählte er der Herzogin von einer «Oper» mit dem Titel «Bambola» (Puppe) und legte zur Veranschaulichung auch zwei Zeichnungen bei, die Domenico und Gioacchino in ihren dabei gespielten Rollen zeigten: Domenico als Mädchen, das seine Puppe wiegt, Gioacchino als Landbaron.[71] Der Titel weist darauf hin, daß es sich um ein Stück für Kinder handelte. Es wäre also sehr gut möglich, daß Goethe während seines Aufenthaltes in Rom einmal ein solches für Kinder bestimmtes Schauspiel, in dem Domenico die Rolle des aufschneiderischen und feigen Sbirren spielte, sah und ihn deshalb seitdem in den Gesprächen mit Bury Rugantino nannte. Domenico-Rugantino hatte, so wird berichtet, ein sehr ausgedehntes Stimmregister, das vom Sopran bis zum Alt reichte. Dies erlaubte ihm, außer den weiblichen Bufforollen, die seine Spezialität waren, auch männliche Partien zu übernehmen. Im Winter 1789 sang er zum Beispiel in Mailand den Komtur in Gazzanigas Oper «Il Convitato di Pietra» (Der steinerne Gast). Er war demnach durchaus in der Lage, in tieferen Lagen zu singen und also auch die Rolle des Rugantino zu spielen.

Im Herbst 1787 trat Domenico im Teatro Valle, stets in Frauenrollen, in zwei weiteren komischen Opern als Sänger auf, in «Il maledico confuso» von Luigi Caruso und in «Il viaggiatore sfortunato in amore» von Vincenzo Fabrizi.[72] Goethe hat diese beiden Opern zweifellos gesehen, denn er kaufte sich die Libretti und nahm sie nach Weimar mit, wo sie sich noch heute in seiner Bibliothek befinden.[73] In der *Italienischen Reise* ist ein auf den 12. September datierter Brief enthalten (vielleicht ist er mit dem verlorenen Brief identisch, den Goethe dem «Italienischen Briefverzeichnis» zufolge am 15. September an das Ehepaar Herder absandte),[74] in dem er sehr positiv von der Aufführung einer Opera buffa berichtete, ohne jedoch den Titel der Oper oder die Namen der Sänger anzugeben. Hier heißt es: «Sie haben jetzt wieder eine gar graziose Operette auf dem Theater in Valle, nachdem zwei jämmerlich verunglückt waren. Die Leute spielen mit viel Lust, und es harmoniert alles zusammen.»[75] Wenn wir in Betracht ziehen, wie sehr Cimarosas «Impresario in angustie» ihn entzückt hatte und wie oft er zugleich in seinen Briefen römische Opernaufführungen auch heftig kritisierte (zuletzt noch im Dezember 1787),[76] dann muß es sich bei der «graziosen Operette» um eine der beiden Opern gehandelt haben, in denen Domenico Caporalini im September 1787 sang.

Goethes Bewunderung für die Kunst des jungen Kastraten blieb jedenfalls ungebrochen und schlug sich auch in einem der Texte nieder, die er in Rom für den fünften Band seiner Werke vorbereitete. Es handelte sich um ein Jugendwerk, das 1775 geschriebene Singspiel *Claudine von Villa Bella*, das er im Spätsommer 1787 zu überarbeiten begann. Im September bat er Kayser, er möge ihm so schnell wie möglich den alten Text schicken, den er offenbar vergessen hatte nach Rom mitzunehmen. Am 27. Oktober kündigte er seinem Verleger Göschen an, daß er ihm schon bald eine neue Version des Stückes schicken werde. An dieser neuen Fassung arbeitete er eifrig im November und Dezember. Am 19. Januar 1788 schrieb er an Frau von Stein, daß die beiden ersten Akte fertig seien, und am 9. Februar an Göschen, daß auch der dritte Akt vollendet sei.[77] In diesen Monaten intensiver Arbeit schrieb Goethe das deutsche Singspiel seiner Jugendjahre fast vollständig um und verwandelte es in ein Opernlibretto nach italienischer Art.[78] Diese radikale Transformation betraf vor allem die Hauptfigur Carlos von Castelvecchio. In der ersten Fassung trug er den Beinamen «Crugantino», in der neuen Fassung heißt er «Rugantino». Goethe gab ihm also den Namen, mit dem er und Bury den Kastraten Domenico Caporalini zu bezeichnen pflegten. Mit der römischen Maske des Rugantino hat Carlos von Castelvecchio allerdings nichts gemein; er bleibt auch in der neuen Version der Anführer einer Schar von «Vagabunden». Der Name Rugantino verweist jedoch auf die Personen der Opera buffa, die Domenico so kunstvoll auf der römischen Bühne verkörperte. Allerdings spielte er hier Frauen, während der Rugantino in der neuen Fassung der *Claudine von Villa Bella* ein Mann ist, freilich ein verliebter, gefühlvoller Mann von der gleichen «Naivität», die nach Moritz' Worten die Besonderheit des jungen Kastraten ausmachte. Dessen bravouröse Darstellungskunst hatte er sicher im Auge, als er schrieb: «Es läßt sich nicht beschreiben, mit welcher Geschicklichkeit und Täuschung die weiblichen Rollen von jungen Kastraten gespielt werden, welche mit ihrer abgelegten Mannheit die ganze Weiblichkeit angezogen zu haben scheinen.»[79]

Goethe ging den umgekehrten Weg: Er zog dem Kastraten die weiblichen Kleider aus und wieder Hosen an. Ebenso verwandelte er die weiblichen Verführungskünste in männliche nach dem Vorbild jener Verkleidungsspiele, die ihn im römischen Karneval so sehr vergnügt hatten. Im Aufsatz *Frauenrollen auf dem römischen Theater durch Männer gespielt*, den er kurz nach der Rückkehr aus Italien 1788 im Novemberheft des «Teutschen Merkur» publizierte, strich er die ganz eigene Freude der Römer am Verkleiden heraus, die ihn wieder an die Spiele seiner Kindheit erinnerte: «Die neuern Römer haben überhaupt eine besondere Neigung, bey Masqueraden die Kleidung beyder Geschlechter zu verwechseln. Im Carneval ziehen viele junge Bursche im Putz der Frauen aus der geringsten Classe umher, und scheinen sich gar sehr darin zu gefallen. Kutscher und Bediente sind als Frauen oft sehr anständig, und, wenn es junge wohlgebildete Leute sind, zierlich und reizend gekleidet. Dagegen finden sich Frauenzimmer des mittleren Standes als *Pulcinelle*, die vornehmeren in Officiers Tracht, gar schön und glücklich. Jederman scheint sich dieses Scherzes, an dem wir uns alle einmal in der Kindheit vergnügt haben, in fortgesetzter jugendlicher Thorheit erfreuen zu wollen. Es ist sehr auffallend, wie beyde Geschlechter sich in dem Scheine dieser Umschaffung vergnügen, und das Privilegium des Tiresias soviel als möglich zu usurpiren suchen.»[80] Nachdem er seine Männlichkeit zurückgewonnen hat, spricht Rugantino in Goethes Libretto eine Sprache, die seiner neuen Verkleidung angemessen ist. Die weibliche Grazie, mit der sich Domenico auf der römischen Bühne bewegte, verwandelt sich hier in männliche Energie und Leidenschaft, aber die Kraft der Verführung ändert sich nur im Ton und bleibt in der Substanz die gleiche.

Die Wirtstochter

Im September 1827 kam der junge Maler und Archäologe Johann Karl Wilhelm Zahn nach Weimar, der bei Goethe erst vorgelassen wurde, als er beteuerte, aus Rom zu kommen.[1] Goethe verbrachte einige Abende im Gespräch mit ihm, wobei er die fernen Tage seines römischen Aufenthaltes wieder in Erinnerung rief. Zahn zeichnete diese Gespräche auf, und so lesen wir bei ihm: «Ja», sagte er, «ich habe meine Zeit gut angewendet, sie nicht mit Visiten vertrödelt, sondern emsig die Stadt und das Volk studiert. – Wie habe ich doch in meinen Römischen Elegien gesungen ...», worauf Goethe nach Zahns Bericht die schon erwähnten Verse der zweiten Elegie über die verhaßten Riten der hohen Gesellschaft rezitiert habe.[2] Dann wurde über die Liebe in Rom gesprochen: «Denn», fuhr Goethe fort, «erst die Liebe lehrte mich Rom verstehen», und zur Erläuterung rezitierte er die berühmten beiden letzten Verse der ersten Elegie:

> «Eine Welt zwar bist du, o Rom, doch ohne die Liebe
> Wäre die Welt nicht die Welt, wäre denn Rom auch
> nicht Rom.»[3]

Der Fluß der Erinnerungen führte Goethe schließlich zu den römischen Osterien. Nach Zahns Bericht nahm das Gespräch darüber folgenden Verlauf: «Kennen Sie auch die *Osteria alla Campana?*» fragte er weiter. «Die Weinschenke zur Glocke? Gewiß. Wir deutschen Künstler haben noch im vorigen Jahre Ihren Geburtstag dortselbst gefeiert.» «Ist der Falerner noch immer gut?» «Vortrefflich.» «Und was liefert die Küche?» «Ah, man erhält *Stuffato*, eine Art Schmorbraten, *Maccaroni* und ein Gebackenes, das sie *Fritti* nennen.» «Es ist noch alles wie zu meiner Zeit!» sagte Goethe und schmunzelte behaglich. Dann fuhr er fort: «In dieser Osteria hatte ich meinen gewöhnlichen Verkehr. Hier traf ich die Römerin, die mich zu den ‹Elegien› begeisterte. In Begleitung ihres Oheims kam sie hierher, und unter den Augen des guten Mannes verabredeten wir unsere Zusammenkünfte, indem wir den Finger in den verschütteten Wein tauchten und die Stunde auf den Tisch schrieben.- Erinnern Sie sich wohl». Und zum Beweis rezitierte der greise Dichter einige Verse der fünfzehnten Elegie (9–22):

«Hier stand unser Tisch, den Deutsche vertraulich umgaben,
Drüben suchte das Kind neben der Mutter den Platz,
Rückte vielmals die Bank und wußt' es artig zu machen,
Daß ich halb ihr Gesicht, völlig den Nacken gewann.
Lauter sprach sie, als hier die Römerin pfleget, credenzte,
Blickte rückwärts nach mir, goß und verfehlte das Glas,
Wein floß über den Tisch und sie, mit zierlichem Finger,
Zog auf dem hölzernen Blatt Kreise der Feuchtigkeit hin.
Meinen Namen verschlang sie mit ihrem, ich schaute begierig
Immer dem Fingerchen nach und sie bemerkte mich wohl.
Endlich zog sie behende das Zeichen der römischen Fünfe
Und ein Strichlein davor; schnell und sobald ichs gesehn
Schlang sie Kreise durch Kreise, die Lettern und Ziffern zu löschen,
Aber die köstliche *Vier* blieb mir ins Auge geprägt.»[4]

Wahrscheinlich hatte Goethe kurz zuvor die Elegie noch einmal durchgelesen, denn sonst hätte er sich wohl schwerlich noch so genau erinnert. Die in der Elegie als wahr geschilderte Episode lag vierzig Jahre zurück, die vergangene Zeit war zu lang, als daß die «Osteria della Campana» ihm noch hätte gegenwärtig sein können. Der Name fällt in der Elegie zudem gar nicht.

Osterien mit diesem Namen gab es in Rom zu der Zeit, als Goethe dort weilte, mehrere.[5] Aber Zahn bezog sich auf eine ganz bestimmte Osteria, in der, wie er sagte, die deutschen Künstler vor einem Jahr den Geburtstag Goethes gefeiert hatten. Über diese Osteria hatte der Dichter Wilhelm Müller im Jahre 1820 geschrieben und auch angegeben, wo sie sich befand: «Eine Tradition unter den deutschen Malern hat den Namen der Osterie aufbewahrt, in welcher Goethe das anmutige Abenteuer erlebte, das er in der fünfzehnten römischen Elegie beschrieben hat. Die Osterie trägt das Zeichen einer *goldenen Glocke* und liegt auf dem Platze am *Theater des Marzellus,* unweit dem Ghetto degli Ebrei.»[6] Diese Tradition lebte noch lange fort. 1866 wurde hier in Erfüllung eines Wunsches König Ludwigs I. von Bayern eine Tafel angebracht, die an den Ort erinnern sollte, der angeblich der Schauplatz von Goethes in den *Römischen Elegien* besungenem Liebeserlebnis gewesen war.[7] Die betreffende Stelle aus Müllers Buch wurde von einem Sekretär Goethes abgeschrieben und befindet sich noch heute in Goethes Nachlaßpapieren zusammen mit den Handschriften der *Römischen Elegien.*[8] Goethe kannte demnach den Passus und war deshalb in der Lage, im Gespräch mit Zahn die «Osteria della Campana» ins Spiel zu bringen.

Diese Schenke am Marcellus-Theater wird im 18. Jahrhundert in den Edikten des Stadtgouverneurs, welche die Tätigkeit der römischen Osterien regelten, nie genannt. Es handelte sich wahrscheinlich um eine kleine Wirtschaft von wenig Bedeutung. Sie bestand aber zweifellos, denn sie wird in der Aussage eines Polizeikorporals in einem unveröffentlichten Prozeß vom 15. Februar 1788 erwähnt.[9] Auch Moritz erzählt in seinem Reisebericht von einer Osteria im Marcellus-Theater. Er war zusammen mit einigen deutschen Freunden, unter denen sich möglicherweise auch Goethe befand, einmal zufällig dorthin geraten, aber ihren Namen gibt er nicht an.[10] Es ist jedoch sehr unwahrscheinlich, daß Goethe, der die Einzelheiten seines privaten Lebens immer so eifersüchtig vor der Öffentlichkeit verbarg, Zahn gegenüber den genauen Ort seines Zusammentreffens mit der Geliebten so leicht preisgegeben hätte. Er bestätigte vielmehr Zahn in seiner Überzeugung, um seine Landsleute in die falsche Richtung zu lenken. Schon bald hatten die Deutschen in Rom nämlich begonnen, nach der in den *Römischen Elegien* besungenen Faustine zu suchen, in der Hoffnung, von ihr mehr oder weniger pikante, vertrauliche Einzelheiten über ihr Liebesverhältnis mit dem berühmten deutschen Dichter zu erfahren. Die beste Weise, die Aufmerksamkeit vom Schauplatz seiner Liebe abzulenken, war die, eine unbedeutende Wirtschaft wie die «Osteria della Campana» vorzuschieben.

Die fünfzehnte Elegie fingierte darüber hinaus eine Realität, die für das Rom des 18. Jahrhunderts recht unwahrscheinlich ist. In einem Brief, der ohne Datum überliefert ist, jedoch zwischen Ende Januar und Anfang Februar 1787 geschrieben sein muß,[11] erzählt ein unbekannter Künstler von einer zusammen mit Goethe, Tischbein und Angelika Kauffmann in einem einfachen römischen Gasthaus eingenommenen Mahlzeit. Dabei habe er, schrieb der Unbekannte, aus Unachtsamkeit Wein auf das Tischtuch verschüttet, «wofür Goethe ihm scherzhaft ins Ohr kniff, wie einem großen Kind.» In den römischen Gasthäusern, auch den einfachen, lag also diesem Zeugnis zufolge gewöhnlich ein Tischtuch auf dem Tisch. Ein solches aber saugt den Wein auf, so daß es schwergefallen wäre, den Finger hineinzutauchen und Buchstaben und Ziffern zu zeichnen, wie es das Mädchen in der Elegie tut.

Der verschüttete Wein als Mittel der Verständigung zwischen den Liebenden war in der lateinischen Literatur ein beliebter Topos, den Goethe in den *Römischen Elegien* wieder aufnahm. Diese Anleihen bei der antiken Literatur – die Quellen sind vor allem Ovid, Properz und Tibull – sind von der Kritik immer schon hervorgehoben und im einzelnen nachgewiesen worden.[12] Obwohl Goethe beharrlich nach Stützen für seine Überzeugung suchte, daß zwischen den antiken und modernen Sitten des römischen Volkes eine Kontinuität bestehe, so darf man doch ausschließen, daß er je in einer römischen Osteria (er nannte sie, ein lateinisches Wort verdeutschend, «Popine») einen solch raffinierten Ritus zwischen Liebenden beobachten konnte. Die meisten römischen Mädchen aus dem Volk waren damals Analphabetinnen, konnten nicht einmal auf italienisch schreiben, geschweige denn mit dem Finger eine römische Ziffer in den Wein malen. Goethe schreibt seiner Faustine diese Fähigkeit indessen zu, und zwar sicher nicht aus mangelhafter Kenntnis der realen Bedingungen. Es ging ihm darum, die Kontinuität dieser antiken Sitte zu zeigen, die, nach der Häufigkeit zu schließen, mit der sie bei den lateinischen Dichtern erwähnt wird, in römischer Zeit eine wahre Mode gewesen sein muß. Die in der Elegie so anschaulich beschriebene Szene in der Osteria war demnach eine literarische Fiktion Goethes. Er entlieh die Szene der antiken Literatur, doch schmückte er sie so meisterhaft aus, daß sie ganz den Anschein des Wirklichen erhielt. Deshalb darf es auch nicht verwundern, wenn er sich einen Spaß daraus machte, einem Unbekannten wie Zahn das Märchen von der «Osteria della

Campana» aufzutischen, und ihm damit suggerierte, daß der in der fünfzehnten Elegie beschriebenen Szene ein wahrer Vorfall zugrunde lag.

Die von den Deutschen in Rom frequentierten Osterien waren vor allem drei und weit vom Marcellus-Theater entfernt; sie lagen in der Via Condotti, nahe dem Spanischen Platz.[13] Von diesen Wirtshäusern war besonders eine bei den deutschen Künstlern beliebt, nämlich die Osteria von Vinzenz Roesler, der auch eine Herberge angeschlossen war. Sie war von Franz Roesler, einem böhmischen Koch aus Friedland, eröffnet und nach seinem Tod am 8. September 1765 von seinem Bruder Vinzenz übernommen worden, der hier seit 1759 als erster Hilfskoch gearbeitet hatte.[14] Bei den Römern blieb sie noch lange unter dem Namen des Gründers bekannt; man nannte sie die Osteria von Roesler-Franz oder einfach von Franz.[15] Die Deutschen benannten sie dagegen nach dem gegenwärtigen Wirt Vinzenz oder, italienisch, Vincenzo. So schrieb Münter zum Beispiel in seinen Tagebüchern, er sei «bey Vicenzo im deutschen Wirtshause» gewesen.[16] Ebenso berichtete Moritz in seiner *Italienischen Reise*, er habe sich gleich nach der Ankunft in Rom «nach Vincenzens Hause in der strada Condotti, zu dem deutschen Wirte, der mir unterwegs so oft war angerühmt worden» begeben und hier Logis genommen. Allerdings wurde er hier am ersten Abend wegen des Lärms am Schlafen gehindert, denn «eine große Anzahl deutscher Künstler, die sich in dem Speisesaal, woran mein Zimmer stößt, versammlet haben, scheinen sich ihrem fröhlichen Humor, der ziemlich laut wird, noch länger überlassen zu wollen, und von der Sehnsucht nach dem Schlafe noch fern zu sein.»[17]

Daß sich die deutschen Künstler in Rom von Zeit zu Zeit in Roeslers Osteria zu versammeln pflegten, berichtet auch Münter, der am 15. September 1786 im Tagebuch anmerkte: «Abend ... bei Vicenzo, wo eine Conversation von deutschen Künstlern ist.»[18] Spuren von solchen Stammgästen finden sich ebenfalls im Güterverzeichnis, das kurz nach dem am 9. November 1793 erfolgten Tod von Vinzenz Roesler auf Antrag der Witwe am 28. November 1793 durch einen Notar aufgestellt wurde.[19] Unter den Hinterlassenschaften stechen einige zum Teil ungerahmte Bilder hervor, unter ihnen eine Madonna und das Bildnis einer idealen Frau. Es handelte sich bei diesen Bildern wahrscheinlich um Naturalzahlungen, mit der ein paar Maler in Geldnot die Zeche beglichen hatten. Unter den Stammgästen in Roeslers Schenke dürfte auch Tischbein nicht gefehlt haben. Er war es wohl, der Goethe hier einführte.

Wie aus seinem Ausgabenheft hervorgeht, besuchte Goethe das Gasthaus im Januar 1787 sehr eifrig. Am 17. Januar trug er 8 Paoli ein, die er «Vicenti per pranzi», das heißt für Mittagsmahlzeiten, bezahlt hatte; am 28. Januar beglich er dem Wirt sogar eine Rechnung von 2 Scudi und 5 Paoli für eingenommene «pranzi». Letztere Summe ist ziemlich hoch, wenn man sie mit den Summen vergleicht, die Goethe zuvor in anderen, nicht namentlich bezeichneten Osterien für Mittag- und Abendessen ausgegeben hatte; sie beliefen sich auf 4 bis 8 Paoli. Nur einmal bezahlte er für ein Essen «colla società», das heißt mit seinen drei Mitbewohnern bei der Familie Collina und vielleicht noch weiteren engen deutschen Freunden wie Moritz, einen Scudo, zwei Paoli und 5 Baiocchi.[20] Goethe nahm im Monat Januar demnach zahlreiche Mahlzeiten (es ist von «pranzi» im Plural und nicht im Singular wie bei vorherigen Anlässen die Rede) bei Vincenzo ein. Vielleicht fehlte auch Tischbein bei diesen Essen nicht. Ein solch fleißiger Besuch bei Vinzenz Roesler dürfte kein Zufall gewesen sein.

In einem Brief an Herzog Carl August vom 3. Februar

1787 schrieb Goethe: «Von interessanten Männern hab ich manchen, von Weibern außer Angelika (Kauffmann) nur eine kennen gelernt. Mit dem schönen Geschlechte kann man sich hier, wie überall, nicht ohne Zeitverlust einlassen. Die Mädgen oder vielmehr die jungen Frauen, die als Modelle sich bey den Mahlern einfinden, sind allerliebst mit unter und gefällig sich beschauen und genießen zu lassen. Es wäre auf diese Weise eine sehr bequeme Lust, wenn die französchen Einflüße nicht auch dieses Paradies unsicher machten. Ich bringe das Portrait von so einem Geschöpfe mit, man kann nichts Zierlichers sehn».[21] Welche Art der Beziehung er im Sinn hatte, ist leicht zu erraten. Es handelte sich um das übliche sexuelle, mit Geld oder Geschenken entlohnte Verhältnis, wie er es in Gesellschaft des Herzogs in Deutschland so oft erlebt hatte. Denn schwerlich hätte er seinem Diensiherrn so vertraulich über dergleichen Dinge geschrieben, wenn er in der Vergangenheit Erfahrungen dieser Art nicht mit ihm geteilt hätte.

Daß auch Goethe ab und zu wie alle Männer seines Alters und seiner Zeit in Europa Prostituierte aufsuchte, steht außer Zweifel. Die Behauptung des amerikanischen Psychoanalytikers österreichischer Herkunft Kurt R. Eissler, Goethe habe in Rom zum ersten Mal in solch reifem Alter sexuelle Erfahrungen gehabt, entbehrt jeder Grundlage.[22] Im *Tagebuch für Frau von Stein* notierte Goethe am 1. Oktober 1786, er sei bei der Rialtobrücke von einer Dirne angesprochen worden, aber er schrieb natürlich nicht, daß er dieser Einladung auch gefolgt wäre.[23] Im Ausgabenbuch erscheint jedoch mehrmals der Posten «donne» (Frauen). Für diese bezahlte er 2 Lire in Padua am 26. September, 1 Lira am 28. September und 2 Lire am 14. Oktober in Venedig. Bei den registrierten Ausgaben gibt Goethe sonst immer den Beruf der Empfänger seiner Zahlungen an, auch wenn es sich um Frauen handelte. So sind mehrmals Zahlungen an «lavandiere» (Waschfrauen) eingetragen, die seine Wäsche gewaschen hatten: 2 Lire am 15. September und 1 Lira am 17. September in Verona, 6 Soldi am 20. September in Vicenza, 3 Lire am 29. September in Venedig.[24] Bei den Frauen, deren Beruf nicht angegeben wird, kann es sich also nur um Prostituierte gehandelt haben. Der Ausdruck «andare a donne» (zu Frauen gehen) hatte damals wie heute die Bedeutung «Prostituierte aufsuchen». Der niedrige Preis braucht nicht zu verwundern. Von dieser Ware gab es vor allem in Venedig ein überreichliches Angebot, was unweigerlich die Preise drückte. Jedenfalls läßt die Tatsache, daß Goethe nichts Schriftliches darüber hinterlassen hat, keineswegs den Schluß zu, daß es solche Verhältnisse in seinem Leben nie gegeben hat. Auch in Rom hatte er mit Sicherheit wenigstens einmal eine Begegnung dieser Art. Unter dem Datum 17. Januar 1787 finden wir in seinem Ausgabenheft den Eintrag «spasseggio» und daneben den Betrag «1 scudo». Wie die Wörterbücher erklären, hatte das Wort im 18. Jahrhundert den Sinn von «langsames Umhergehen ohne festes Ziel zur Unterhaltung». Wenn es sich bei diesem «spasseggio» aber nur um einen Spaziergang handelte, so scheint es sehr merkwürdig, daß man in Rom dafür bezahlen mußte. Im berühmten Brief an Herzog Carl August vom 16. Februar 1788, in dem Goethe mitteilte, ein Liebesverhältnis eingegangen zu sein, schrieb er, schon von «einigen anmutigen Spaziergängen» berichten zu können. Hiermit spielte er, wie schon von anderen hervorgehoben wurde, in euphemistischer Form auf sexuelle Beziehungen an; im 7. Kapitel soll dies noch näher ausgeführt werden. In einem vorhergehenden Brief an den Herzog vom 29. Dezember 1787, von dem ebenfalls noch einmal die Rede sein wird, hatte er dagegen geschrieben, daß man in Rom sexuelle Beziehungen nur mit solchen Frauen haben könne, die ebenso «unsicher» wie die Prostituierten und deshalb zu vermeiden seien. Diese Angabe läßt den Schluß zu, daß die Frau, auf die er anspielte, keine professionelle Dirne war, sondern ihren Lebensunterhalt durch andere Arbeit verdiente und nur gelegentlich ihre Einkünfte aufbesserte, indem sie sich für ihre Gunstbeweise bezahlen ließ. Die käufliche Liebe war für Goethe ein etwas entwürdigender Notbehelf, zu dem er sich gezwungen sah, weil es ihm nicht gelang, eine Beziehung zu einer Frau herzustellen, die bereit war, Liebe und Sexualität zu verbinden, ohne ihren Partner sogleich unter das Joch der Ehe zu zwingen. In Rom versuchte Goethe gleich, eine solche Verbindung zu realisieren. Aber es brauchte Zeit, um eine Frau oder ein Mädchen zu finden, die seine Forderung akzeptierte, und der Dichter war noch nicht in den unteren Schichten Roms heimisch geworden, wo es mehr Möglichkeiten gab, diesen Wunsch zu verwirklichen.

Doch zurück zu unserem Malermodell; wir wollen versuchen, mehr darüber zu erfahren. In Rom lebte damals eine Unmenge ausländischer Künstler, die Modelle für ihre Arbeiten suchten. Wie sie dieses Problem lösten, erzählen uns einige dieser Künstler selbst. Der preußische Maler Johann Gottlob Puhlmann zum Beispiel verbrachte von 1774 bis 1787 einen langen Studienaufenthalt in der ewigen Stadt und berührte das Thema mehrmals in seinen Briefen an die Eltern. Es war nicht leicht, in Rom Modelle zu finden, und noch schwieriger wurde es, wenn sie nackt arbeiten sollten, denn dann verlangten sie viel Geld. Puhlmann gab sich nicht geschlagen. Es gelang ihm einmal sogar, «eine jugendliche Schönheit von 15 Jahren» für sich zu gewinnen, die ihm zu einer Venus und zu einer Leda Modell stand.[25] Um welchen Typ von Mädchen es sich handelte und wie er sie fand, erzählt er leider nicht. Über diesen Aspekt geben uns die Memoiren von Johann Christian von Mannlich einige Anhaltspunkte. Der Maler erzählt von einem Modell, dessen er sich gewöhnlich bediente und das einen Essigverkäufer heiraten wollte. Hierzu sollte das Mädchen ein paar Möbelstücke mit in die Ehe bringen. Sein Geld reichte jedoch für den Kauf eines Bettes nicht aus, und so bat es den Maler um Hilfe. Es konnte dabei jedoch nicht versprechen, die vorgestreckte Summe durch weiteres Modellstehen abzuarbeiten, da, wie sie angab, ihr künftiger Ehemann dies nicht gestatten würde. Wir dürfen daraus schließen, daß es sich um Aktsitzungen handelte und sich zu solchen gewöhnlich nur Frauen aus den untersten Schichten bereit erklärten, die durch die Not dazu gezwungen wurden. Mannlich bezeugt auch, daß ein solches Modell oft nur ganz zufällig gefunden wurde. Er erzählt, daß er einmal auf dem Campo Vaccino (dem heutigen Forum Romanum) einem sehr schönen Mädchen aus dem Volk begegnete, das, wie in Rom üblich, von seiner Mutter begleitet war. Er schlug ihm vor, gegen einen Lohn ein Bildnis von ihm zu malen, und es gelang ihm auch, seine Zustimmung zu erhalten. Doch zunächst mußte er lange mit der Mutter verhandeln, da diese zuvor ihren Beichtvater zu Rate ziehen und jedenfalls den Sitzungen beiwohnen wollte.[26]

Zum Zeitpunkt, als Goethe den Brief an den Herzog schrieb, lebte er ganz im Kreise Tischbeins, wo er möglicherweise auch das erwähnte Modell kennenlernte. Tischbein selbst spricht in allen seinen hinterlassenen Schriften allerdings nie von Künstlermodellen. In den auf seinen römischen Aufenthalt (1784–1787) bezüglichen Passagen seiner Autobiographie erzählt er nur gelegentlich von Gesichtern, Blicken, Augen und anderen Körperteilen, die ihm bei Frauen, die er auf der Straße gesehen oder zufällig kennengelernt hatte, aufgefallen waren. Solche Einzelheiten blieben ihm im Gedächtnis, und er übertrug sie dann auf seine Gemälde.[27] Als überzeugter Physiognomiker und großer Bewunderer der Theorien Lavaters, mit dem er in engem persönlichen Kontakt stand, suchte er

Inspiration in jeder Person, die ihm über den Weg lief. So könnte es gut sein, daß er zuweilen auch Mädchen bat, ihm als Modell zu dienen, obwohl diese Mädchen dies nicht gewohnheitsmäßig taten. Eine solche Vermutung legt auch Goethes Formulierung von den Modellen, die sich «bey den Mahlern einfinden», nahe.

Die Familie des Gastwirts Vinzenz Roesler bestand 1787, dem Eintrag in den «Stati d'anime» von S. Lorenzo in Lucina zufolge, aus acht Personen. Außer ihm selbst und seiner Frau Teresa Kronthaler, die aus Kaufbeuren in Bayern stammte, werden sechs Kinder aufgeführt, zwei noch unverheiratete Töchter, Costanza und Maria Elisabetta, und vier jüngere Söhne, Giuseppe, Alessandro, Gregorio und Costantino. Zum Haushalt gehörten außerdem der Kellner Francesco Ranocchia, ein Unterkoch namens Giuseppe Antonio Ginnasi und die dreiundzwanzigjährige Magd Anna Maria Volker.[28] Aus dem Taufbuch der gleichen Pfarrei geht hervor, daß die älteste Tochter am 15. Oktober 1767 auf den Namen Maria Costanza Teresa und die zweite Tochter am 12. Mai 1773 auf den Namen Maria Elisabetta Gertrude getauft wurde.[29] In allen öffentlichen und privaten Urkunden, von denen noch die Rede sein wird, erscheint die älteste Tochter immer mit dem Namen Costanza, die zweite mit dem Namen Maria Elisabetta. Die beiden Mädchen waren Anfang 1787 also gut zwanzig und knapp vierzehn Jahre alt. Wir dürfen mit gutem Grund vermuten, daß sie zu Zeiten besonderen Andrangs von Gästen in der Osteria dem einzigen Kellner zur Hand gehen mußten, während die Mutter, der Unterkoch und die Magd dem Wirt in der Küche beistanden.

Tischbein erzählt in seiner Autobiographie, daß ihm einmal die charakteristische Physiognomie eines Bettlers, der sich oft in den römischen Osterien herumtrieb, aufgefallen sei. Nachdem er ihn mehrmals genau beobachtet hatte, bat er ihn, gegen ein Entgelt von 3 Paoli für ihn Modell zu stehen. Dies war der gängige Preis für solche auf der Straße aufgelesenen Modelle. Er ließ ihn zweimal zu sich nach Hause kommen und begann, mit Bleistift sein Bildnis zu zeichnen, konnte es aber nicht zu Ende führen, weil der Bettler sich weigerte, noch weiter das Modell zu spielen.[30] Schamhaft bis zum Exzeß, wenn es sich um Frauen handelte, erfahren wir von Tischbein allerdings nicht, daß er auch Mädchen auf diese Weise zum Modellstehen eingeladen hätte. Wer sagt aber auch, daß er immer persönlich die Modelle für seine Bildnisse beschaffte? Tatsache ist, daß von Tischbein nur wenige Zeichnungen mit Frauenköpfen überliefert sind, und nur drei von diesen sind dem römischen Aufenthalt zugeordnet worden. Von diesen dreien ist eine in seinem Nachlaß im Landesmuseum Oldenburg aufbewahrt.[31] Daß diese Zeichnung ein Bildnis darstellt, ist aber sehr unwahrscheinlich, denn es fehlt jede individuelle Charakterisierung der Gesichtszüge. Wahrscheinlich handelt es sich um eine Studie, die sich am Formenkanon der antiken Plastik orientiert. Dies reicht aber nicht aus, um die Zeichnung der römischen Zeit Tischbeins zuordnen zu können. Vielleicht gab die auffällige Frisur eines Mädchens den Anstoß zur Zeichnung, doch gibt es keine Anhaltspunkte, die darauf deuten ließen, daß es sich um eine Römerin handelte. Die beiden anderen befinden sich in Goethes Nachlaß in Weimar unter vielen anderen Zeichnungen Tischbeins, die der Dichter gesammelt und persönlich nach dem Format hatte ordnen lassen. Das Oldenburger Bildnis hat wahrscheinlich nichts mit Goethe zu tun, aber die beiden in Weimar aufbewahrten Zeichnungen stehen zweifellos mit seinem Leben in Rom in Zusammenhang.

Die Mappe mit den Zeichnungen des größten Formats enthält verschiedene Zeichnungen, die Goethe wahrscheinlich seit seinem Aufenthalt in Rom besaß. Unter ihnen befinden sich die zwei erwähnten weiblichen Bildnisse, die formal und nach der Ausführungstechnik eng verwandt sind: Bei beiden handelt es sich um dreifarbige Kreidezeichnungen. Die eine, auf rötlichem Papier und 52 x 39 cm groß, stellt einen «Mädchenkopf» (Abb. 9), die andere, auf grauem Papier mit dem Format 52 x 45 cm, den «Kopf eines kleinen Mädchens» dar (Abb. 10). Auf der ersten Zeichnung steht unten der Vermerk «dal vero» – nach der Natur –, auf der zweiten «Ragazzina dal vero» – kleines Mädchen nach der Natur.[32] Die Beschriftungen sind offenbar gleichzeitig mit den Zeichnungen entstanden und lassen darauf schließen, daß die beiden Freunde die Mädchen persönlich kannten. Aber wer waren diese beiden Gelegenheitsmodelle? Im Brief an Herzog Carl August vom 3. Februar 1787 hatte Goethe vom Bildnis eines Modells gesprochen, das er nach Weimar mitzubringen gedenke, und beteuert, daß es «nichts Zierlichers» gebe. Aus der Zeichnung mit dem Bildnis des älteren Mädchens blickt uns tatsächlich ein schönes weibliches Gesicht mit zarten, anmutigen Zügen entgegen. Es könnte gut zu dem im Brief erwähnten Modell gehören.

Wenn man bedenkt, daß Goethe im Januar 1787 sehr häufig die Osteria von Vinzenz Roesler aufsuchte und daß am 3. Februar, dem Brief an den Herzog zufolge, das Bildnis des Modells – nicht eines Berufsmodells, wie Goethe zu verstehen gibt – schon fertig war, dann liegt der Schluß sehr nahe, daß es sich bei diesem Modell um Costanza Roesler gehandelt haben muß. Die Dinge könnten folgenden Verlauf genommen haben: Goethe fielen in Vinzenz' Gasthaus die beiden Mädchen auf, die am Tisch servierten, war von ihrer Anmut bezaubert und bat Tischbein, sie zu fragen, ob sie ihm Modell sitzen würden. Eingeladen wurde nicht nur das ältere Mädchen, sondern auch die jüngere Schwester, denn nach römischer Sitte erlaubten es die Eltern einem zwanzigjährigen Mädchen schwerlich, alleine auszugehen. Bei Begleitung einer Schwester,

Abb. 9

auch wenn diese noch ein Kind war, konnte schon einmal eine Ausnahme gemacht werden. Aber für den Entschluß, auch die kleine Maria Elisabetta zu portraitieren, gab es wohl noch einen anderen Grund. Mädchen in diesem Alter zogen Goethe besonders an. Man denke nur an eines der herrlichsten Geschöpfe seiner poetischen Phantasie, Mignon, die allein schon Goethes leidenschaftliche, in seiner Kindheit wurzelnde Liebe zu Italien repräsentieren kann.

Zum Beweis für dieses Interesse ließe sich auch das Zeugnis jenes schon erwähnten unbekannten Künstlers anführen, der zwischen Ende Januar und Anfang Februar 1787 in einem Brief von einem Essen mit Goethe und Angelika Kauffmann in einem römischen Gasthaus berichtete. Nach

Abb. 10

Ende der Mahlzeit, schrieb er, verließ Goethe die Gesellschaft und wurde kurz danach hinter dem Haus angetroffen, wo er mit einem kleinen Mädchen spielte, das er Mignon nannte.[33] Der Unbekannte verrät uns nicht, um welches Gasthaus es sich handelte, aber es war sicher eines jener drei gewöhnlich von den Deutschen frequentierten Osterien in der Via Condotti. Sie lagen nahe beisammen, und es könnte durchaus möglich sein, daß das Mädchen, mit dem Goethe spielte, Maria Elisabetta Roesler hieß. An sie aber dachte Goethe zweifellos, als er Riemer gegenüber, seinem Mitarbeiter in der Zeit, als er an der *Italienischen Reise* arbeitete, das Sprichwort erwähnte, «welches er in Rom von einem kleinen italienischen Mädchen gehört hatte und es den Weisheitsspruch desselben nennt»: «Periamo noi, periano anche i bicchieri!» (Wir müssen sterben, sollen auch die Gläser sterben!) [34] Der gleiche Ausspruch findet sich auch in den vorbereitenden Notizen zur Niederschrift des letzten Teils der *Italienischen Reise* wieder, allerdings in zwei leicht veränderten, weniger hochsprachlichen Versionen. Hier lauten sie: «moriremo noi, hanno ancora a morir i bicchieri» bzw. «moriremo noi, hanno da morir anche i bicchieri». [35] Goethe hatte sie in dieser Form wohl in Rom gehört und in seinem privaten Tagebuch aufgezeichnet. Besonders in der zweiten Version hat der Spruch einen typisch römisch dialektalen Ton. Das Verb «perire» in der von Riemer überlieferten Fassung, das einen literarischen Charakter hat, läßt dagegen vermuten, daß Goethe das Sprichwort in einer gedruckten Sammlung überprüfte und hier der besseren sprachlichen Form den Vorzug gab. Obwohl sie deutsche Eltern hatten, sprachen die beiden Schwestern Roesler, die in Rom geboren und aufgewachsen waren, sicher gewöhnlich in römischem Dialekt. Was aber auch die ursprüngliche Fassung des Sprichworts gewesen sein mag, hier interessieren vor allem die Gläser, die uns ins Gasthaus Roesler zurückführen, wo Wein aus Karaffen in Gläser eingeschenkt wurde und auch Vinzenz' Tochter Maria Elisabetta am Tisch bediente. Es war sicher ein Spruch, der jedesmal aufgesagt wurde, wenn ein Glas in die Brüche ging. Maria Elisabetta muß ihn oft gehört haben und sagte ihn wohl auch einmal her, als bei Goethes Anwesenheit ein Glas zerbrach. Der Dichter wunderte sich über den Gegensatz zwischen einer so ernsten Sentenz und dem kindlichen Alter des Mädchens, das den Spruch vielleicht betont altklug ausgesprochen hatte. Eine gewisse schelmische Miene und eine Art, das Gegenüber von unten her anzublicken, typisch für solche, die alles besser zu wissen meinen, lassen sich auch auf Tischbeins Bildnis nicht übersehen.

Wir wollen nun aber zu klären versuchen, wie Goethes

Verhältnis zu ihrer Schwester Costanza beschaffen war. Unter den Papieren, die dem Feuer entgingen, dem Goethe nach der vollständigen Niederschrift der *Italienischen Reise* die meisten auf seinen römischen Aufenthalt bezüglichen Dokumente überantwortete, haben sich zwei Briefe von Frauen in italienischer Sprache erhalten. Sie sind der Aufmerksamkeit der Goethe-Forscher bis heute entgangen.[36] Der erste dieser Briefe (Abb. 11) hat folgenden Wortlaut:

«Carissimo Amico
Ieri sera mi fu dato un ventaglio alla moda; poi mi fu ritolto, desidero da voi di trovarmene subito un altro per far vedere a questo, che si trovano altri ventagli, e forse più bello di quello. Scusate l'ardire, e resto
Io Costanza Releir»

(Teuerster Freund! Gestern abend wurde mir ein eleganter Fächer gegeben; dann wurde er mir wieder abgenommen, ich wünsche mir von Euch, daß Ihr sofort einen neuen für mich findet, um jenem zu zeigen, daß es auch andere und vielleicht noch schönere Fächer gibt. Verzeiht meine Kühnheit, ich verbleibe Costanza Releir)

Der Brief ist undatiert, auch die Adresse fehlt. Der Name des Empfängers stand wahrscheinlich auf dem Umschlag, der nicht erhalten ist. Der Brief ist in gutem Italienisch und mit gleichmäßiger Schrift geschrieben; die Zeichensetzung ist korrekt, und wir entdecken sogar ein Kürzel; das *per* ist mit einem durchstrichenen *p* abgekürzt. Er kann deshalb schwerlich von einem Mädchen aus den unteren Schichten geschrieben sein, dem einzigen Milieu, mit dem Goethe, wie er selbst mehrmals versichert, in Rom Kontakte pflegte. Der Experte erkennt sofort die sichere Handschrift eines öffentlichen Schreibers.[37] Das Mäd-

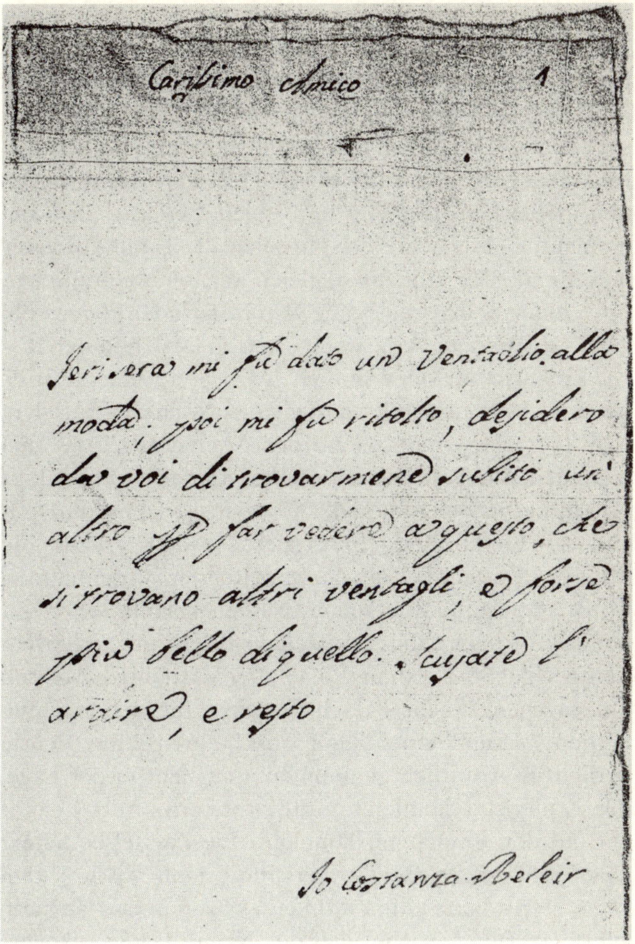

Abb. 11. Italienischer Brief von «Costanza Releir» (Costanza Roesler) aus Goethes Nachlaß.

chen war offensichtlich Analphabetin und ließ seinen Brief von einem professionellen Schreiber ausfertigen.[38] Dieser sah sich jedoch einer Schwierigkeit gegenüber, wie wir sie schon bei anderen Gelegenheiten beobachtet haben. Er war nicht fähig, den fremdländischen Namen korrekt wiederzugeben. Auch diesmal handelte es sich um einen deutschen Namen, und solche konnte in Rom niemand richtig schreiben. In allen die Familie Roesler betreffenden Dokumenten, gleich welcher archivalischen Provenienz, wurde der Name vom Notar oder Pfarrer, obwohl sie gebildete Leute waren, stets zu Desler, Resler, Rojler, Risler, Relser oder ähnlichen Formen verzerrt. In einer auf Costanza Roesler bezüglichen Notarsakte aus dem Jahr 1787 schrieb der Notar den Namen gleich dreimal verschieden falsch: Resler, Desler, Deslerin. Einmal ist «Deslerin» in der Akte jedoch durchgestrichen und von anderer Hand in Roesler korrigiert,[39] eine Korrektur, die wohl von Costanzas Vater Vinzenz Roesler vorgenommen wurde, der zumindest seinen Namen korrekt schreiben konnte. Der Schreiber des kleinen Briefs, mit Sicherheit weniger gebildet als ein Notar oder ein Pfarrer, schrieb ihn dagegen «Releir». Doch Costanza, die weder schreiben noch lesen konnte, denn sonst hätte sie seine Dienste ja nicht in Anspruch genommen, war nicht in der Lage, den Fehler zu erkennen und zu verbessern.

Über den Empfänger können keine Zweifel bestehen: Der Brief war an Goethe gerichtet, denn aus welchem Grund sonst hätte er ihn wohl sein ganzes Leben lang aufgehoben. Die Tatsache, daß der Name des Empfängers fehlte und der Name der Absenderin entstellt war, schützte gut vor der Neugier künftiger Biographen. Die mußten sich dann auch sehr abrackern – der Autor dieses Buches kann es bezeugen –, bevor sie herausbrachten, wie der richtige Name der Briefschreiberin lautete. Der Inhalt des Billets stimmt außerdem mit allem überein, was wir über die Beziehungen Goethes zu diesem offenbar sehr von ihm umworbenen Mädchen bis jetzt entdeckt haben. Wir dürfen annehmen, daß der Brief zwischen Mitte Januar und Anfang Februar, als die Affäre sich dem Ende zuneigte, geschrieben wurde. Trotz ihres unschuldigen Ausdrucks, mit dem sie uns auf dem Bildnis Tischbeins entgegenblickt, muß Costanza sich ihrer Reize durchaus bewußt und sehr kokett gewesen sein. Sie war sicher auch geübt in der Kunst, diese Reize vor den zahlreichen Verehrern auszuspielen, die ihr der Dienst in der Wirtschaft des Vaters bescherte. Den Fächer, den sie so gerne haben wollte, scheint ihr Goethe jedoch nicht geschenkt zu haben, denn Ausgaben für einen solchen Gegenstand sind in seinem Ausgabenheft nicht verzeichnet. Unter dem Datum 15. Februar, genau eine Woche vor der Abreise nach Neapel, trug Goethe die Ausgabe von einem Scudo und 70 Baiocchi ein (auf einen Scudo kamen 100 Baiocchi) für einen Ring, am 20. Februar die Ausgabe von 14 Scudi für mehrere Ringe und von 5 Scudi und 50 Baiocchi für Armbänder.[40] Letztere Schmuckstücke von einem gewissen Wert waren für die Damen in Weimar bestimmt, aber der Ring, den er für einen Scudo und 70 Baiocchi erwarb, war sicher ein Geschenk für Costanza, mit dem er einen Schlußstrich unter seine erfolglose Werbung um sie setzen wollte.

Goethe hatte sich viele Illusionen über die Bereitschaft des Mädchens gemacht, sich mit ihm näher einzulassen, und im Brief an den Herzog auch nicht die volle Wahrheit gesagt. Die Furcht vor Ansteckung, die er anführte, weil dies ein Argument war, das der Herzog im Zusammenhang mit solchen Liebesaffären am besten verstand, war nur ein Vorwand. Befürchtungen dieser Art fielen bei einem, der in Venedig und Padua Prostituierte aufgesucht hatte, wohl nicht so schwer ins Gewicht. Die Tochter eines bekannten Gastwirts wie Vinzenz Roesler wäre jedoch schwerlich mit einem Gast ihres Vaters ins Bett gegangen. Costanzas etwas aufdringliche Koketterie, die auch aus dem Brief spricht, täuschte. Als die Sache auf der Schneide stand, machte sie offenbar einen Rückzieher. Daß er mit ihr nicht zu seinem Ziel gekommen war, dies Eingeständnis läßt sich im Grunde auch aus dem Brief an Carl August vom 3. Februar herauslesen. Wohl nicht zufällig hatte er am Tag zuvor, dem 2. Februar, Frau von Stein seine Absicht mitgeteilt, sofort nach Ende des Karnevals nach Neapel abzureisen. Von der geplanten Reise nach Neapel hatte er ihr schon am 17. Januar geschrieben, ohne jedoch ein Datum zu nennen. Wenn das Techtelmechtel mit Costanza bessere Ergebnisse gezeitigt hätte, hätte er die Abreise sicher verschoben, denn eine Gelegenheit wie diese würde sich nicht so leicht wiederholen. War das Verhältnis einmal in die richtigen Bahnen gelenkt, wäre eine Unterbrechung wegen einer Reise, die leicht hinausgeschoben werden konnte, sehr schade gewesen. Den bereits am 2. Februar feststehenden Entschluß, die Reise anzutreten, bestätigte Goethe, zwar etwas vage, in seinem Brief vom 3. Februar an den Herzog («besonders wird eine kleine Abwesenheit das Anschauen nur mehr auffrischen») und in definitiver Form im Brief vom gleichen Tag an das Ehepaar Herder. Da es in Rom nichts mehr zu holen gab, stand auch der Abreise nach Neapel nichts mehr im Weg.[41]

Die Wahrheit kam erst nach Monaten ans Licht, als Goethe in einem Brief vom 29. Dezember 1787 Herzog Carl August eine Art Summe zog, was die römischen Liebesusancen anbelangte. Der Anlaß dazu war eine Reise Carl Augusts nach Holland, für die er dem Herzog den gewohnten Erfolg bei seinen amourösen Unternehmungen wünschte. In Rom, fügte er entmutigt hinzu, sei auf diesem Gebiet nicht viel zu machen, und zur Erläuterung der Lage legte er einen detaillierten, scherzhaft «Beytrag zur statistischen Kenntnis des Landes» überschriebenen Bericht bei. In diesem führte an erster Stelle die Dirnen an, «unsicher wie überall», an zweiter Stelle kamen die «Zitellen (unverheurathete Mädchen)». Die seien, wie er schrieb, in Rom «keuscher als irgendwo, sie lassen sich nicht anrühren und fragen gleich, wenn man artig mit ihnen thut: e che concluderemo? Denn entweder man soll sie heurathen oder sie verheurathen und wenn sie einen Mann haben, dann ist die Messe gesungen.»[42] Ähnliches berichtete auch Münter von diesen Zitellen. Im Juni 1786 zeichnete er eine kleine Geschichte auf, die ihm der Maler Friedrich Müller, der seit vielen Jahren in Rom lebte, erzählt hatte. Müller war einmal auf der Straße einem sehr hübschen Mädchen begegnet und konnte sich nicht enthalten, ziemlich laut seine Bewunderung auszudrücken. Er sagte: «O, quanto sei bella» (o wie schön bist du), worauf ihm das Mädchen keck antwortete: «Volete sposarmi?» (Wollt ihr mich heiraten?).[43] Diese Antwort stellte in diesem Fall natürlich nur einen Vorwurf wegen des kühnen Komplimentes dar, aber dessen Form verwies doch auf eine feste Sitte, derzufolge ein Mann sich einem ehrbaren Mädchen nur dann nähern durfte, wenn er es heiraten wollte.

Archivalische Quellen bezeugen, daß die Verhältnisse in Rom zu jener Zeit tatsächlich so lagen, wie Goethe und Münter sie beschrieben. Vor allem ein Justizfall hat große Ähnlichkeit mit Costanzas Geschichte, weshalb wir ihn hier kurz erzählen wollen. Im Januar 1787 zeigte Michelangelo Tambesi, Wirt eines Gasthauses an der Piazza della Maddalena, einen bei ihm verkehrenden Gast an, den Kapitän des päpstlichen Heeres Camillo Caetani, weil dieser seiner Tochter Clementina den Hof gemacht und auf die übliche Frage, ob er sie heiraten wolle, mit Nein geantwortet hatte. Aber damit noch nicht genug. Als dem Mädchen verboten wurde, ihn weiterhin zu sehen, reagierte er mit Beschimpfungen und Drohungen. Der Kapitän wurde verhaftet und führte zu seiner Verteidigung an, daß er durch die auch von den Eltern gebilligten «weiblichen Verlockungen» Clementinas verführt worden sei. Er sei jedoch nicht in das «ausgespannte Ehenetz» gegangen, und deshalb hätten die Eltern ihrer Tochter befohlen, jeden Verkehr mit ihm einzustellen. Dabei seien sie so weit gegangen, ihm die Fenster des Hauses vor dem Gesicht zuzuschlagen. Angesichts dieser Lage hatte sich der Vater sofort darum bemüht, seine Tochter so schnell wie möglich zu verheiraten, denn die Insistenz des Kapitäns schadete ihrem Ruf. Der Fall wurde vor dem Gericht des Governatore verhandelt, der Kardinal Boncompagni Ludovisi über die Ermittlungen informierte. Seinem Bericht können wir die ganze Geschichte entnehmen.[44]

Auch Costanza Roesler war solch eine Anwärterin auf die Ehe, das Werben um sie kostete viel Zeit, wie Goethe es im Brief vom 3. Februar ausdrückte. Sie hütete sich ebenfalls davor, mit Liebeleien sich die Chancen auf eine gute eheliche Versorgung zu verderben, wie sie sie wegen der guten wirtschaftlichen Stellung ihres Vaters erhoffen konnte. Aus diesem Grund auch bat sie Goethe um das Geschenk eines Fächers. Carlo Goldoni, der berühmteste italienische Theaterautor des 18. Jahrhunderts, widmete diesem damals so beliebten Hilfsmittel der Galanterie eine ganze Komödie mit dem Titel *Il ventaglio* (Der Fächer).[45] Ihr läßt sich entnehmen, daß der Fächer damals den symbolischen Charakter eines Liebespfandes besaß und einem Heiratsantrag gleichkam. In Goldonis Komödie wechselt der Fächer elfmal den Besitzer, und jedesmal wird durch diesen Wechsel der Mann zum Bewerber um die Hand eines Mädchens. Goethe kannte viele Komödien Goldonis, aber es läßt sich nicht nachweisen, daß er gerade diese Komödie gelesen oder im Theater gesehen hätte.[46] Was Costanzas Billet bedeutete, wußte er jedoch genau. Sie unterrichtete ihn hierin davon, daß ein Bewerber um ihre Hand einen Rückzug gemacht und den Platz für ihn, der sie so sehr hofierte, frei gemacht hatte. Aber bekanntlich stellte sich Goethe auf diesem Ohr immer taub, und sobald er merkte, worauf es Costanza abgesehen hatte, machte er sich aus dem Staube.

Costanzas Eltern ließen natürlich ihre heiratsfähige Tochter nicht aus dem Blick, wie es in Rom bei Mädchen ihres Alters üblich war. Sie verhehlten sich nicht, daß der ständige Kontakt mit den Gästen der Wirtschaft die Annäherung erleichterte und Flirts Vorschub leistete. Angesichts der gefährlichen Lebhaftigkeit, die ihre Tochter an den Tag legte, hielten sie es für angebracht, sie so schnell wie möglich in Sicherheit zu bringen, das heißt, sie zu verheiraten. Für Vinzenz Roesler war es nicht schwierig, in seinem Milieu schnell einen Mann für sie zu finden. Schon im Sommer 1787 gab er sie Antonio Gentile, einem vierzigjährigen, aus Albano gebürtigen Kellner zur Frau. Am 7. August machte der Pfarrer von S. Lorenzo in Lucina das erste Aufgebot, am 19. August wurde der Ehevertrag vor dem Notar Capponi abgeschlossen. Die Mitgift betrug 300 Scudi, von denen die eine Hälfte bar ausgezahlt, die andere mit der Aussteuer – Wäsche, Kleider, Silbergerät, Schmuck, Gold und andere Einrichtungsgegenstände – aufgerechnet wurde. Die Hochzeit fand am 20. August statt, danach bezog das junge Paar eine Wohnung in der Via Borgognona, einer Parallelstraße zur Via Condotti. Die erste Tochter wurde 1788 geboren, in schneller Folge kamen weitere Kinder zur Welt; im Familienstandszeugnis von 1799 sind fünf lebende Kinder aufgeführt.[47] Bei so vielen Geburten und Kindern, die es zu versorgen galt, hatte Costanza sicher kaum noch Muße, an das galante Leben vor ihrer Ehe zu denken. Bei der Last der Familienpflichten erinnerte sie sich wohl auch bald nicht mehr an den Signor Filippo, den deutschen Maler, der ihr vor Jahren so heftig den Hof gemacht hatte.

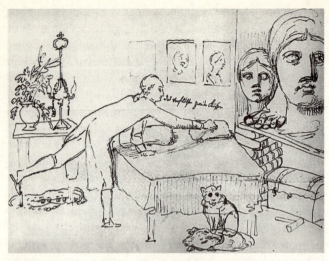

Abb. 12. J. H. W. Tischbein, «Das verfluchte zweite Küssen».

Im Verzeichnis der Zeichnungen Tischbeins, die Goethe in Weimar aufbewahrte und mit deren Ordnung und Katalogisierung er 1821 begann, befindet sich unter der Nr. 11 der vierten, «Gemeines Leben» überschriebenen Abteilung eine Zeichnung mit dem Titel «Wohnung Rondanini über» (Abb. 12).[48] Dieser hinsichtlich des Dargestellten sehr neutrale Titel zeigt nur an, daß sich die Zeichnung auf die römische Wohnung Goethes gegenüber dem Palazzo Rondanini bezieht. Sie gibt tatsächlich das Zimmer wieder, in dem Goethe vier Monate während des ersten Teils seines römischen Aufenthaltes lebte (November 1786 – Februar 1787). Dieses Zimmer bezog er auch nach der Rückkehr aus Neapel und Sizilien wieder, wohnte dort aber nur noch einen Monat lang vom 6. Juni bis zum 2. Juli 1787, als Tischbein endgültig nach Neapel übersiedelte und ihm sein Zimmer, das größte in der ganzen Wohnung, überließ. In einem Brief vom 21. April 1821 berichtete Goethe Tischbein, daß er die auf den gemeinsamen Aufenthalt in

Rom bezüglichen Zeichnungen wieder zur Hand genommen habe, und beschrieb ihm kurz deren Inhalt: «Wenn Sie uns jemals besuchten, würden Sie gewiß Freude haben zu sehen, daß ich jeden Federstrich von Ihnen aufgehoben und die römischen Scherze alle gar wohl verwahrt habe; da ist das verteufelte zweyte Kissen, die Schweineschlacht im Minerventempel und sonst noch viel Liebes und Gutes, das wir zu einer Zeit in freundschaftlicher Thätigkeit genossen, die bey Rückerinnerung durch den nachfolgenden Contrast erst noch schätzenswerther empfunden wird.»[49] Mit diesen Erläuterungen gibt er uns einige sehr wichtige Anhaltspunkte für die Datierung und das Verständnis der im Katalog mit «Wohnung Rondanini über» betitelten Zeichnung. Diese erhält durch seine Worte einen neuen, bedeutungsschweren Titel; ein «Kissen», ein «verteufeltes» Kissen sogar bezeichnet nun das Thema. Auch sagt Goethe, daß sich die Zeichnung auf ihr gemeinsames Leben in Rom beziehe, als noch keine Zwistigkeiten ihr Verhältnis trübten. Die Zeichnung ist mehrmals veröffentlicht, beschrieben und untersucht worden, ohne daß es gelungen wäre zu erklären, warum sie Goethe als einen Scherz bezeichnete, den Tischbein ihm spielte und über den man nach so vielen Jahren immer noch lachen konnte.[50]

Auf der Zeichnung ist ein Zimmer mit einem Doppelbett auf hohen Beinen und zwei Kissen darauf zu sehen. An der Wand, gegen die das Kopfende des Bettes gerückt ist, hängen drei Blätter aus Papier. Das erste ist leer, auf dem zweyten erblicken wir einen Männerkopf, auf dem dritten, genau über dem zweiten Kissen auf dem Bett, das Brustbild einer Frau. Die beiden Bilder verweisen offensichtlich auf die Funktion des Bettes als Ehebett, in dem der zweite Platz für die Frau bestimmt ist. Links neben dem Bett steht ein Tisch mit einer Blumenvase und einer angezündeten Öllampe; vor dem Tisch liegt ein kleiner Teppich oder Bettvorleger. Im Vordergrund thront in der

Mitte vor dem Bett die Katze des Hauses auf einem Wolfsfell. Rechts vom Bett liegt vor einem behelfsmäßigen Regal, das auf der Seite, die man sieht, von einigen aufeinandergehäuften Folianten gestützt wird, ein Geologenhammer. Auf dem Rücken eines dieser Folianten steht «Win» geschrieben, womit wohl die von Carlo Fea ins Italienische übersetzte *Geschichte der Kunst* in zwei Bänden von Winckelmann gemeint ist, die Goethe einem Brief vom 2. Dezember 1786 zufolge in Rom erwarb.[51] Über dem Winckelmann ein anderer Band mit den Buchstaben «T L» auf dem Rücken, womit wohl die *Römische Geschichte* von Titus Livius bezeichnet werden soll. Goethe kaufte sie seinem Ausgabenbuch zufolge für 2 Paoli und 5 Baiocchi am 17. Januar 1787.[52] Neben dem Bücherberg steht ein großer Reisekoffer, wohl jener, den er in Venedig dazugekauft hatte. Auf dem Regal sind drei Gipsabgüsse aufgestellt: ein kleiner und ein großer Kopf der Juno Ludovisi[53] und zwischen diesen ein Riesenfuß. Über das Bett gebeugt, die linke Hand auf dieses gestützt und mit der rechten nach dem zweiten Kissen greifend, um es fortzuziehen, erblicken wir Goethe. Er trägt einen langen Überrock mit breiten Schößen nach italienischer Mode, aber an den Füßen trägt er dieselben Hausschuhe, mit denen er auch auf anderen Zeichnungen Tischbeins abgebildet ist. Er scheint gerade erst nach Hause gekommen zu sein und ist, nachdem er rasch den Hut abgenommen und die Schuhe ausgezogen hat, noch im Rock in sein Zimmer gestürzt, um das zweite Kissen zu entfernen. Die Wildheit der Geste und die Wut, von der sie motiviert ist, werden von dem Bogen, den die rechte, mit groben Strichen hingezeichnete Hand ausführt, noch unterstrichen. Aus dem Mund quellen einige Worte: «Das verfluchte zweite Küssen» steht hier geschrieben, und dies ist der wahre Titel der Zeichnung.

Wann ist die Zeichnung entstanden? Den *terminus post quem* liefert der Livius-Band, den Goethe am 17. Januar erwarb, den *terminus ante quem* Goethes Abreise nach Neapel am 22. Februar 1787. Die Zeit nach der Rückkehr aus Neapel im Juni war keine Zeit der Scherze mehr, denn in Neapel war es zum Bruch zwischen den Freunden gekommen. Tischbein muß die Skizze demnach zwischen dem 17. Januar und dem 22. Februar 1787 gezeichnet haben, genau während der Zeit also, als Goethe Costanza den Hof machte. Angesichts des Fiaskos, mit dem die Geschichte endete, scheint die Zeichnung den Traum einer Liebesnacht zu kommentieren, die die Weigerung des Mädchens zum Scheitern brachte: Es sieht so aus, als ob Goethe sein Zimmer mit den Blumen und der angezündeten Lampe für das Stelldichein hergerichtet hätte und nach der Absage des Mädchens wütend über diese Schlappe nach Hause zurückgerannt wäre.

Im Brief vom April 1821 an Tischbein sprach er allerdings generös von der Zeichnung als einem jener Scherze, die sie damals in Rom miteinander getrieben hätten. Es war in diesem Falle jedoch, muß man hinzufügen, ein recht übler Scherz von entschieden schlechtem Geschmack. Tischbein war ein schüchterner Mensch mit vielen Hemmungen gegenüber den Frauen, die er sein ganzes langes Leben lang fast völlig aus seinem Gesichtskreis verdrängte. Als er sah, daß der von ihm bewunderte, aber zugleich auch beneidete Goethe von einem Mädchen, das auch er gut kannte, eine Abfuhr erhielt, empfand er sicher große Genugtuung. In diesem Gefühl warf er eine Zeichnung aufs Papier, die bis in alle Einzelheiten hinein von Boshaftigkeit geprägt scheint. Er war jedoch so schlau, jenen Ton scherzhafter Spontaneität beizubehalten, der auch seine anderen Zeichnungen zu Goethes Romaufenthalt charakterisiert. Damit wahrte er den Schein. Nur jemand, der die Geschichte hinter der Zeichnung kannte, konnte den Neid spüren, der in ihr steckte, und dieser Jemand war nur einer, nämlich Goethe selbst. Im Alter, als jedes Ressentiment weit hinter ihm lag, war auch er bereit, den Schein aufrecht zu erhalten. Er zeigte die Zeichnung sogar bei seinen Freunden herum, wohl wissend, daß niemand die Mißgunst bemerken würde, die ihr zugrunde lag. Der Kanzler von Müller berichtet von einem am 7. Oktober 1823 im Hause Goethes verbrachten Abend, in dessen Verlauf Goethe seine eigenen und Tischbeins römische Zeichnungen zeigte, unter diesen auch «Das verfluchte zweite Küssen», das er jedoch listig mit dem Titel präsentierte, unter dem es katalogisiert worden war. So Kanzler von Müller: «Goethe's Zimmer zu Rom. Büste der Juno Ludovisi. ‹Sind sie denn ein Dutzend, statt Einer, daß Sie so unglaublich Vieles machen konnten?› sagte Reinhard zu Goethe.»[54] Karl Friedrich Reinhards Bemerkung bezog sich auf die Vielfalt der Situationen, die Goethe, wie die Zeichnungen bezeugten, in Rom erlebt hatte. Der spezifische Inhalt der kompromittierendsten unter diesen erregte keine Neugier, niemand fragte nach, wovon die Zeichnung eigentlich handele. Und wenn schon die Zeitgenossen über den wahren Inhalt im unklaren blieben, wie sollten es wohl die Nachfahren besser wissen?

In der schon erwähnten, «Gemeines Leben» überschriebenen, vierten Abteilung der Zeichnungen Tischbeins in Goethes Besitz befindet sich auch ein Aquarell mit dem Titel «Wunderbarer Licht- und Schattenzufall» (Abb. 13). Es muß sich gleichfalls auf die gemeinsame Zeit in Rom beziehen, denn es wurde im Katalog als Nr. 9 verzeichnet, während «Das Verfluchte zweyte Küssen» als Nr. 11 aufgeführt ist. Die vierte Abteilung enthält nur Zeichnungen aus den Jahren 1786/87, und alle haben mit dem täglichen Leben der einstigen Freunde in Rom zu tun. Das Aquarell zeigt einen exakt begrenzten, fast leeren Raum. Die wenigen Einrichtungsgegenstände und die Person, die ihn beleben, sind mit ein paar knappen Federstrichen und flüchtig hingesetzten Farbtupfern realisiert. Die vier

Abb. *13*

Stühle und der gedeckte Tisch im Hintergrund weisen auf seine Funktion als Speisezimmer hin. Der Raum hat keine Fenster, die Tür mit der steinernen Einfassung auf der Rückwand ist geschlossen. Licht gibt nur das mächtige Feuer, das im Kamin auf der rechten Wand lodert. Das Feuer brennt so hell, daß ein riesiger Schatten entsteht, der größer ist, als er es in Wirklichkeit wäre. Er wird von der Gestalt eines Mannes vor dem Kamin geworfen. Der Mann hat, obwohl er sich im Haus und wohl auch schon länger im Raum befindet, den Hut auf dem Kopf. Er trägt einen blauen Rock mit langen Schößen, helle Hosen und dunkle Stiefel und steht mit dem Rücken zum Feuer, um sich zu erwärmen. Das linke Bein ist leicht und elegant vorgestreckt, während das Körpergewicht auf dem rechten Bein ruht. Der linke, angewinkelte Arm liegt auf dem Rücken, der rechte Arm bleibt unsichtbar, weil die Gestalt von der Seite her gezeigt wird. Merkwürdigerweise reflektiert der Schatten auf der Decke jedoch den rechten Arm.

Der Schatten ist so lang und unnatürlich, daß wir ihm eine symbolische Bedeutung beimessen müssen. In Wirklichkeit sind es sogar zwei Schatten. Die Gestalt vor dem

Kamin verdoppelt sich: Der eine Schatten kriecht über den Boden, klettert die linke Wand empor und streckt sich weit über die Decke aus; ein zweiter Schatten steigt die Kaminwand empor und erreicht ebenfalls die Decke, so daß sich die zwei Schattenköpfe mit dem charakteristischen Hut des Mannes vor dem Feuer hier begegnen. Die beiden Schatten bilden eine Art Rahmen für die auf der Rückwand aufgereihten Möbelstücke. Wir erblicken hier von links nach rechts zwei Stühle, die kleine rote Farbtupfer als Polsterstühle ausweisen; die Türe und einen dritten Stuhl, auf den nachlässig ein Stoffteil geworfen worden ist, wohl der Umhang des Mannes vor dem Kamin; den gedeckten Tisch, mit Tischtuch, Teller, Karaffe und einem halb mit Wein gefüllten Glas; den vierten Stuhl, der anscheinend gerade beiseite geschoben wurde, als der einsame Tischgast, die Mahlzeit unterbrechend, aufgestanden und vor den Kamin getreten ist. Der formale Aspekt, charakterisiert durch den ungewöhnlich langen Schatten, ist so stark, daß er schon auf den ersten Blick den Betrachter in den Bann zieht und den Titel, mit dem das Aquarell in Goethes Sammlung verzeichnet ist, geradezu aufdrängt.

Die Virtuosität der Form schließt allerdings nicht aus, daß das Bild auch einen Inhalt hat, der sich rekonstruieren läßt. Beginnen wir mit dem Raum und seinem Kamin. Goethe erwähnt einen solchen Kamin in einem Brief an Frau von Stein vom 2. Februar 1787. Nach Klagen über die große Kälte, die das Briefschreiben in seinem ungeheizten Zimmer sehr beschwerlich mache, schrieb er: «Ich habe mich auf den Vorsal ans Camin gesetzt und finde bey der Wärme Lust und Muth ein neues Blat anzufangen.»[55] Dieser Vorsaal war offenbar ein Raum ohne Fenster und hatte, wie Goethe angibt, einen Kamin. Die Wirtsleute Collina benutzten diesen Raum möglicherweise auch als Speisesaal für ihre Pensionsgäste – damals vier an der Zahl (Goethe, Tischbein, Schütz und Bury) wie die

Stühle auf dem Aquarell. Das Aquarell könnte deshalb, wie auch schon Julius Vogel vermutete,[56] sehr gut diesen Vorsaal in der von Goethe und Tischbein bewohnten Wohnung am Corso darstellen. Aber wer ist der Mann vor dem Kamin, und warum steht er hier in dieser Haltung im dunklen, nur vom lodernden Feuer erhellten Raum?

Im Zusammenhang mit Betrachtungen über das Spiel von Licht und Schatten beschrieb Tischbein in seiner *Eselsgeschichte* die Gefühlslage eines Freundes, die sich in der Szene des Aquarells zu reflektieren scheint. Es ist nützlich zu lesen, was er schreibt: «Wenn die Erscheinung des Lichts in der Natur geeignet ist, heilsame Betrachtungen und schöne Ideen in manchem Geiste zu wecken, so wirkt nicht selten das Gegenbild des Lichts, der Schatten, wohltätig auf uns und erregt heitere Gedanken in einer traurigen Seele. Auf diesem Schattenbilde habe ich einen meiner Freunde in einem Augenblick seines tiefsten Unmuts dargestellt, so wie er mir's erzählte. Er lebte in der Fremde, wo er kein Herz fand, welches sich befreundet zu dem seinigen neigte. Je tiefer er dieses fühlte, desto geringer kam er sich selbst vor, und sein Mißmut stieg mit der Überzeugung seines eingebildeten Unwerts. Er steht einst spät in der Nacht am Kamin, in welchem ein großes flakkerndes Feuer brennt, sieht vor sich nieder und denkt trostlos darüber nach, wie er doch so gar nichts ist. Endlich blickt er auf und sieht oben an der Decke des Zimmers, welche von dem Kaminfeuer beleuchtet wird, einen langen Schatten sich bewegen. Diese Erscheinung befremdet ihn, er weiß nicht, woher der Schatten kommt, er verfolgt ihn und bemerkt, daß er da, wo er dessen Ende sucht, den Anfang findet. Der Schatten geht von seinen Füßen aus, läuft über den Fußboden weg, steigt die Wand hinauf und wirft sich groß und breit über die Decke hin. Er sieht nun, daß es sein eigener Schatten ist. Was in diesem Augenblick kein Lichtstrahl vermocht hätte, seine gebeugte

Seele aufzurichten, das tut dieser Schatten. Wer noch einen so großen Schatten machen kann, denkt er in sich, der muß doch etwas sein».[57]

Die Herausgeber der *Eselsgeschichte* waren der Meinung, daß Tischbein sich in diesem Text nicht auf das beschriebene Aquarell, sondern auf eine vereinfachte Variante desselben bezog, auf dem das Ambiente nicht so präzise wie auf dem ersten Aquarell wiedergegeben ist. Auf dieser Variante ist ein kleiner, leerer Raum ohne weitere Requisiten zu sehen, nur ein paar Bilder hängen an der Wand. Ein Mann im Hemd, über dem er nur eine Weste trägt, mit Stiefeln, aber ohne Hut, steht vor einem brennenden Kamin, diesem den Rücken zuwendend. Er hat die Arme vor der Brust verschränkt und stützt den vorgebeugten Kopf auf die rechte Hand. Der Schatten, der von seinen Füßen ausgeht, nimmt den gleichen Verlauf wie auf dem ersten Aquarell, endet aber auf der Decke mit einem einfachen Strich, ohne die menschliche Figur nachzuzeichnen.[58] Es scheint fast, als ob Tischbein die Variante nur deshalb gemalt hätte, um das Ambiente und folglich auch den Mann vor dem Kamin unkenntlich zu machen. Dieses zweite Aquarell fügte Tischbein in seine *Sybillischen Bücher* ein, ein unvollendetes und bis heute unveröffentlichtes Werk. Es handelt sich um einen Band, in dem zahlreiche bildliche Darstellungen mit erläuternden Texten zusammengeklebt sind; er ist in Tischbeins Nachlaß im Landesmuseum in Oldenburg aufbewahrt.[59] Nichts erlaubt jedoch, das Aquarell und seine Variante auf die Zeit um 1805 zu datieren, wie es gewöhnlich geschieht. Man kam zu diesem Datum, weil Tischbein 1805 einen Band mit Zeichnungen an Herzogin Anna Amalia von Weimar schickte. Es gibt aber keinen Anhalt dafür, daß es sich bei diesem Band um die *Sybillischen Bücher* handelte.

Die *Eselsgeschichte* ist ein groß angelegter, autobiographischer Roman, der erst vor kurzem zum ersten Mal veröffentlicht worden ist. Tischbein begann schon während seines Aufenthaltes in Neapel in den Jahren 1789-1799 an diesem Projekt zu arbeiten. Die Untersuchung der Manuskripte und des dazugehörigen Bildmaterials hat ergeben, daß eine Gruppe von Aquarellen und Notizen, die Tischbein in jenen Jahren und noch früher gemalt bzw. geschrieben hatte, das Kernstück des Romans bildet.[60] Es stellte sich auch heraus, daß einige Textstellen und bildliche Darstellungen sich auf das römische Leben und auf Tischbeins berühmtes Gemälde «Goethe in der Campagna» (Abb. 3) beziehen. Tischbein arbeitete viele Jahre an seinem Werk und schloß den *Eselsroman* erst 1812 mit Hilfe der Schriftstellerin Henriette Hermes ab. In diese endgültige Fassung wurden aber nur zwölf «Vorstellungen» aufgenommen, die, in Übereinstimmung mit dem nun gewählten Titel, Szenen mit Eseln darstellten. Alle anderen ursprünglich für den Roman gedachten Illustrationen wie auch einige Textstellen wurden weggelassen. Diese ausgeschiedenen bildlichen Darstellungen und Texte verwandte Tischbein zum Teil in anderen Werken, in den *Sybillischen Büchern* und in der *Geschichte meines Lebens*. Andere Zeichnungen und Aquarelle, die er für den großen Roman vorgesehen hatte, wurden zerstreut und finden sich heute in verschiedenen Sammlungen wieder. In einigen Fällen – das uns hier interessierende Aquarell gehört zu diesen – wurde die bildliche Darstellung zwar aus der *Eselsgeschichte* entfernt, der dazugehörige Text aber dort belassen. Das Aquarell, heute unter dem Titel «Der lange Schatten» bekannt, schenkte Tischbein Goethe, wann aber, das läßt sich nicht mehr feststellen.

In einem Brief vom 20. Dezember 1821 berichtete Goethe Tischbein, daß er die vielen Zeichnungen von ihm, die er besaß, nach ihrem Format in drei verschiedenen Mappen eingeordnet habe. Der Vollständigkeit wegen bat er Tischbein auch um eine Zeichnung seines Portraits vor dem Hintergrund der römischen Campagna, das nie in seinen Besitz gelangt war. Auch bat er ihn, ihm weitere Darstellungen zu seinem römischen Aufenthalt für einige Zeit zu leihen, da er sie für den letzten Teil der *Italienischen Reise* verwenden wolle. Er schrieb wörtlich: «Mögen Sie mir ferner auch einiges mittheilen, was ich auf Verlangen sogleich zurücksende, so gäbe das eine gewisse Vollständigkeit des Anschauens vergangener Zeit, die sich uns beiden, wenn ich mich zu meinem zweyten Aufenthalt in Rom wende, zum anmuthigen Denkmal früherer Zeiten heraufbauen dürfte.»[61] Tischbein antwortete am 7. Januar 1822 und zeigte sich sehr erfreut darüber, daß der Dichter noch so viele seiner in Rom entstandenen Zeichnungen aufbewahrt hatte. Zugleich teilte er ihm mit, daß er schon einige der gewünschten Zeichnungen an ihn abgesandt habe, vor allem die Zeichnung des Portraits.[62] Im damals angelegten Katalog von Goethes Sammlung steht diese Zeichnung an erster Stelle in der vierten Abteilung mit der Überschrift «Gemeines Leben». Möglicherweise schickte Tischbein in diesem Zusammhang auch das Aquarell an Goethe. Unter dem Titel «Wunderbarer Licht- und Schattenzufall» wurde es als Nr. 9 derselben Abteilung katalogisiert.

Aber wie dem auch sei, zweifellos malte Tischbein das Aquarell, weil es Goethe und niemand sonst betraf. Zu diesem Schluß führen weitere Indizien. Der über den Stuhl geworfene Umhang und der typische Hut kehren auch auf der Zeichnung «Goethe mit seinen Wirtsleuten» (Abb. 14) wieder,[63] auf der Tischbein Goethe im Gespräch mit den drei Mitgliedern der Familie Collina – Vater, Mutter und Sohn – zeigt. Auch auf dieser Zeichnung ist eine Tür mit einem steinernen Rahmen angedeutet, und der Tisch, an dem Goethe sitzt, steht in der gleichen Position zur Tür wie der Tisch auf dem Aquarell. Der Umhang hängt auch hier über dem Stuhl, und der hohe Hut mit der breiten Krempe ähnelt jenem, den der einsame

Abb. 14

Mann vor dem Kamin trägt. Dieser Mann kann nur Goethe sein. Die oben zitierte Stelle aus der *Eselsgeschichte* bildet eindeutig den Kommentar zum Aquarell, Goethe, das heißt der Mann vor dem Kamin, ist der Freund in einem Moment des «tiefsten Unmuts», als er in der Fremde lebte und kein «befreundetes Herz» fand. Dieser Moment fällt in den Februar 1787, als Costanza Goethe ihre Liebe verweigerte. Zusammen mit der Zeichnung «Das verfluchte zweite Küssen» bildet das Aquarell den bildlich ausgedrückten Kommentar Tischbeins zu dieser unglücklichen Geschichte. In diesem zweiten Fall aber zeigte sich der Hausgenosse mitfühlend und solidarisch, indem er erzählt, wie sich sein Freund mit Hilfe des Feuers und des Schattens über die Enttäuschung hinwegtröstete.

Das Thema des Schattens und seiner Wirkungen war offenbar durch einen nächtlichen Spaziergang angeregt worden, von dem Goethe im erwähnten Brief an Frau von Stein vom 2. Februar 1787 erzählte, nämlich in dem Brief, den er im Vorsaal neben dem Kamin zu Ende schrieb. Hier heißt es: «Von der Schönheit im vollen Mondschein Rom durchzugehen hat man, ohne es gesehen zu haben, keinen Begriff. Alles Detail wird von den großen Massen des Lichtes und des Schattens verschlungen und nur die größten allgemeinsten Bilder stellen sich dem Auge dar. Seit 3 Tagen sind die hellsten und herrlichsten Nächte die wir wohl genoßen haben. Einen besonders schönen Anblick gab uns das Colisee. Es wird Nachts zugeschloßen, ein Eremite wohnt an einem Kirchelchen drinne, und Bettler nisten sich in die zerfallnen Gewölbe. Sie hatten, scheint es, ein Feuer angemacht und eine stille Luft trieb den Rauch erst auf der Arena hin, daß der untere Theil der Ruinen bedeckt war und die ungeheuern Mauern oben drüber heraus sahen. Wir standen an dem Gitter und sahen dem Phänomen zu. Der Mond stand hoch und heiter. Nach und nach zog sich der Rauch durch die Gewölbe, durch die Ruinen Wände und der Mond beleuchtete ihn wie einen Nebel. Der Anblick war köstlich.»[64] Der Plural läßt vermuten, daß zumindest ein Freund Goethe auf dem Spaziergang begleitete, und bei diesem Freund konnte es sich nur um Tischbein handeln, Goethes Vertrauten, mit dem er in jenen Monaten in größter Intimität zusammenlebte. Tischbeins profunde Reflexionen über Licht und Schatten, wie wir sie im *Eselsroman* lesen und auf dem Aquarell sehen, waren schwerlich seinem eigenen Geist entsprungen. Goethes geniale Stimme spricht aus ihnen, und wenn Tischbein ihm das Aquarell zum Geschenk machte, so war dies nur eine bescheidene Dankesgeste. Das Aquarell und die Erläuterungen des *Eselsromans* verweisen folglich auf die Zeit des gemeinsamen Lebens in Rom. Der nächtliche Besuch im Kolosseum brachte Tischbein wahrscheinlich auf die Idee, in einem Innenraum jenes irreale Spiel von Licht und Feuer, Rauch und Schatten darzustellen, das Goethe in seinem Brief an Frau von Stein beschrieb.

Die schöne Mailänderin

Am 21. Februar 1787, dem Tag vor der Abreise nach Neapel, schrieb Goethe einen recht merkwürdigen Brief an Charlotte von Stein. Nach kurzem Hinweis auf die Vorbereitungen zur bevorstehenden Reise beteuerte er ihr auf einmal wieder mit heißen, leidenschaftlichen Worten seine Liebe, schrieb, daß er sich ihr immer noch eng verbunden fühle, und jammerte darüber, sie nie besessen zu haben: «An dir häng ich mit allen Fasern meines Wesens. Es ist entsetzlich was mich oft Erinnerungen zerreisen. Ach liebe Lotte du weist nicht welche Gewalt ich mir angethan habe und anthue und daß der Gedanke dich nicht zu besitzen mich doch im Grunde, ich mags nehmen und stellen und legen wie ich will aufreibt und aufzehrt. Ich mag meiner Liebe zu dir Formen geben welche ich will, immer immer – Verzeih mir daß ich dir wieder einmal sage was so lange stockt und verstummt. Wenn ich dir meine Gesinnungen meine Gedanken der Tage, der einsamsten Stunden sagen könnte. Leb wohl. Ich bin heute konfus und fast schwach.» [1]

Er merkte auch an, daß sein Brief vor dem 3. März nicht aus Rom abgehen werde. Am gleichen 3. März meldete in Weimar Frau von Stein Knebel, mehrere Briefe aus Italien erhalten zu haben, einen noch am Vortag, aus dem, wie sie schrieb, man ersehe, wie glücklich ihr Freund in Rom sei: «Gestern habe ich auch einige Zeilen von Goethe erhalten, woraus ich sehe, daß er sehr glücklich ist, und, wenn die Zeit ihm die Sehnsucht nach uns wird ausgelöscht haben, fürcht' ich, wird er gar nicht zurückverlangen.» Ein solches Wiederaufflammen des alten Feuers hatte sie schwerlich erwartet, und als sie den Brief erhielt, maß sie ihm keinerlei Bedeutung zu. Am 21. und am 26. März schrieb sie wiederum an Knebel, Briefe von Goethe empfangen zu haben, diesmal aus Neapel. Den Brief vom 21. Februar erwähnte sie überhaupt nicht, wiederholte jedoch, daß ihr Freund in Italien glücklich sei. Davon blieb sie auch in Zukunft überzeugt, wie weitere Briefe zeigen. Sie schrieb es noch am 10. September und am 9. Oktober. «Er ist sehr glücklich», sagte sie immerzu.[2] Doch sie irrte sich.

Die mit Costanza erlittene Schlappe schmerzte heftig, die Wunde wollte nicht so schnell verheilen. Der Verdacht drängt sich auf, daß Goethe seinen Verdruß darüber, mit Costanza nichts zuwege gebracht zu haben, auf Frau von Stein übertrug. Rom, die Stadt seiner Träume, begann ihn abzuweisen, und dies war nicht leicht zu ertragen. Er hatte jedoch eine Medizin bereit, die nicht Frau von Stein hieß, denn diese war zu weit entfernt, um seine Wunden pflegen zu können. Zwei Tage vor dem erstaunlichen Brief vom 21. Februar hatte er ihr einen anderen geschrieben, in dem er ihr berichtete, daß er die soeben vollendete neue Fassung der *Iphigenie* Angelika Kauffmann vorgelesen habe: «Ich habe sie gestern der Angelika vorgelesen und freute mich sehr über die gute Art wie sie das Gedicht empfand. Sie ist eine trefliche zarte, kluge, gute Frau, meine beste Bekanntschaft hier in Rom.»[3] Eine solche Ausweichmöglichkeit hatte er schon im Brief an Herzog Carl August vom 3. Februar anklingen lassen, wo er schrieb, daß ihn «außer Angelika» nur das Malermodell interessiert habe. Außer Costanza gab es also nur Angelika.

Die Schweizer Malerin, acht Jahre älter als Goethe und mit dem venezianischen Maler Antonio Zucchi, einem Mann in den Sechzigern, verheiratet, lebte schon lange in Rom. Goethe hatte sie, wie oben erwähnt, bereits kurz nach seiner Ankunft in Rom kennengelernt und sie in einem Brief vom 7. November 1786 als «gar angenehm» bezeichnet. Auf das liebenswürdige Wesen, das die Malerin und ihren «alten italiänischen Gemahl» auszeichnete, kam er im folgenden noch mehrmals zu sprechen.[4] Der Bildhauer Alexander Trippel schrieb am 9. Dezember 1786 an einen unbekannt gebliebenen Freund, daß Goethe völlig unter der Aufsicht Reiffensteins und Angelika Kauffmanns stehe und ohne deren Zustimmung niemand besuchen dürfe.[5] Trippel war zwar Mitglied der von Münter gegründeten Illuminatenloge,[6] doch wußte er über die Verhältnisse nicht genug Bescheid.

In Wirklichkeit begann Goethe erst im Februar 1787 sich intensiver für Angelika Kauffmann zu interessieren. Dem «Italienischen Briefverzeichnis» zufolge schrieb er ihr aus Neapel zwei Briefe, einen im März und einen im Mai, die wie fast alle anderen, die er an sie richtete, verlorengegangen sind.[7] Nach der Rückkehr nach Rom im Juni wurden seine Beziehungen zu ihr immer enger. Angelika begann an den Illustrationen zur *Iphigenie* zu arbeiten, die von Lips für den fünften Band der Werke, den Göschen gerade druckte, in Kupfer gestochen wurden.[8] Sie war für den Dichter, der keine anderen gesellschaftlichen Kontakte pflegte, eine wertvolle Stütze und, wie wir sahen, eine Brücke zu den römischen Literaten. Die Liebenswürdigkeit der Malerin, die Lebhaftigkeit ihres Geistes und ihr künstlerisches Prestige machten für Goethe den Besuch von Angelikas Salon äußerst angenehm. Angelika war auch literarisch gebildet, wie die Bücher zeigen, die Goethe ihr von Göschen schicken ließ (in diesem Sinne schrieb er am 27. Oktober 1787 an den Verleger), um sich für die Illustrationen zur *Iphigenie* zu revanchieren. Bei der großen Freundschaft, die sie mit Goethe verband, hätte sie sicher keine Vergütung in Geldform akzeptiert.[9]

Im Laufe des Sommers 1787 wurden diese Beziehungen

noch enger, wie das Portrait, das Angelika von Goethe malte (siehe Abbildung gegenüber dem Titelblatt),[10] und das von diesem für sie in seiner Wohnung am Corso veranstaltete Konzert bezeugen. Von diesem Portrait und dem Konzert berichtet Goethe nur in der *Italienischen Reise*. Von dem im Juli bericht erwähnten Konzert haben wir schon im vierten Kapitel erzählt, und es soll hier nur noch einmal daran erinnert werden, weil es als Huldigung an die Malerin gedacht war. Vom Bildnis ist dagegen in der «Korrespondenz» unter dem Datum 27. Juni die Rede, und zwar in sehr negativem Sinne: «Angelica malt mich auch, daraus wird aber nichts. Es verdrießt sie sehr, daß es nicht gleichen und werden will. Es ist immer ein hübscher Bursche, aber keine Spur von mir.»[11] Im «Italienischen Briefverzeichnis» sind unter dem Datum 23. Juni ein Brief an Frau von Stein und einer an Herder verzeichnet,[12] die beide nicht erhalten sind, weil Goethe sie offenbar nach der Vollendung der *Italienischen Reise* vernichtete. Aus welchem Grunde aber? Die einzige Erklärung ist, daß diese Briefe Angaben zum Portrait enthielten, die ihm jetzt nicht mehr akzeptabel erschienen. Es ist wahrscheinlich, daß Goethe im Brief an Herder auf die mangelnde Ähnlichkeit zu sprechen gekommen war. Aber dies war nicht der springende Punkt.

Herder sah das Bild bei Angelika Kauffmann während seiner Romreise und berührte das Thema der Ähnlichkeit wieder in einem Brief an seine Frau Caroline vom 27. Februar 1789. Er fügte aber noch einige sehr aufschlußreiche Betrachtungen hinzu, denn er schrieb: «Goethes Bild hat sie sehr zart ergriffen, zarter als er ist, daher die ganze Welt über Unähnlichkeit schreiet: die doch aber wircklich im Bilde exsistiert. Die zarte Seele hat ihn sich so gedacht, wie sie ihn gemalt.»[13] Der Goethe auf dem Bild war für ihn, abgesehen von der mehr oder weniger großen Ähnlichkeit der Züge, nicht der Goethe, den er kannte, und zwar sehr viel besser als die Malerin selbst. Auf dem Bild war er nicht der reife, energische und entschlossene Mann, der ihm vertraut war, sondern ein verlorener, hilfloser, trostsuchender Jüngling. Vielleicht mißfiel Goethe vor allem diese Sicht seiner selbst. Wahrscheinlich hatte Angelika Kauffmann dabei übertrieben, wie es in ihrem Wesen lag, das Herder im Brief an seine Frau treffend umriß: «Sie kann nicht anders und ist überhaupt eine zarte Engelsfrau, oder vielmehr Jungfrau, das sie leider noch sein mag.» Doch ein Zusammenhang mit der Wirklichkeit, mit dem unglücklichen Moment, den der Dichter damals durchlebte, ist dennoch nicht auszuschließen. Vielleicht vernichtete Goethe die beiden Originalbriefe, weil sie etwas von seinem damaligen Gemütszustand verrieten, was ihm im Abstand von so vielen Jahren unerträglich erschienen sein mag. Ein Brief, den er kurz vor den beiden erwähnten am 8. Juni, das heißt wenige Tage nach seiner Rückkehr aus Neapel, an Frau von Stein richtete, verrät etwas von seiner Seelenlage in diesem Moment. Er schrieb: «Übrigens habe ich glückliche Menschen kennen lernen, die es nur sind weil sie *ganz* sind, auch der Geringste wenn er ganz ist kann glücklich und in seiner Art vollkommen seyn, das will und muß ich nun auch erlangen ...»[14] Das Geständnis, diese Perfektion und dieses Glück bei seinem italienischen Aufenthalt, der ihn in anderer Hinsicht doch so sehr begeisterte, noch nicht ganz realisiert zu haben, war ziemlich gravierend.

Angelika konnte ihm freilich wenig dabei helfen, diese Ganzheit seiner selbst und jene «ganz andere Existenz», nach welcher er seit langem strebte, zu verwirklichen. Goethe war sich dessen von Anfang an bewußt, und je öfter er sie besuchte, desto klarer wurde ihm dies. Es hatte wenig Sinn, zum Ausgleich wieder ein Verhältnis einzugehen, das von der gleichen Art war wie jenes mehr als zehn Jahre lang in Weimar mit Frau von Stein unterhaltene.

Dies hätte nur bedeutet, in eine Vergangenheit zu flüchten, die er in innerster Seele als endgültig abgeschlossen betrachtete. In Rom mußten Fortschritte, neue Erfahrungen gemacht werden trotz aller Widerstände, welche die reale Situation diesem Bestreben entgegensetzte. Bei Angelika konnte er nur in den schwierigsten Augenblicken seines römischen Lebens Trost suchen, nichts weiter. Seit längerer Zeit besuchte er sie jeden Sonntag. Tischbein erinnerte Goethe noch in einem Brief vom 10. Februar 1817 an einen solchen Sonntag, als auch Reiffenstein anwesend war.[15] Manchmal ging Goethe auch an einem zweiten Wochentage zu ihr, wie er Knebel gegenüber am 21. Dezember 1787 erwähnte.[16] In den Briefen, die Angelika ihm nach seiner Rückkehr nach Weimar schrieb, gedachte die Malerin mehrmals wehmütig seiner sonntäglichen Besuche.[17] Der Sonntag war bis zum Ende des römischen Aufenthaltes ihr vorbehalten. Kein Zweifel, Goethe bemühte sich, das Verhältnis in den Grenzen einer bloßen Freundschaft zu halten, die jedes darüber hinausgehende Gefühl ausschloß.

Im Laufe des Sommers 1787 schottete sich Goethe immer mehr von allem ab und vermied mit Ausnahme des Theaters jeden Kontakt zu seiner italienischen Umwelt. Dieser Isolationsprozeß, dem der Charakter der Niederlage anhaftete, war nicht leicht zu bekennen und läßt sich in den Briefen jener Monate nur schwer fassen. Nur ein paar flüchtig hingestreute Bemerkungen wie jene in einem Brief vom 30. Juni an die Kinder Herders und Fritz von Stein – «Ich lebe ganz still für mich» – geben davon Zeugnis. Erst gegen Ende des Sommers konnte er nicht mehr umhin, diese Lage Knebel in einem Brief vom 18. August einzugestehen: «Ich werde mit den Künsten und der Natur immer verwandter und mit der Nation immer fremder, ich bin ohnediß schon ein isolirtes Wesen und mit diesem Volcke hab ich gar nichts gemein. doch getraute ich mich als Künstler hier zu leben, wenn ich nur einige meiner Freunde hierher versetzen könnte ...» Damit aber noch nicht genug.

Zum Glück für seine Biographen verfügte der alte Goethe nicht mehr über die Briefe, die er Herzog Carl August aus Italien geschrieben hatte, und konnte deshalb jene, die seiner Meinung nach Kompromittierendes enthielten, nicht dem Feuer überliefern, wie er es mit ähnlichen Briefen tat. In einem Brief vom 28. September gab er dem Herzog eine kurze Beschreibung seiner Gemütsverfassung, wie sie sich mit dieser relativen Freimütigkeit nur in dieser Korrespondenz findet: «Noch halte ich mich immer in der Stille und sogar (ich weiß nicht, ob es lobens oder scheltenswerth ist) die Frauen haben keinen Theil an mir. Mit der einzigen Angelika gehe ich um die der Achtung jedes wohlgesinnten Menschen werth ist.» [18] Dieses Geständnis konnte seiner Natur nach nicht expliziter sein. Aber es läßt doch den Schluß zu, daß Goethe in Rom wie schon in Padua und in Venedig käufliche Liebe nicht verschmähte, wenn sich auch für die römische Zeit in seinem Ausgabenheft, das allerdings nur bis zum Februar 1787 geht, kein Hinweis darauf findet. Gestützt wird diese Vermutung indes durch die unmißverständlichen Anspielungen auf die Gefahr einer Ansteckung mit Geschlechtskrankheiten in den *Römischen Elegien* (XVIII und XXII, letztere postum veröffentlicht).[19] Schwerlich hätte Goethe von solcher Sorge gesprochen, wenn er in Rom Abstinenz bewahrt und nichts mit Frauen zweifelhaften Rufes zu tun gehabt hätte. Doch wenn er dem Herzog schrieb, in jenem Zeitraum Kontakte solcher Art vermieden zu haben, so muß das doch wohl heißen, daß es nicht immer so gewesen war. Bezeichnend ist auch die Gegenüberstellung von Frauen, die dem Bereich der Sexualität zugeordnet werden, und Angelika, die Goethes wie später auch Herders Ansicht nach mit dieser Sphäre überhaupt nichts zu tun hatte. Mit ihr konnte es nur eine rein emotionale Beziehung geben, die sich auf einer idealen Höhe bewegte und dazu angetan war, jeden «wohlgesinnten Menschen» zu erfreuen. Doch war Goethe auch nach Rom gekommen, weil er die Aufspaltung seiner Gefühlswelt – hier die Sexualität mit Freudenmädchen, dort die den Damen der Gesellschaft vorbehaltenen schönen Gefühle – nicht länger ertragen wollte.

Der Brief an Herzog Carl August kam aus Frascati, einer von den Römern seit jeher sehr geschätzten Sommerfrische in den Albaner Bergen. Aus Frascati schrieb Goethe am 1. Oktober auch einen Brief an Christian Friedrich Schnauß, seinen Kollegen im Geheimen Rat in Weimar, worin er unter anderem von dem Fieber erzählte, das die Römer angesichts der Sommerfrische ergriffen hatte: «Die Zeit der Villeggiatur ist nun da und Alles macht sich aus Rom heraus, was nur irgend kann und weiß. Mädchen, Weiber, Bücher, Gemälde und alle Arten von Hausrath sind jetzt wohlfeiler zu haben, weil Alles Geld braucht. Man lebt und macht sich lustig, um alsdann bis zum Carneval wieder eingezogen zu bleiben.» In Frascati besaß Rat Reiffenstein eine Villa und hatte Goethe eingeladen, als Gast eine Woche bei ihm zu verbringen. Dies berichtete Goethe am 3. Oktober Knebel, wobei er sich sehr dankbar für die ihm erwiesene Gastfreundschaft zeigte: «Nun bin ich seit acht Tagen hier, in Gesellschaft des alten Kunstfreundes Reifenstein, der sehr viele Kenntniße hat und ein gefälliger, guter, muntrer Gesellschafter ist.»[20] Von Frascati aus begab er sich anschließend in das nahe Castelgandolfo, einen ebenso bekannten Ferienort. Hier blieb er drei Wochen, über die er etwas lakonisch gleich nach seiner Rückkehr nach Rom dem Herzog am 23. Oktober Auskunft gab: «Ich komme eben von Castell Gandolfo zurück, wo ich ohngefähr drey Wochen der schönen Jahrszeit in guter Gesellschaft genossen.» Ebenso lakonisch kommentierte er am Ende des Briefes die Bekanntschaften, die er dort gemacht hatte und die ihn letztlich wenig begeistert hätten: «Während dieser Villeggiatur habe ich viel Menschen auf einmal gesehen und kennen lernen, welche ich einzeln nicht würde aufgesucht haben, es ist auch für Gewinn zu rechnen, eine Nation nach und nach mit Bequemlichkeit zu sehen, mit der man nichts gemeines haben kann.»[21] Doch was waren das für Italiener, mit denen er angeblich nichts gemein hatte? In den erhaltenen Briefen aus jenem Zeitraum erfahren wir nichts über sie, und auch der Besitzer der Villa bleibt ungenannt.

Erst viele Monate später während der Rückreise nach Deutschland lüftete Goethe in einem Brief an Herder vom 5. Juni 1788 kurz den Schleier. Er hatte die falsche Nachricht gelesen, daß sich sein Freund auf der Reise nach Rom befand, und wollte ihm Ratschläge und Empfehlungen bezüglich der Personen geben, die er in Rom aufsuchen sollte. An erster Stelle stand natürlich Angelika, gefolgt vom Antiquar Aloys Ludwig Hirt und dem treuen Bury. Zum Schluß spielte er aber auch kurz auf seinen Aufenthalt in Castelgandolfo im vergangenen Herbst und auf die Villa an, in der er Gast gewesen war: «Wenn du nach Castell-Gandolfo kommst», schrieb er, «so frage nach einer Pinie, die nicht weit von Herrn Jenkin's Haus, nicht weit vom kleinen Theater steht. Diese hatte ich in den Augen, als ich dich so sehnlich wünschte.»[22] Die Villa, dürfen wir schließen, war also die des englischen Kunsthändlers und Bankiers Thomas Jenkins, der seit vielen Jahren in Rom lebte und hier vor allem bei den vielen Fremden, die aus ganz Europa in Rom zusammenströmten, bekannt war. Von der Pinie wissen wir sonst nichts. Wir erinnern uns aber an eine andere Pinie, die Goethe im Garten des Hauses am Corso, in dem er in Rom wohnte, säte und dann kurz vor seiner Abreise in den Garten von Angelika Kauffmanns Haus an der Via Sistina verpflanzte als sichtbares Andenken an seinen römischen Aufenthalt.[23] Angelika pflegte die Pinie und schrieb ihrem fernen Freund mehrmals, daß sie gut wachse.[24] Als der typische Baum Roms hatte die Pinie für Goethe Symbolwert. Sie war ein Zeichen seiner Liebe zur Stadt und bewahrte zugleich hier die Erinnerung an ihn. Die im Brief an Herder erwähnte Pinie in Castelgandolfo scheint dagegen mit dem heißem Wunsch in Verbindung zu stehen, den fernen Freund während der Villeggiatur bei sich zu haben. Wahrscheinlich hatte Goethe diesen Wunsch in einem Brief aus Castelgandolfo Herder gegenüber ausgedrückt, und der Brief vom 5. Juni 1788 mit der Erwähnung der Pinie bezog sich auf diesen. Es hat ganz den Anschein, als ob sich Goethe in Jenkins Villa gegenüber den Italienern, die hier verkehrten, als Fremder gefühlt und sehnlichst den Beistand seines alten Freundes herbeigewünscht hätte. Der dichte Nebel, in den er seinen Aufenthalt in Castelgandolfo hüllte, stachelt natürlich unsere Neugierde an.

Im «Italienischen Briefverzeichnis» ist für den Monat Oktober 1787 der Abgang von drei Briefen aus Castelgandolfo eingetragen, am 6. und 12. an Herder, am 12. an Frau von Stein. Die Originale dieser drei Briefe wurden von Goethe ebenso wie zwei weitere Briefe aus Rom an Herder vom 27. Oktober vernichtet, nachdem er sie für die Niederschrift der *Italienischen Reise* benutzt hatte. Es handelt sich also um insgesamt fünf Briefe, in denen Goethe von seinem Leben in Castelgandolfo erzählt hatte.[25] Der Leser sollte offenbar von diesem Aufenthalt nur das erfahren, was Goethe davon mitzuteilen bereit war. Wir wollen aber sehen, wie es um die Briefe steht, die wir in der *Italienischen Reise* lesen. Auch hier sind fünf Briefe abgedruckt. Der erste hat das Datum 5. Oktober und als Ort Albano, ein Städtchen ganz in der Nähe von Castelgandolfo; es könnte sich um den im «Briefverzeichnis» unter dem 6. Oktober eingetragenen Brief an Herder handeln. Das Datum des zweiten Briefs ist der 8. Oktober, aber mit dem Zusatz «eigentlich den 12ten»; wir haben hier offenbar den im «Briefverzeichnis» genannten Brief an Frau von Stein vom 12. Oktober vor uns. Im dritten Brief fehlen Empfänger, Datum und Ort; es handelt sich wohl um einen der Briefe, die Goethe nach der Rückkehr nach Rom an Herder schrieb. Der vierte Brief mit der Ortsangabe Castelgandolfo ist auf den 12. Oktober datiert und an Herder adressiert, auch der fünfte aus Rom nennt als Adressaten Herder und als Datum den 27. Oktober.

Der zweite Brief in der Reihenfolge der *Italienischen Reise* enthält Hinweise auf die Gesellschaft einiger Personen, die in der Villa von Jenkins in Castelgandolfo zu Gast oder häufig zu Besuch waren. Beim Namen werden jedoch nur die stets präsente Angelika Kauffmann, die eine Villa in der Gegend besaß, und der Maler Anton Maron, der Schwager des berühmten Malers Anton Raphael Mengs, mit seiner Familie genannt. Sonst ist nur ganz allgemein von «einigen munteren Mädchen» und «einigen Frauen» die Rede, und dazu heißt es: «die Gesellschaft ist lustig und es gibt immer zu lachen.» Ähnliche Kritik wie im Brief an den Herzog vom 23. Oktober lesen wir dagegen im vierten Brief, in dem Goethe schrieb: «Noch vierzehn Tage bleib' ich wohl in Castello und treibe ein Badeleben. Morgens zeichne ich, dann gibt's Menschen auf Menschen. Es ist mir lieb, daß ich sie beisammen sehe, einzeln wäre es eine große Sekkatur. Angelika ist hier und hilft alles übertragen.» Im fünften Brief scheint der unangenehme Eindruck dieser italienischen Gesellschaft in Castelgandolfo indessen gänzlich verflogen. Goethe berichtete dem Freund, in bester Geistesverfassung nach Rom zurückgekehrt zu sein und sich wieder völlig wohl zu fühlen: «Ich bin in diesem Zauberkreise wieder angelangt, und befinde mich gleich wieder wie bezaubert, zufrieden, stille hinarbeitend, vergessend alles was außer mir ist, und die Gestalten meiner Freunde besuchen mich friedlich und freundlich.» Der Verdruß, sich in einer so unangenehmen Gesellschaft zu befinden, war endlich verschwunden. Im Kreise seiner deutschen Freunde, fern von diesen «völlig fremden Menschen», fühlte er sich wieder zu Hause. Trotz aller vermutlichen Änderungen und Streichungen lassen also auch die in der *Italienischen Reise* wiedergegebenen Briefe eine starke Abneigung gegenüber den Italienern erkennen, denen er in Castelgandolfo begegnet war. Der einzige genauere Hinweis auf eine Person italienischer Nationalität findet sich im dritten Brief ohne Datum und Empfänger. Die Rede ist von einem jungen Mädchen, aber nichts läßt in diesem Brief erkennen, daß gerade dieses junge Mädchen der wahre Grund für Goethes Abneigung gegenüber den Italienern war. Wir lesen hier: «Eine Mailänderin interessierte mich die acht Tage ihres Bleibens, sie zeichnete sich durch ihre Natürlichkeit, ihren Gemeinsinn, ihre gute Art sehr vorteilhaft vor den Römerinnen aus. Angelika war, wie sie immer ist, verständig, gut, gefällig, zuvorkommend».[26]

Den Beziehungen zu diesem jungen Mädchen ist der «Oktoberbericht» gewidmet. Dieser gibt aber wenig Aufschluß darüber, was in Castelgandolfo tatsächlich vorfiel. Die Erzählung hat einen so stark literarischen Charakter, daß der Versuch, aufgrund dieses Textes die Wahrheit zu rekonstruieren, wenig Erfolg verspricht. Deshalb wollen wir zunächst alle Daten zum Leben dieses Mädchens zusammenstellen, die uns die historischen Quellen überliefern. Wer war diese junge Mailänderin? Zu ihrer Identifizierung gibt uns Goethe selbst einen wichtigen Hinweis, denn er bringt sie im erwähnten Brief, in dem sie zum ersten Mal erwähnt wird, mit Angelika Kauffmann in Verbindung. Diese schrieb Goethe nach dessen Rückkehr nach Weimar verschiedene Briefe und erinnerte ihn gleich in zweien von diesen nostalgisch, wie es ihre Art war, an die im Oktober 1787 zusammen in Castelgandolfo verbrachten Tage. Im zweiten Brief mit dem Datum 1. November

1788 erwähnte sie auch einige der Italiener, die Goethe dort kennengelernt hatte. Sie nannte zunächst einen gewissen Grafen Simonetti – sicher einer jener langweiligen Menschen, die Goethe das Leben in Castelgandolfo so unerträglich gemacht hatten. Danach, und zwar immer noch im Zusammenhang mit Castelgandolfo, erzählte sie von den Geschicken einer jungen Frau, die Goethe offenbar gut kannte: «Castello hab ich das Jahr gar nicht gesehen», schrieb sie, «das die Signora Madalena Riggi sich nun Volpato schreibt ist Ihnen schon bekant. Ein Spazierfahrt die sie mit uns nach der Porzlanfabrik gemacht ist ursach davon, der junge Volpato der sich eine Frau gewünscht, hatte das Glück Ihr zu gefallen, sich sehen und sich lieben, war eins – die Signora Madalena hatte dies mahl kein wort wider die Capittoli einzuwenden, in Zeit von vierzehn Tagen war alles beschlossen bis jezzo ist das ein glückliches Par, hoffe sie werden es immer sein beide seind gut.»[27]

Der Name Riggi taucht mehrmals in der römischen Korrespondenz auf. Goethe lernte in Rom einen Carlo Ambrogio Riggi kennen, mit dem er auch später noch in Verbindung blieb. Der Mann war ihm von Reiffenstein in einem Brief als ein «Commis» der Bank von Jenkins vorgestellt worden, welcher Goethe die Summe von 14 Scudi und 20 Baiocchi für den Erwerb einiger Gegenstände, darunter zwei Gemmen mit eingeschnittenen Löwen, schuldig war. Reiffensteins Brief ist auf den 21. Februar datiert, die Jahresangabe fehlt jedoch. Sie läßt sich aber leicht ergänzen, denn in seinem römischen Ausgabenheft verzeichnete Goethe am 20. Februar 1787 die gleiche Summe wie die oben geschuldete für den Kauf von Gemmen mit Löwen.[28] Im Brief schrieb Reiffenstein, er habe Riggi durch Moritz auffordern lassen, Goethe aufzusuchen, um das Geld in Empfang zu nehmen. Dies bedeutet also, daß Goethe Riggi persönlich kannte. Er bediente sich seiner auch im folgenden als Mittelsmann für weitere

Operationen mit der Bank von Jenkins[29] und als Spediteur für die Sendung einiger Pakete mit zum Teil wertvollen, in Rom erworbenen Gegenständen nach Deutschland.[30] Im Zusammenhang mit einer solchen Sendung schrieb Riggi ihm am 20. Januar 1789 einen Brief, den Goethe zusammen mit allen anderen, die ihn in jenen Jahren aus Rom erreichten, unter seinen Papieren aufbewahrte.[31] Hierin dankte Riggi Goethe für das Hochzeitsgeschenk für seine Schwester, die im Juli 1788 den Herrn Volpato geheiratet hatte. Er fügte hinzu, daß auch seine Schwester, die ihr erstes Kind erwarte, ihm danke.

Maddalena Riggi heißt also die schöne Mailänderin, die Goethe in der Villa des englischen Kunsthändlers in Castelgandolfo kennengelernt hatte. Dorthin war sie wahrscheinlich zusammen mit ihrem Bruder, der für Jenkins Bank tätig war, eingeladen worden. Freilich arbeitete dieser hier nicht als «Commis», wie Reiffenstein in seinem Brief an Goethe vom 21. Februar geschrieben hatte. In einem Brief aus Rom vom 12. Mai 1797 bezeichnete Carl Ludwig Fernow Riggi als «Complimentarius auf der Bank bey Jenkins»,[32] und mit dieser Berufsbezeichnung wurde er auch zusammen mit seiner Schwester Maddalena im Einwohnerregister der Pfarrei S. Lorenzo in Lucina registriert; als Wohnsitz wird ein Haus am Ripetta-Hafen angegeben.[33] Das Wort «complimentario» bezeichnete einen Geschäftsmann, der als Bevollmächtigter im Auftrag von Firmen und Privatpersonen handelte und auch Vermögensverwaltungen übernahm.

Der aus Mailand gebürtige Carlo Ambrogio Riggi lebte schon seit längerem in Rom, wo sein Wirken seit 1783 belegt ist: Am 6. März dieses Jahres wurde er von einem gewissen Giovanni Antonio Del Prato zum Verwalter seiner Güter bestellt. Kurz zuvor hatte er am 17. Februar für den Preis von 650 Scudi einen Immobilienkomplex, bestehend aus Grundstücken, Weinbergen, Feldern, Ställen und Gutshaus, in der Gemeinde Premia Valle d'Antigonio im Bistum Novara erworben.[34] Er war ein gutsituierter Geschäftsmann, der nicht nur im Auftrag anderer, sondern auch in eigener Regie handelte und sich als Geldwechsler und Spediteur betätigte. Als er 1808 starb, betrieb er eine Bank in der Via della Scrofa und besaß ein ansehnliches Vermögen, das allerdings von Schulden belastet war, denn eine lange Krankheit hatte ihn in der letzten Zeit daran gehindert, sich um seine Geschäfte zu kümmern. Er konnte nicht nur Französisch, sondern auch Englisch, wie die zahlreichen englischen Bücher und Wörterbücher in seinem Nachlaß bezeugen.[35] Wegen seiner guten Englischkenntnisse ernannte ihn Angelika Kauffmann, mit der er befreundet war, zu ihrem Testamentsvollstrecker.[36]

Seine Schwester Maddalena wurde am 29. November 1765 geboren. Die Eltern starben früh (nur der Name des Vaters ist bekannt, er hieß Francesco), und als Vollwaise lebte das Mädchen zunächst bei ihrer älteren Schwester Elisabetta, die 1777 als ihre Firmpatin genannt wird. 1786 siedelte Maddalena nach Rom zu ihrem Bruder über, sicher in der Absicht, aufgrund von dessen solider wirtschaftlicher Position dort eine gute Partie zu finden. Die Tatsache, daß ihr am 24. August 1787 ein Tauf- und ein Ledigkeitszeugnis und am Tage darauf ein Firmzeugnis von der Erzdiözese Mailand ausgestellt wurde, läßt darauf schließen, daß zu diesem Zeitpunkt ein Bräutigam bereits gefunden war.[37] Als Goethe Maddalena im Oktober 1787 in Castelgandolfo kennenlernte, stand sie also kurz vor der Hochzeit, wenn auch zu diesem Zeitpunkt der Vertrag über ihre Mitgift noch nicht abgeschlossen worden war. Als die Verhandlungen darüber kurz vor dem Abschluß standen, kam es jedoch zu einem Bruch, so daß die Hochzeit ins Wasser fiel. Der Name des Bräutigams sowie seine gesellschaftliche Stellung sind trotz aller Nachforschungen unbekannt geblieben. Dem Brief Angelika Kauffmanns an Goethe vom 1. November 1788 zufolge brachte der Widerstand Maddalenas das Eheprojekt zum Scheitern.

Carlo Ambrogio Riggi gab sich jedoch nicht geschlagen und suchte weiter nach einer guten, womöglich noch besseren Partie für seine Schwester. Er fand sie im Umkreis von Angelika Kauffmann, denn die Malerin war mit Jenkins, für den Riggi in jener Zeit ständig tätig war, gut befreundet. Der neue Bräutigam war der Sohn eines engen Freundes von Angelikas Ehemann Antonio Zucchi, nämlich des Kupferstechers Giovanni Volpato, der wie Zucchi aus Venedig stammte. 1786 hatte Volpato für seinen Sohn Giuseppe, geboren am 26. Januar 1765 in Venedig, eine Porzellan-Fabrik in Rom gegründet.[38] Der Ehevertrag wurde am 20. Juni 1788 abgeschlossen. Hierin wurde Maddalena die ansehnliche Mitgift von 1500 Scudi zugesichert, dazu eine reiche Aussteuer.[39] Daraufhin forderten die Brautleute beim bischöflichen Vikariat in Mailand sowie in Rom die für die Hochzeit erforderlichen Unterlagen an. Am 21. Juni 1788 wurde das Firmzeugnis für Giuseppe Volpato ausgestellt, am 25. Juni bescheinigte der Pfarrer von S. Lorenzo in Lucina, in dessen Sprengel die Braut wohnte, daß nach dem Aufgebot keine Ehehindernisse bekannt geworden seien. Zusammen stellten die Brautleute dann einen Antrag auf Befreiung vom dritten Aufgebot; die betreffende Dispens wurde am 1. Juli erteilt. Drei Tage später übergab Riggi Giovanni Volpato die als Mitgift vereinbarte Summe.[40] Am 6. Juli wurde die Heiratserlaubnis erteilt, und schon am Tag darauf fand die Trauung statt.[41] Danach trafen sich am 11. September alle Beteiligten wieder beim Notar, wo Vater und Sohn Volpato erklärten, sowohl die Mitgift als auch die Aussteuer erhalten zu haben, worüber sie Riggi eine Quittung ausstellten. Zugleich verpflichteten sie sich, die Mitgift zu bewahren und deren Wert möglichst noch zu steigern. Zur Garantie stellten sie eine Hypothek auf ihr Vermögen und gaben Maddalena eine Vollmacht, aufgrund derer sie sich sofort an ihnen schadlos halten konnte, falls die Verpflichtungen nicht eingehalten wurden.[42] Im gleichen Sommer verheiratete Giovanni Volpato seine Tochter Angela mit einem gewissen Giovanni Santori. Der Ehevertrag wurde am 12. September vor dem gleichen Notar abgeschlossen,[43] aber die vom Bräutigam gestellten Sicherheiten waren ungleich niedriger als die, welche Giuseppe Volpato unterschreiben mußte. Maddalena Riggi machte offenbar über diesen Punkt keine Zugeständnisse.

Die Einigung mit Volpato kam recht schnell in der letzten Juniwoche zustande. Am 29. April 1788 zog Carlo Ambrogio Riggi das Testament zurück, welches er am 6. März 1783 vor dem Notar Vincenzo Capponi aufgesetzt hatte.[44] Dies läßt vermuten, daß zu diesem Zeitpunkt die Heiratsverhandlungen schon weit fortgeschritten waren. Die reiche Mitgift, die Riggi sich anschickte, seiner Schwester auszusetzen, mußte das alte Testament überholt erscheinen lassen, und Maddalena konnte unter diesen Umständen von der Erbschaft ausgeschlossen werden. Schon im April hatte man über die Heirat verhandelt, aber wahrscheinlich wurden die Gespräche mit der freundlichen Vermittlung Angelikas und ihres Gatten zunächst vertraulich vom Bruder der Braut und dem Vater des Bräutigams geführt. Die Betroffenen blieben einstweilen davon ausgeschlossen. Daß es sich um eine arrangierte Heirat handelte, legen auch die Namen der Personen nahe, die den Heiratsvertrag als Zeugen unterschrieben, Antonio Zucchi für die Braut, der Kupferstecher Raffaello Morghen, Sozius und Schwiegersohn von Giovanni Volpato, für den Bräutigam.[45]

Angelika sagte also nicht die ganze Wahrheit, als sie Goethe schrieb, den Anstoß zur Heirat habe eine Spazierfahrt zur Fabrik Volpatos gegeben, während derer sich die beiden jungen Leute kennengelernt und ineinander verliebt hätten, als wären sie plötzlich von Amors Pfeilen getroffen worden. Sehr wahrscheinlich wurde die Spazierfahrt erst organisiert, nachdem Riggi und Volpato sich über die wirtschaftlichen Aspekte der Verbindung einig geworden waren und Maddalena diesen zugestimmt hatte. Liebe dürfte dabei keine Rolle gespielt haben, und wenn Angelika von Liebe sprach, so tat sie es wohl nur, um die eigene Rolle bei diesem Handel zu kaschieren. Sie hatte Goethe während seines Aufenthaltes in Rom gut genug kennengelernt, um zu wissen, daß er Zweckehen dieser Art, bei der die Liebe von vornherein nicht vorgesehen war, aus tiefstem Herzen verabscheute.

Die Ehe Maddalena Riggis schien denn auch eigens dazu beschaffen, Goethes Auffassung zu bestätigen. Am besten wußte Maddalenas eigener Gemahl, wie es um die Liebe in seiner Ehe stand. In seinem Testament vom 2. November 1803 sprach Giuseppe Volpato nach fünfzehnjähriger Ehe zwar von der eigenen Zuneigung zu seiner Frau, daß auch diese ihm solche entgegengebracht hätte, wird nicht gesagt. Volpato bestimmte testamentarisch, daß Maddalena, falls sie sich nach seinem Tode wiederverheiratete, von seinem Erbe ausgeschlossen werden sollte, doch setzte er ihr «zum Zeugnis seiner ehelichen Liebe, die er ihr stets entgegengebracht habe und ihr bis zu seinem Tode entgegenbringen werde», ein Legat von tausend Scudi aus. Das am 23. November 1803 aufgestellte Güterverzeichnis bezeugt ein beträchtliches Vermögen mit vielen Kunstgegenständen, die aus dem väterlichen Erbe stammten.[46] Maddalena Riggi schenkte ihrem Gatten neun Kinder und bewies ihm, wie es im Testament heißt, «Rücksicht, Ehrbarkeit und Unbescholtenheit». Von Liebe sprach der Erblasser nicht.

Zuneigung wandte sie ihrer Schwiegermutter Anna Menegatti zu. Diese hinterließ in ihrem Testament vom

13. April 1804 der «sehr geliebten Schwiegertochter» zwei Schmuckstücke. Damit wollte sie, wie sie erklärte, «ihre Wertschätzung und Liebe» ausdrücken und zugleich ihre Dankbarkeit «für die liebevolle Pflege und den Respekt», den die Schwiegertochter ihr stets bewiesen habe.[47] Der Liebe entspricht auch hier nur der Respekt. Das Wort Liebe paßte offenbar nicht zu Maddalena Riggi.

Giuseppe Volpato starb am 12. November 1803, und Maddalena handelte unverzüglich. Sie machte sofort beim Papst eine Eingabe, um die Testamentsklausel, die sie bei neuerlicher Heirat von der Erbschaft ausschloß, annullieren zu lassen. Diese Dispens wurde ihr am 30. April 1804 erteilt, kurz darauf ging sie eine neue Ehe ein. Schon am 5. Juli war sie mit Francesco Finucci, einem Angestellten ihres verstorbenen Mannes, verheiratet. Ihr neuer Ehegemahl war wie kein anderer dazu geeignet, die Geschäfte weiterzuführen und ihre und ihrer Kinder Interessen wahrzunehmen.[48] Maddalena schenkte ihm zwei weitere Kinder, ob sie ihn aber mehr liebte als ihren ersten Mann, sei dahingestellt. Jedenfalls vermachte sie bei ihrem Tod ihrem «heißgeliebten Gemahl», wie sie im Testament schrieb, «zwei Weihwasserbecken aus Silber und ihr gerahmtes Portrait».[49] Am 24. Juli 1825 starb sie sechzigjährig in ihrer Wohnung in der Via delle Quattro Fontane in Rom.[50]

Bei dem im Testament erwähnten Bild (Abb. 15), das auch im Inventar ihrer Hinterlassenschaften vom 10. August 1825 aufgeführt ist, handelt es sich um das Portrait, das Angelika Kauffmann 1795 für sie gemalt hatte.[51] Maddalena war damals dreißig Jahre alt und zeigt sich hier trotz der Geburt mehrerer Kinder in ihrer ganzen üppigen Schönheit. Der sanfte Gesichtsausdruck der Portraitierten läßt aber den Verdacht aufkommen, daß Angelika Kauffmann, wie es in ihrer Natur lag, die Dinge etwas geschönt hatte. Das Urteil Herders über Angelikas Goethe-

Abb. 15

Portrait trifft auch auf dieses Bildnis zu. Maddalena Riggi erscheint auf diesem sehr viel zarter, als sie es wohl in Wirklichkeit war.

Als Goethe sie 1787 in Castelgandolfo kennenlernte, war Maddalena Riggi keine Schauspielerin, wie noch heute aufgrund einer irrtümlichen Deutung eines Gemäldes von Angelika Kauffmann manchmal behauptet wird.[52] Sie war einfach nur ein Mädchen im heiratsfähigen Alter, das nach einem Mann Ausschau hielt, der ihren wirtschaftlichen und gesellschaftlichen Ansprüchen genügen konnte. Wenn Angelika schrieb, daß das erste Verlöbnis scheiterte, weil Maddalena mit den ausgehandelten Bedingungen nicht einverstanden war, so entsprach dies zweifellos der Wahrheit. Dies aber offenbart einen wenig sympathischen Charakterzug. Maddalena Riggi war so stark an den ökonomischen Aspekten der Ehe interessiert, daß sie sich eigensinnig in die Heiratsverhandlungen, die traditionell dem Vater oder seinem Stellvertreter vorbehalten waren, einmischte und durch ihre übertriebenen Forderungen zum Scheitern brachte. Aber wäre es vielleicht nicht doch möglich, daß hinter den Einwänden ihre heimliche Liebe zu dem Fremden steckte, der ihr in Castelgandolfo den Hof gemacht hatte? Denn darüber, daß Goethe von ihrer Schönheit und Anmut bestrickt war, kann kein Zweifel bestehen, dies läßt selbst der zensierte Brief in der *Italienischen Reise* erahnen. Maddalena bewahrte ihr ganzes Leben lang das Hochzeitsgeschenk, das Goethe ihr aus Weimar geschickt hatte. Es war zweifellos jene «kleine, in Deutschland gearbeitete Tischdecke», die in dem nach ihrem Tode aufgestellten Inventar aufgeführt wird.[53] Doch wußte Maddalena gut, daß das Geschenk von einem berühmten deutschen Dichter kam. Dies war sehr schmeichelhaft für sie und bestimmte sie, es sorgsam aufzuheben. Daß Goethe die große Ausnahme in Maddalenas Gefühlsleben war, ist allerdings schwer vorstellbar, wenn wir ihre Gesamterscheinung betrachten, wie sie uns aus den Dokumenten entgegentritt.

Doch selbst wenn Maddalena ernsthaft in Goethe verliebt gewesen wäre, so hätte sie doch als letztes Ziel die Ehe im Blick gehabt, eine für Goethe sehr abschreckende Perspektive, und zwar aus gutem Grund. Man braucht sich ja nur den Heiratsvertrag anzusehen, um dies zu verstehen. Die wahren Partner und handelnden Personen sind hier nicht die Brautleute, sondern Carlo Ambrogio Riggi und Giovanni Volpato, der Bruder der Braut und der Vater des Bräutigams. Der eine übergibt dem anderen, der ihm darüber Quittung ausstellt, das für die Mitgift vereinbarte Geld und übernimmt zusammen mit seinem Sohn die geforderten Garantien. Die Brautleute spielen beim Vertragsabschluß nur eine Nebenrolle, sie hingen von den Vereinbarungen ab, die Bruder und Vater trafen. Welchen Vorrang die Vermögensaspekte bei der Eheschließung hatten, erhellt auch daraus, daß die kirchliche Heirat um einen Monat vorgezogen wurde und schon nach zwei statt nach den drei im Vertrag vorgesehenen Monaten stattfand. Die Brautleute stellten den Antrag auf Dispens von der Pflicht zu dreimaligem Aufgebot mit der Begründung, daß Giuseppe Volpato sich wegen einer Geschäftsreise so bald wie möglich von Rom entfernen müsse. Aber wahrscheinlich handelte es sich nur um einen Vorwand. Man wollte vermutlich Zeit gewinnen, um das Risiko zu vermeiden, daß eine der Parteien das Geschäft bereute und die Heirat platzen ließ, wie Maddalena es beim ersten Mal getan hatte. Die Mitgift wurde Giovanni Volpato am 4. Juli, drei Tage vor der Hochzeit und drei Tage nach der Dispenserteilung, übergeben.

Von Goethes Abneigung gegenüber der Ehe konnte Maddalena Riggi in Castelgandolfo natürlich nichts wissen, aber was sie über den deutschen Gast erfahren hatte, konnte ihr schwerlich Illusionen über das Ziel seines Werbens lassen. Sie war sicher zusammen mit ihrem Bruder in die Villa von Jenkins eingeladen worden, und zweifellos stellte dieser ihr den Kunden der Bank vor, für die er mehrmals tätig geworden war. Carlo Ambrogio Riggi wußte, daß es sich um den Herrn von Goethe, Geheimrat des Herzogs vom Weimar, handelte. Und zwar war Riggi dies bekannt, weil Goethe, wie wir schon sahen, bei seinen Kontakten zu Jenkins Bank das Inkognito gleich abgestreift und seine wahre Identität offengelegt hatte. Daß eine Persönlichkeit von so hohem Rang auch nur einen Augenblick daran denken konnte, ein kleinbürgerliches Mädchen wie sie zu heiraten, konnte die mißtrauische und auf ökonomische und gesellschaftliche Sicherheiten erpichte Maddalena schwerlich hoffen. Ihr Horizont ging über die Ehe nicht hinaus, was sie Goethe wahrscheinlich schnell zu verstehen gab. Dies genügte, um diesen zu veranlassen, nach einer kurzen Annäherung sein Werben einzustellen.

Das Hochzeitsgeschenk, das er ihr später aus Deutschland schickte, läßt vermuten, daß Goethe Maddalena gegenüber Gefühle gehegt hatte, die über eine einfache Sympathie hinausgingen. Desto abgestoßener mußte er sich fühlen, als sie ihm zu verstehen gab, daß sie nur die Ehe interessiere. Der Ekel über eine solche Haltung erklärt die starke Irritation, die der Aufenthalt in Castelgandolfo in ihm hinterließ. Erklärlicherweise übertrug er seine Bitterkeit auf die Gesamtheit der Italiener, die in einem herrlichen Land lebten, in welchem ausgerechnet für die Liebe kein Platz war. Die herbe Enttäuschung warf ihren Schatten auch auf die Briefe, die er in jenen Wochen an die deutschen Freunde schrieb und aus denen ein starkes Gefühl von Fremdheit und Isolation, ja ein gewisses Heimweh nach Weimar spricht.

Zwei Monate später schrieb er am 29. Dezember jenen schon erwähnten Brief an Herzog Carl August mit dem scherzhaften «Beytrag zur Kenntnis des Landes». Die Beschreibung der römischen Liebessitten war, wie wir schon sahen, erbarmungslos. Den jungen Mädchen im heiratsfähigen Alter schrieb er jede Fähigkeit ab, sich zu verlieben: «Was das *Herz* betrifft, so gehört es gar nicht in die Terminologie der hiesigen Liebeskanzley» war sein Kommentar. Es war wirklich so, wie er es ausdrückte: «Mich hat der süße kleine Gott in einen bösen Weltwinkel relegirt.» Der traurige Schluß war, daß es in Rom nur «böse Bedingungen» gab, und «zu naschen» war nur bei denen, «die so unsicher sind als öffentliche Creaturen».[54] Man kann nicht umhin, aus diesen Erklärungen ein Echo seiner Erfahrungen mit der schönen Mailänderin in Castelgandolfo herauszuhören.

Als Goethe vierzig Jahre später den dritten Teil der *Italienischen Reise* über den zweiten Teil seines römischen Aufenthaltes schrieb, wurde auch die Erinnerung an Maddalena Riggi wieder wach. Er las seine Tagebuchaufzeichnungen und die Briefe aus jener Zeit und sicher auch den angeführten Brief von Angelika Kauffmann wieder, der ihm viel zu denken gegeben haben muß. Angelika hatte von Liebe gesprochen, und obwohl sie das starke Interesse des Mädchens an einer guten Versorgung nicht verheimlichte, so sprach sie ihr doch nicht die Fähigkeit ab, sich zu verlieben. Maddalena suchte zwar, wie Angelika schrieb, nach einer guten Partie, aber deshalb schloß sie doch nicht von vornherein jede Liebe aus. Als sich ihr ein junger, sympathischer Mann wie Giuseppe Volpato präsentierte, der sich plötzlich in sie verliebte und dazu noch eine solide wirtschaftliche Stellung vorzuweisen hatte, erwiderte sie diese Liebe. Diese Maddalena Riggi, wie sie aus Angelika Kauffmanns Brief hervortrat, gab Goethe wohl die erste Idee zu einer Geschichte von unglücklicher Liebe, die für den «Oktoberbericht» der *Italienischen Reise* geeignet war. Wir wollen uns diese Geschichte, wie Goethe sie hier erzählt, noch einmal ansehen.

Der Schauplatz der Geschichte ist die große Villa in Castelgandolfo, wo der Besitzer, d. h. Thomas Jenkins, mit einer Schar von Gästen die Villeggiatur zu verbringen pflegt. Auch Goethe ist dorthin eingeladen worden. Nicht alle Gäste sind von gleichem Stand wie der Gastgeber. Zu seiner Überraschung trifft Goethe in der Villa auch eine «gar hübsche Römerin» mit ihrer Mutter, die in Rom nicht weit von ihm entfernt in der Via del Corso wohnt. Er hatte die beiden Frauen zuweilen beim Vorbeigehen gegrüßt, wenn sie abends vor der Türe saßen, um nach der Hitze des Tages die Kühle zu genießen. Seit Goethe im Sommer das Fest in seiner Wohnung gegeben hatte, pflegten sie seinen Gruß besonders freundlich zu erwidern, denn die glänzende Soirée hatte sie zur Überzeugung gebracht, daß der Fremde über genug Geld verfügte und deshalb einer jener reichen «Milords» sein mußte, von denen sich so viele in Rom aufhielten. In Rom hatte Goethe jedoch stets Distanz zu den beiden Frauen gewahrt, weil er seiner Erklärung nach fürchtete, daß ein näheres Verhältnis ihn zuviel Zeit gekostet und vom Studium abgehalten hätte.

Die gelockerte Ferienstimmung in Castelgandolfo macht solche Bedenken jedoch hinfällig, Goethe zögert nun nicht länger, mit den Nachbarinnen zu plaudern, wobei er sie wie alte Bekannte behandelt. Die beiden Römerinnen stellen ihm wiederum ein anmutiges junges Mädchen aus Mailand vor, das zusammen mit seinem Bruder, «Kommis von Herrn Jenkins, eines jungen Mannes der wegen Fertigkeit und Redlichkeit bei seinem Prinzipal in großer Gunst stand», in der Villa weilt. Goethe deutet an, daß die Römerin eine Freundin der Mailänderin ist und sich aufgrund dieser Freundschaft in Castelgandolfo aufhält. Jenkins lud, so scheint es, zunächst seinen Commis und dessen Schwester in die Villa ein, worauf die Mailänderin dann ihre römische Freundin und ihre Mutter nach Castelgandolfo nachholte. Goethe ist entzückt von den beiden hübschen Mädchen. Er beschreibt ausführlich ihre körperlichen wie geistigen Vorzüge, um dem Leser ihre Schönheit zu veranschaulichen.

In der Villa voller Leute bewirtet der Gastgeber seine Gäste mit wahrhaft römischer Großzügigkeit und unterhält sie zwischen den Mahlzeiten mit Ausflügen und Spaziergängen, mit Zerstreuungen und Gesellschaftsspielen aller Art. Hingerissen von der Grazie der beiden jungen Schönen, nimmt Goethe an diesem Treiben lebhaft Anteil und verschmäht es auch nicht, mit den beiden Lotto zu spielen. Dabei macht er zuerst mit der Römerin, dann mit der Mailänderin gemeinsame Kasse. Dieser Partnerwechsel beim Spiel mißfällt jedoch der Mutter der jungen Römerin. Sie weist den unvorsichtigen Fremden darauf hin, daß es nach römischer Sitte nicht erlaubt sei, öffentlich zwei Mädchen gleichzeitig den Hof zu machen, denn der zuerst Hofierten werde auf diese Weise Unrecht zugefügt. Es ist die gereizte Vorhaltung einer wachsamen Mutter, die ihrer Tochter einen reichen Milord zu verschaffen hofft und zu verhindern sucht, daß der Bewerber zur Freundin abspringt. Goethe entschuldigt sich für seine Unkenntnis römischer Gepflogenheiten, dem Leser aber gibt er zu verstehen, daß die Mutter ihn wegen ihrer kaum verhüllten Heiratspläne sehr beunruhigte.

Die beiden Mädchen werden in der Tat von Goethe als die typischen Heiratskandidatinnen beschrieben. Es ist undenkbar, mit ihnen Liebesbeziehungen anzuknüpfen, die nicht gleich auf Ehe hinausliefen. Ungeachtet dieser Gefahr, die Goethe «unter diesen schmeichelhaften Zügen» wittert, schlägt die Mailänderin dennoch eine große Bresche in sein Herz. Die Gelegenheit zu näherem Kontakt ist pädagogischer Natur. Das Mädchen beklagt sich bei Goethe, kein Englisch zu können, weil den Mädchen, wie sie protestiert, eine angemessene Erziehung vorenthalten werde, denn man fürchte, daß sie ihr Wissen zu falschen Zwecken mißbrauchten – etwa um Liebesbriefe zu schreiben. Goethe bietet sich sofort an, mit Hilfe der englischen Zeitungen, die auf dem Tisch liegen, Englischunterricht zu geben. Kurzum, aus der gegenseitigen Sympathie wird eine Liebesidylle. Die Ernüchterung kommt jedoch bald. Die Mutter der jungen Römerin stellt es an, daß Goethe «ganz zufällig» erfährt, daß die Mailänderin verlobt ist und die Verhandlungen über den Ehevertrag schon weit fortgeschritten sind; die Aussteuer des Mädchens gibt den Frauen in der Villa reichlich Stoff für ihre Gespräche. Dies alles veranlaßt Goethe, sein Werben aufzugeben und die Englischlektionen einzustellen, die seinen Zwecken so förderlich waren. Er richtet es ein, daß er das Mädchen nur noch in Gegenwart anderer trifft, um jeder Gelegenheit zur Intimität aus dem Weg zu gehen. Zu seiner Rechtfertigung führt er an, er habe auf diese Weise «ein wertherartiges Schicksal» vermeiden wollen, ein Los, das ihn sogar in Rom noch verfolgt habe.

Die Geschichte war zu schön, um sie so enden zu lassen. Eine Fortsetzung mußte her. Sie findet sich in den Berichten über den Dezember 1787 und die Monate Februar und April 1788. Nach Rom zurückgekehrt, geht Goethe aufs neue seinen gewohnten Beschäftigungen nach. Erst im Dezember hört er wieder von der schönen Mailänderin. Er erfährt, daß ihr Verlobter Abstand von der Heirat genommen hat und sich alle Ehepläne verflüchtigt haben. Für das Mädchen ist dies eine so harte Enttäuschung, daß es schwer erkrankt. Goethe sorgt sich um die Kranke, fragt jeden Tag nach ihrem Ergehen und beruhigt sich erst, nachdem er weiß, daß sie genesen ist. Später dann, im Februar, begegnet er ihr während des Karnevals. Sie sitzt in der Kutsche seiner Freundin Angelika Kauffmann, mit der sie sich in der Zwischenzeit angefreundet hat, und dankt ihm bei diesem Zusammentreffen mit warmen Worten für die bezeugte Anteilnahme während ihrer Krankheit. Die letzte Begegnung findet kurz vor der Abreise aus Rom statt, als Goethe ihr einen Abschiedsbesuch in ihrer Wohnung beim Ripetta-Hafen abstattet. Obwohl ihm bekannt ist, daß das Mädchen jetzt im Salon von Angelika Kauffmann verkehrt, wo ein junger Mann mit ernsthaften Heiratsabsichten um es wirbt, kommt es zu einem sehr zärtlichen Adieu. Die Situation ist also die gleiche wie zu Beginn der Geschichte: Die schöne Mailänderin hat wieder einen Verehrer, der sie heiraten möchte, während der Dichter die Rolle des störenden Dritten spielt, der beiseite treten muß, um dem Paar die Vereinigung in der Ehe zu ermöglichen. Der Abschied wird dem wiederauferstandenen Werther jedoch versüßt durch ein «wunderbares, zufällig eingeleitetes, durch innern Drang abgenötigtes lakonisches Schlußbekenntnis der unschuldigsten und zartesten wechselseitigen Gewogenheit».[55]

Das Mädchen, das er in Castelgandolfo kennengelernt hatte, erinnerte den alten Dichter also an eine noch weiter zurückliegende Frauengestalt, an die Lotte Buff seiner Jugendjahre und damit an den Roman, der aus der unglücklichen Liebe zu ihr entstanden war. Das Dreiecksschema, bei dem das Mädchen schwankt zwischen der Neigung zu einem Fremden und dem Wort, das es dem Verlobten gegeben hat, faszinierte Goethe immer noch. So übernahm er es aus dem *Werther* in die *Italienische Reise* und gestaltete nach diesem Vorbild sein Erlebnis in Castelgandolfo. Man muß Horst Rüdiger zustimmen, wenn er die Geschichte von der schönen Mailänderin als eine Novelle bezeichnet, die in die *Italienischen Reise* eingefügt sei[56]. Mit ihrer Hilfe konnte Goethe den Bericht über seinen zweiten römischen Aufenthalt ganz autobiographisch mit einer schönen Liebesgeschichte enden lassen. Am 24. Februar 1829, als die Redaktion des dritten Teiles der *Italienischen Reise* schon weit fortgeschritten war, schickte Goethe einige bereits fertige Teile seinem Mitarbeiter Friedrich Wilhelm Riemer zur Durchsicht, unter ihnen auch die Geschichte von der schönen Mailänderin. Dazu schrieb er folgende Worte: «Mögen Sie Beykommendes, mein Werthester, zu guter Stunde durchlesen und das Nöthige dabey bemerken, so würde unsere nächste Conferenz desto besser gefördert werden. Wollten Sie zugleich das artige Liebesgeschichtchen der guten Frau mit meinen schönsten Grüßen mittheilen, so wird es ihr wohl ein angenehmes Viertel Stündchen machen.»[57] Ein «artiges», das heißt sittsames Geschichtchen, dargereicht vom Autor selbst mit den besten Empfehlungen, das auch Frau Riemer problemlos lesen konnte. Mit Maddalena Riggi war es ja sehr keusch zugegangen, und Goethe konnte sich in dieser Geschichte noch einmal in der Gestalt des unglücklichen, zum Verzicht gezwungenen Liebenden zeigen, mit der er schon im *Werther* so großen Erfolg gehabt hatte. Daß Goethe der literarischen Gattung der Novelle auch in formaler Hinsicht treu blieb, erscheint um so überzeugender, wenn man bedenkt, daß er, wie der Brief an Riemer bezeugt, die Geschichte als ein Ganzes konzipiert hatte. Erst später verteilte er sie auf die verschiedenen Monatsberichte, wie sich aus zu verschiedenen Zeiten der Redaktion des «Zweiten römischen Aufenthaltes» angefertigten Entwürfen ersehen läßt.[58]

Erstaunlich an der «Novelle» von der schönen Mailänderin, der zweifellos römische Erlebnisse zugrunde liegen, ist nicht so sehr die Erfindung an sich. Die Phantasie des Dichters kannte ja keine Grenzen, und Goethe selbst schrieb bezeichnenderweise am 21. Mai 1828 an Zelter, er habe angefangen, «das Märchen meines Zweyten Aufenthalts in Rom zu dictiren».[59] Diese Aussage ist natürlich sehr aufschlußreich in bezug auf das, was er in der als autobiographisches Werk ausgegebenen *Italienischen Reise* zu erzählen gedachte. Aber es fällt doch auf, daß die Geschichte von der schönen Mailänderin eine ganze Reihe von Einzelheiten enthält, die dem realen Leben entnommen sind und hier und da in die Geschichte eingestreut werden, um ihr den Anschein der Wirklichkeit zu geben. So legte Goethe zum Beispiel Wert darauf zu präzisieren, daß die Villa in Castelgandolfo einst der «Wohnsitz des Jesuitengenerals» gewesen sei. Dies entsprach den Tatsachen, denn die Villa war 1773 nach der Aufhebung des Ordens den Jesuiten enteignet und von der apostolischen Kammer an den römischen Konditor Lorenzo Marselli verkauft worden, der sie an Jenkins vermietete.[60] Goethe siedelte in dieser Villa auch die Unterhaltung zwischen einigen römischen Matronen über die Aussteuer der schönen

Mailänderin an, eine Aussteuer, auf die Maddalena in der Tat stolz sein konnte, denn sie enthielt viele wertvolle Wäschestücke, wie das lange Inventar, das darüber aufgesetzt wurde, bestätigt.[61] Noch viele andere Details, die in der Dokumentation der Zeit ihre Entsprechung finden, ließen sich anführen. Aber wir wollen hier nur festhalten, daß Wirklichkeit und Fiktion so meisterhaft verwoben sind, daß das, was Thomas Mann über den *Werther* schreibt, ebenso für die Geschichte von der schönen Mailänderin gelten kann. Goethe gelang es auch hier, «Wirklichkeit und Erfindung mit jener gefährlichen Kunst zu vermischen, die sich darauf versteht, dem Wirklichen eine poetische Gestalt zu geben und dem Erfundenen den Stempel des Wirklichen zu verleihen, so daß der Unterschied zwischen beiden tatsächlich aufgehoben und eingeebnet erscheint.»[62]

Das Rätsel Faustine

In der Einleitung zu seinem großen autobiographischen Werk, dem er den Titel *Aus meinem Leben. Dichtung und Wahrheit* gab, schreibt Goethe, ein Freund habe ihn gebeten, sein Leben darzustellen, um seinen Lesern das Verständnis seiner Werke zu erleichtern. Zu diesem Zwecke solle er, so lautete der Wunsch des fiktiven Freundes, die «Lebens- und Gemütszustände» und die «Beispiele», die auf ihn eingewirkt und den Stoff zu seinen Werken geliefert hätten, sowie auch die «theoretischen Grundsätze», denen er gefolgt sei, erläutern.[1] Beschränken wir uns hier auf den ersten Punkt, die «Lebens- und Gemütszustände»: Der Autor, dessen Werke der Freund besser verstehen wollte, war vor allem ein Poet, und bekanntlich wächst die Poesie seit eh und je am besten auf dem Nährboden der Liebe. Interessant mußten für die Leser deshalb vor allem die Beziehungen zu den Mädchen und Frauen sein, die er geliebt hatte und von denen seine Gedichte, Romane und anderen Werke inspiriert worden waren. Goethe erfüllte gerne den Wunsch seines imaginären Freundes und erzählte in seiner Autobiographie detailreich von allen Liebesbeziehungen seiner Jugend. In *Dichtung und Wahrheit* beschreibt Goethe sein Leben aber nur bis zu dem Augenblick, als Herzog Carl August ihn an seinen Hof nach Weimar berief, wo er den Rest seines langen Lebens verbrachte. Seine Liebe zu Charlotte von Stein blieb also unerwähnt. Von dieser legen aber die fast zweitausend Briefe Zeugnis ab, die Goethe der Geliebten während ihrer Beziehung schrieb. Goethe hob diese Briefe mit geradezu religiöser Sorgfalt in der Gewißheit auf, daß sie eines Tages gedruckt werden würden, Auch viele andere Briefe, die sich auf die in *Dichtung und Wahrheit* erwähnten Liebesverhältnisse beziehen, sind erhalten, so daß wir über sie, ganz wie es in Goethes Absicht lag, gut informiert sind.

Auch die *Italienische Reise* verstand Goethe als ein autobiographisches Werk. In diesem Falle hielt er sich jedoch nicht an das im Vorwort zu *Dichtung und Wahrheit* ausgesprochene Prinzip. Über Faustine, die Frau, die er in den *Römischen Elegien* besingt, erfahren wir in der *Italienischen Reise* nichts. Faustine wird in den Elegien als eine junge römische Witwe mit einem kleinen Kind beschrieben, die mit ihrer Mutter und dem Onkel, einem Winzer, zusammenlebt. Das leidenschaftliche Liebesverhältnis des Dichters mit dieser Frau bildet den Stoff der *Römischen Elegien*.

Aus Goethes Briefwechsel geht hervor, daß er die *Römischen Elegien* im Herbst 1788 zu schreiben begann und im Frühjahr 1790 vollendete. Aber weder in den zahlreichen Briefen, die ihre Entstehung begleiteten, noch in jenen, die er aus Rom nach Deutschland schrieb, erwähnte er je die Frau, die sie inspiriert hatte.[2] Dafür hatte er gute Gründe, wie sich noch zeigen wird. Im Laufe der Arbeit daran gab Goethe die Elegien seinen Freunden zu lesen, und als er letzte Hand an sie legte, schrieb er am 1. Januar 1791 an Knebel, daß Herder ihm von der Veröffentlichung abgeraten habe: «Die Büchlein Elegien und Epigramme habe ich auch so ziemlich gefaltet und gelegt. Auch war ich nicht abgeneigt die ersten herauszugeben. Herder widerrieth mirs und ich habe blindlichs gefolgt.»[3] Der erotische Inhalt der Elegien hätte mit Sicherheit einen Skandal erregt, und so zögerte Goethe noch einige Jahre, bevor er beschloß, sie dennoch zu publizieren.

Im September 1794 las er die Elegien seinem neuen Freund Friedrich Schiller vor, der in diesen Jahren bei Goethe die Stellung übernahm, die Herder bisher eingenommen hatte. In den Tagen 14.–20. September berichtete Schiller seiner Frau Charlotte, die wie Caroline Herder am intellektuellen Leben ihres Mannes lebhaften Anteil nahm, von dieser Lektüre: «Vor einigen Tagen waren wir von halb zwölf Uhr, wo ich angezogen war, bis nachts um elf Uhr ununterbrochen beisammen. Er las mir seine Elegien, die zwar schlüpfrig und nicht sehr dezent sind, aber zu den besten Sachen gehöhren, die er gemacht hat.»[4] Am Ende heißer Diskussionen wurde beschlossen, die Elegien in der von Schiller herausgegebenen Zeitschrift «Die Horen» zu publizieren. Aber es gab viel weiteres Hin und Her, bevor man sich über die endgültige Gestalt des Werks einigte. Schiller war von der außerordentlichen literarischen Qualität der Elegien überzeugt und wollte sie unter allen Umständen veröffentlichen. Er fürchtete aber andererseits den Skandal, den die erotischen Gewagtheiten des Textes unweigerlich provozieren würden. So versuchte er in langen Verhandlungen mit Goethe, beide Erfordernisse irgendwie zu versöhnen. Er schlug Zensuren vor oder veranlaßte mit seinen Argumenten den Autor, selbst Änderungen vorzunehmen. Goethe zog am Ende zwei Elegien ganz zurück (die Nummern II und XVI in der ursprünglichen Anordnung[5]), weil er die vorgeschlagenen Streichungen nicht akzeptieren wollte. In diesem Sinne schrieb er Schiller am 12. Mai 1795 aus Weimar nach Jena: «Mit den Elegien wird nicht viel zu tun sein, als daß man die 2te und die 16te wegläßt: denn ihr verstümmeltes Ansehn wird auffallend sein, wenn man statt der anstößigen Stellen nicht etwas Kurrenteres hinein restaurierte, wozu ich mich aber ganz und gar ungeschickt fühle.» Schiller antwortete bedauernd am 15. Mai: «Freilich verliere ich die ganze zweite Elegie sehr ungern. Ich hätte geglaubt, daß selbst die sichtbare Unvollständigkeit derselben keinen Schaden bei dem Leser tun würde, weil man leicht darauf verfallen kann, eine absichtliche Retizenz darunter zu mutmaßen. Übrigens kann man ja der

Schamhaftigkeit, die von einem Journal gefordert wird, dieses Opfer bringen, da Sie in einigen Jahren, wenn Sie die Elegien besonders sammeln, alles was jetzt gestrichen wird, wieder herstellen können.»[6] Von der 16. Elegie, die dem besonders heiklen Thema der Geschlechtskrankheiten gewidmet war, sprach Schiller überhaupt nicht (die beiden zensierten Elegien kamen erst nach mehr als einem Jahrhundert wieder ans Licht, als sie 1914 zum ersten Mal gedruckt wurden[7]). Das Manuskript wanderte noch mehrere Male zwischen Weimar und Jena hin und her, bis man sich auf die endgültige Fassung geeinigt hatte.[8]

Das Heft der «Horen» mit den Elegien erschien Anfang Juli 1795, und am 20. Juli schrieb Schiller an Goethe, daß bis jetzt noch niemand Anstoß genommen habe, doch setzte er vorsichtig hinzu: «die eigentlich gefürchteten Gerichtshöfe haben freilich noch nicht gesprochen.»[9] Das war nicht ganz richtig. Schon am 9. Juli hatte Herzog Carl August sofort nach dem Erhalt des Heftes Schiller seine Einwände ausgedrückt, indem er ihm schrieb: «Für die überschickten ‹Horen› sage ich den verbindlichsten Dank. Die ‹Elegien› hatten mir sehr wohlgefallen, da sie mir der Autor vorlas oder hererzählte; indessen glaubte ich immer, er würde sie noch etwas liegen lassen, ehe er sie öffentlich erscheinen ließ. Wenn sie vor dem Druck in die Hände mehrerer Freunde gegeben worden, so würde man vielleicht den Autor vermocht haben, einige zu rüstige Gedanken, die er wörtlich ausgedrückt hat, bloß erraten zu lassen; andere unter geschmeidigeren Wendungen mitzuteilen, noch andere ganz zu unterdrücken.» Sehr viel heftiger war die Reaktion Herders, von der der Weimarer Gymnasialdirektor Carl August Böttiger seinem Freund Friedrich Schulz in einem Brief vom 27. Juli berichtete: «Zu den merkwürdigsten Erscheinungen an unserm literarischen Himmel», schrieb er, «gehören Goethes ‹Elegien› im 6. Stück der ‹Horen›. Es brennt eine genialische Dichterglut darinnen, und sie stehn in unserer Literatur einzig. Aber alle ehrbaren Frauen sind empört über die bordellmäßige Nacktheit. Herder sagte sehr schön: er habe der Frechheit ein kaiserliches Insiegel aufgedrückt. Die ‹Horen› müßten nun mit u gedruckt werden.»

Natürlich wollte man nun auch sofort wissen, wer das römische Mädchen war, das die Elegien inspiriert hatte. In Berlin vermutete man, daß Schiller darüber informiert sei, denn Wilhelm von Humboldt schrieb ihm zwischen Juli und August: «Außerdem ... erzählt nun die eine, ... daß er ihnen die einzelnen Gelegenheiten erzählt habe, die ihn zu den Elegien veranlaßt, namentlich die zu dem Vers: und der Barbar beherrscht römischen Busen und Leib!»[10] Dies dürfte wohl kaum der Fall gewesen sein; jedenfalls aber weitete sich der Skandal aus und machte nach und nach die Runde in allen literarischen Kreisen Deutschlands. Mit freundschaftlichem Zartgefühl versuchte Schiller, Goethe dies soweit wie möglich zu verbergen, doch konnte dieser über die Reaktionen kaum im unklaren bleiben. Das Echo auf die *Römischen Elegien* verstummte auch im neuen Jahrhundert nicht und begleitete Goethe bis an sein Lebensende. 1829 erhielt er aus Rom einen Brief König Ludwigs I. von Bayern, der ihn um Auskunft über das römische Liebeserlebnis bat. Goethe kommentierte dieses Gesuch am 8. April etwas verärgert in einem Gespräch mit Eckermann. Über den Bayernkönig sagte er: «Die Elegien liebt er besonders; er hat mich hier viel damit geplagt, ich sollte ihm sagen, was an dem Faktum sei, weil es in den Gedichten so anmutig erscheint, als wäre wirklich was Rechtes daran gewesen. Man bedenkt aber selten, daß der Poet meistens aus geringen Anlässen was Gutes zu machen weiß.»[11] Goethe neigte in seinen letzten Lebensjahren dazu, die Bedeutung der römischen Erlebnisse für die Entstehung der Elegien herunterzuspielen, und sah es nicht gern, daß man darüber redete.

Goethe hütete das Geheimnis so sorgsam, daß sogar die historische Existenz der Faustine bezweifelt worden ist. Noch vor kurzem wurde die Meinung vertreten, daß die *Römischen Elegien* als ein ganz allgemeines Preislied auf die Liebe anzusehen seien, ohne daß ein Zusammenhang mit einer konkreten Frau bestehe.[12] Ein englischer Gelehrter ist dagegen in seiner noch unvollendeten, monumentalen Goethe-Biographie für die historische Existenz der römischen Geliebten eingetreten.[13] Er schreibt, daß Goethe 1788 während des Karnevals eine junge Witwe von vierundzwanzig Jahren namens Faustina kennengelernt habe, die mit einem dreijährigen Kind im Haus ihres Vaters, der eine Osteria betrieb, lebte. Zu dieser Auffassung führten ihn verschiedene Veröffentlichungen, die letztlich aber alle auf eine Studie des römischen Journalisten Antonio Valeri zurückgehen, der unter dem Pseudonym Carletta publizierte.[14] Dieser hatte 1899 einige Auszüge aus römischen Kirchbüchern veröffentlicht, aus welchen hervorging, daß eine Faustina Di Giovanni im März 1784 einen gewissen Domenico Antonini heiratete, der schon im August darauf verstarb. Allein aufgrund ihres Vornamens identifizierte Valeri kurzerhand diese römische Faustina mit der Faustine der *Römischen Elegien.* Eine Überprüfung dieser Dokumente im Archiv hat jedoch ergeben, daß Valeri seine Quellen fälschte. Nach dem Totenbuch der zuständigen Pfarrei für das Jahr 1784, das er zitiert, starb nicht Faustinas Ehemann, sondern Faustina selbst.[15] Die angebliche Geliebte war also schon mehr als zwei Jahre tot, als Goethe nach Rom kam. Die Zweifel über die historische Existenz der in den *Römischen Elegien* besungenen Frau bestehen also weiter. Schon ihr Name ist eine Untersuchung wert. Es ist schon oft darüber diskutiert worden, welche Bedeutung er habe. Zu überzeugenden Resultaten hat dies bis jetzt nicht geführt.

Der Name Faustina begegnet zum ersten Mal im *Reise-*

tagebuch für Frau von Stein. Unter dem Datum 4. Oktober 1786 verzeichnete Goethe in Venedig einen Besuch der Sammlung Farsetti, wo er den Gipsabdruck eines Fragments vom Fries und Gesims des Antoninus und Faustina-Tempels in Rom bewundert hatte. Er versprach, eine Zeichnung davon nach Weimar zu schicken, was er auch tat.[16] Später sah er in Rom das Original auf dem Forum und ließ von Tischbein die Säulen des Tempels zeichnen.[17] In der fünfzehnten *Römischen Elegie*[18] zitiert Goethe die Vita Kaiser Hadrians, die erste Lebensbeschreibung in der *Historia Augusta*. An dritter Stelle folgt auf diese das Leben des Kaisers Antoninus Pius, in welcher im dritten Paragraphen auch von Faustina, seiner Gemahlin, und ihrer «übermäßigen Freiheit der Sitten» erzählt wird. Der Name Faustina war also eine Art Programm, denn er repräsentierte treffend die sexuelle Freiheit, die die antiken Römerinnen, ja selbst die Frau des Kaisers, der höchsten Autorität im Staate, trotz der Ehe genossen hatten. Er stellte auf diese Weise eine Verbindung zwischen den Frauen des antiken und des modernen Roms her, deren Gemeinsamkeit die Sittenfreiheit war. Alle *Römischen Elegien* beschwören diese Kontinuität zwischen dem antiken und dem modernen Rom. Bereits in der ersten Elegie wird dieser enge Zusammenhang, wie wir schon sahen, evoziert, ein Zusammenhang, der nicht nur von den Ruinen, sondern auch und vor allem von der Liebe gestiftet wird.[19]

Während seines zweiten Aufenthalts in Venedig im Jahre 1790 schrieb Goethe am 3. April zwei Briefe an Herzog Carl August und an Herder, in denen er mitteilte, daß er die *Römischen Elegien* abgeschlossen habe.[20] Am Tag darauf vermerkte Goethes Diener Paul Goetze in seinem Tagebuch einen Besuch in der Sammlung Farsetti, während Goethe selbst in einer Notiz über die Dinge, die ihn in Venedig interessiert hatten, «Gyps Abgüsse casa Falsetti»[21] nannte. Er besichtigte demnach in Venedig aufs neue diese Sammlung, wo ihn die Abgüsse vom Antoninus und Faustina-Tempel wieder an den Namen und das Leben der Kaiserin Faustina erinnern mußten.

Tatsache ist, daß der Name Faustina, der in den Elegien nur ein einziges Mal genannt wird – nämlich in Elegie XVIII –, erst nach der Vollendung aller Gedichte, das heißt nach diesem zweiten Aufenthalt in Venedig, eingefügt wurde. Er erscheint zum ersten Mal in einer der beiden erhaltenen Handschriften mit dem vollständigen Text der *Römischen Elegien*. Am 1. Januar 1791 berichtete Goethe dem Freund Knebel, daß er mit der Durchsicht dieser Handschrift gerade fertig geworden sei. Ein Blick in diese Handschrift zeigt, daß der Name Faustine hier die Worte «mein Mädchen» ersetzt, die durchgestrichen wurden.[22] Auch der Umstand, daß Goethe die römische Geliebte in den *Venezianischen Epigrammen* nennt, stimmt mit diesem Befund überein. Er gedenkt ihrer im vierten Epigramm und beklagt ihre Abwesenheit:

«Schön ist das Land, doch ach!, Faustinen find' ich nicht wieder,

Das ist Italien nicht mehr, das ich mit Schmerzen verließ.»[23]

Wenn wir also bedenken, daß die *Venezianischen Epigramme* 1790 in Venedig entstanden, wo ihn die Gipsabgüsse in der Sammlung Farsetti wieder an die römische Geliebte erinnerten, dann dürfen wir schließen, daß Goethe erst nach reiflicher Überlegung und nach der Vollendung aller *Römischen Elegien* beschloß, den Namen Faustine einzufügen. Er wählte ihn, so dürfen wir vermuten, nicht zufällig, sondern wegen seines symbolischen Gehalts.

Man muß wissen, daß Faustine zur Zeit von Goethes Romaufenthalt ein beliebter römischer Frauenname war. In den «Stati d'anime» von S. Maria del Popolo, der Pfarrei, zu der Goethes Wohnung gehörte, lassen sich für jene Zeit sieben Frauen mit diesem Namen zählen – sieben

Frauen, die in Goethes engster Nachbarschaft wohnten.[24] Wer weiß, wie oft Goethe «Faustina» rufen hörte, wenn er am Fenster stand oder zum Mittagessen nach Hause zurückkehrte. Der Name hatte ihm sicher oft in den Ohren geklungen und sich ihm eingeprägt. Jedoch gibt es keinen Anhaltspunkt dafür, daß die von Goethe in Rom geliebte und in den *Römischen Elegien* besungene Frau auch im Leben Faustina hieß. Ganz im Gegenteil gibt es gute Gründe, dies auszuschließen. Die Liebesbeziehung, die sich mit diesem Namen verband, lag 1795, als die *Römischen Elegien* im Druck erschienen, erst sieben Jahre zurück. Es war zu befürchten, daß die Deutschen in Rom versuchen würden, mit Hilfe des Namens die römische Geliebte des Dichters aufzustöbern, und, wer weiß, vielleicht hätten sie sie sogar gefunden. Ein ungeheurer Klatsch hätte sich dann über ganz Deutschland ergossen und auch Weimar überschwemmt. Der Name ist also eine Spur, die zur Identifizierung der realen Frau nicht taugt. Wir wollen deshalb einen anderen Weg einschlagen, um Indizien für die historische Existenz der in der *Römischen Elegien* besungenen Geliebten zu finden.

In einem Antwortbrief vom 16. Februar 1788 an Herzog Carl August, der ihm am 10. Januar aus Mainz geschrieben hatte, teilte Goethe seinem Brotherrn mit, daß er Ende Januar ein Verhältnis mit einer römischen Frau angefangen habe: «Sie schreiben so überzeugend, daß man ein cervello tosto sein müßte, um nicht in den süßen Blumen Garten gelockt zu werden. Es scheint, daß Ihre gute Gedancken unterm 22. Januar unmittelbar nach Rom gewürckt haben, denn ich könnte schon von einigen anmuthigen Spazirgängen erzählen. So viel ist gewiß und haben sie, als ein Doctor longe experientissimus, vollkommen recht, daß eine dergleichen mäßige Bewegung das Gemüth erfrischt und den Körper in ein köstliches Gleichgewicht bringt. Wie ich solches in meinem Leben mehr als einmal erfahren, dagegen auch die Unbequemlichkeit gespürt habe, wenn ich mich von dem breiten Wege, auf dem engen Pfad der Enthaltsamkeit und Sicherheit einleiten wollte.»[25] Die Terminologie ist sehr euphemistisch, der Sinn der Worte aber eindeutig. «Spaziergang» und «Garten» waren, wie nachgewiesen worden ist, geläufige sexuelle Metaphern.[26] Der Dichter schrieb, er habe die Abstinenz aufgegeben, die ihn vor Ansteckung mit Geschlechtskrankheiten bewahrt hatte, womit er sich ganz offensichtlich auf den Brief bezog, auf den er antwortete. In diesem Brief hatte der Herzog Goethe aus Mainz mitgeteilt, daß er soeben von einer solchen Krankheit, die er sich in Holland zugezogen hatte, genesen sei. Der herzogliche Brief vom 10. Januar 1788 ist nicht erhalten, aber sein Inhalt, der auch von anderen Zeugnissen bestätigt wird,[27] läßt sich aus Goethes Antwort leicht erschließen. Auch in Rom war es leicht, sich bei Dirnen anzustecken, wie der Fall von Adrian Gilles Camper, dem Sohn des berühmten holländischen Anatomen Petrus Camper, beweist. Im Brief vom 29. Dezember 1787 hatte Goethe Carl August die Ankunft des jungen Camper in Rom gemeldet, wo dieser dann einmal bei einer geselligen Gelegenheit die väterlichen Lehren den deutschen Freunden erläuterte.[28] In einem wahrscheinlich 1790 in Venedig geschriebenen Epigramm, das wegen seines erotischen Inhalts erst postum veröffentlicht wurde, erinnert Goethe scherzhaft daran, wie sich der junge Holländer einen in der ewigen Stadt zugezogenen Tripper mit Quecksilber behandeln lassen mußte:

«Camper der jüngere trug in Rom die Lehre des Vaters
Von den Tieren uns vor wie die Natur sie erschuf,
Bäuche nahm und gab, dann Hälse, Pfoten und Schwänze.

Alles gebrochenes Deutsch so wie geerbter Begriff.
Endlich sagt er: ‹Vierfüßiges Tier wir haben's
   vollendet
Und es bleibet uns nur, Freunde, das Vöglen
   zurück!›
Armer Camper du hast ihn gebüßt den Irrtum der
   Sprache,
Denn acht Tage darnach lagst du und schlucktest
   Merkur.»[29]

Mit der Anspielung auf die Ansteckungsgefahr wollte Goethe sich auf gewisse Weise mit dem Herzog solidarisch zeigen und ihn trösten. Aber hatten die «anmutigen Spaziergänge», von denen er schrieb, wirklich den Sinn von gelegentlichen sexuellen Beziehungen, wie er sie sich selbst im Januar 1787 zum Preis von einem Scudo gegönnt hatte? Die 18. Elegie[30] schließt dies entschieden aus, aber was sagen unsere Dokumente dazu?

In einem weiteren Brief an den Herzog vom 17. März 1788 spielte Goethe noch einmal auf dieses Verhältnis an, denn er schrieb: «Diese Woche geht im Taumel vorüber, man muß mit dem Strome fortziehen. Sobald uns der dritte Feyertag erschienen ist, mache ich ernstliche Anstalt zur Abreise. Ich erwarte noch einiges von Neapel, habe für mich und andre mancherley in Ordnung zu setzen, sovielerley Fäden abzulösen, die sich dieses Jahr angesponnen und seit Ihrem Maynzer Briefe sich mit einiger Sicherheit fester geknüpft haben. Alles übersehen, glaube ich Ende Aprils gewiß in Florenz zu sein.»[31] Mit der Erwähnung des herzoglichen Schreibens aus Mainz wollte Goethe zweifellos an seinen Antwortbrief vom 16. Februar erinnern, in dem er den Beginn des Verhältnisses gemeldet hatte. Dieser zweite Brief stellt also diese Beziehung in einen ganz anderen Zusammenhang. Goethe schreibt von Fäden, die sich in den drei vergangenen Monaten fester geknüpft hatten. Dies genügt, um das Verhältnis auf eine ganz andere Ebene zu stellen; es kann sich dabei unmöglich nur um gelegentliche sexuelle Beziehungen gehandelt haben. Das Verhältnis wird als ein festes und kontinuierliches dargestellt und scheint auch sein Gefühl so tief berührt zu haben, daß er es nur mit großer Mühe auflösen kann.

Nur diese beiden Briefe an den Herzog, Goethes damaligen einzigen Vertrauten in Liebesdingen, enthalten, wenn auch nur andeutend und verschlüsselt, Hinweise auf das Verhältnis zu einer römischen Frau, deren Namen jedoch nicht genannt wird. Als Herder sich Ende Juli 1788 zur Reise nach Italien anschickte, bat er Goethe um die Abschrift seiner italienischen Reisetagebücher. Goethe lehnte ab mit der Begründung, daß es seine Absicht sei, sie zu verbrennen. Er schrieb ihm wörtlich: «Die Abschrift meines Reise Journals gäbe ich höchst ungerne aus Händen, meine Absicht war, sie ins Feuer zu werfen. Ich weiß schon wie es geht. So was sieht immer noch einer und wieder einer, es wird noch einmal abgeschrieben und endlich habe ich den Verdruß, diese Pudenda irgendwo gedruckt zu sehn. Denn es ist im Grunde sehr dummes Zeug, das mich jetzt anstinckt. Du kannst sie nirgends brauchen als in Verona. Auf dem Rückwege würde sie dir fatal seyn und ich bin in Unruhe wenn ich das Zeug auf Reisen weiß. Es ist nicht Knauserey sondern redliche Scham daß ich die Blätter nicht hergeben mag.»[32] Das Wort Pudenda pflegte die intimsten Dinge zu bezeichnen, und Goethe benutzte es im Brief an Herder sicher nicht zufällig. Tatsächlich verbrannte er alle seine persönlichen Reisenotizen wie auch verschiedene Briefe, wenn auch erst nach der Vollendung der *Italienischen Reise* im Jahre 1829. Solche Scheiterhaufen waren für Goethe nicht ungewöhnlich, denn er verbrannte auch andere Zeugnisse seines privaten Lebens. Das Tabu der Sexualität war in Deutschland noch so stark, daß Goethe den Inquisitor für sich selbst spielen mußte. In den *Römischen Elegien* nahm die Poesie jedoch Revanche, denn sie machte es möglich, von Sexualität zu sprechen. Der Preis dafür war allerdings hoch.

Einige Zeugnisse für die Lebensumstände, die die *Elegien* inspiriert hatten, hielt Goethe dagegen wohl für unverfänglich. Dem Feuer entgingen ein paar römische Papiere wie zum Beispiel die monatlichen Aufstellungen über verzehrte Speisen von Sante Collina, die uns oben schon so manchen nützlichen Einblick in Goethes Leben in Rom gewährt haben. Wir können bei näherer Untersuchung in diesen Aufstellungen auch einige Indizien für das im Brief an Herzog Carl August angedeutete römische Verhältnis entdecken, trotz aller Anstrengungen Goethes, es geheimzuhalten. Auf Collinas Rechnungen sind in chronologischer Reihenfolge alle von den Pensionsgästen verzehrten Mahlzeiten registriert, wobei der Preis der einzelnen Speisen oft mit angegeben wird. Zu Beginn jeder Monatsliste schrieb Collina die Namen der festen Pensionsgäste und registrierte auch gelegentliche Gäste derselben. Frühstück, Mittag- und Abendessen führte er gesondert auf.

Aus diesen Dokumenten geht deutlich hervor, daß Collinas Pensionsgäste öfter Freunde und Bekannte zum Essen einluden. Nach Tischbeins Übersiedlung nach Neapel im Juli 1787 wohnten nur noch Goethe, Schütz und Bury in der Wohnung. Zu ihnen gesellten sich ab und zu zum Essen Personen, die Collina als «Gast» oder «ein anderer» verzeichnete, wenn er nicht einfachheitshalber statt der gewöhnlichen drei vier Esser aufschrieb. Nur von einem Gast, der von Schütz und Bury in Abwesenheit Goethes dreimal eingeladen wurde, registrierte er auch den Namen. Es handelte sich um den des Schweizer Kupferstechers Lips. Seinen Namen gab Collina am 18. Juli korrekt wieder, am 3. August verzerrte er ihn zu «Signor Siplis», während er ihn am 20. Februar einfach nur als den «Sguizzero», den Schweizer, bezeichnete.[33]

Seit dem 30. Oktober 1787 erhöhte sich die Zahl von Collinas Pensionsgästen wieder auf vier. Hinzugekommen war der Musiker Kayser, den Goethe mit dem Versprechen auf Unterkunft und Verpflegung nach Rom zu sich eingeladen hatte.[34] Auf Collinas Liste erscheint er den ganzen November über nur als «il forestiere», der Fremde. Erst im Dezember entschloß Collina sich, ihm einen Namen zu geben, merkwürdigerweise aber nicht den wahren. Kaysers Vorname war Philipp Christoph, aber auf der Liste erscheint er als «il Signor Allesandro» oder «Lesandro».[35] Goethe hatte offenbar darauf bestanden, daß Kayser sich anders nennen ließ, um keine Verwirrung zu stiften, da er ja selbst als Decknamen den Namen Filippo benutzte, mit dem er bei seinen Wirtsleuten und in der Nachbarschaft bekannt war. Statt auf Kaysers zweiten Vornamen Christoph auszuweichen, wurde diesem ein neuer angeheftet, so daß Kayser auch in den Genuß eines Inkognitos kam. Der Musiker wurde auch nicht in den «Stati d'anime» der Pfarrei registriert, an seiner Stelle erscheint 1788 immer noch Tischbein. Eingetragen wurde 1788 nur der Diener, den Goethe sich im Februar 1788 nahm, und zwar als «Carlo Pieck, servitore del signor Filippo Miller».[36] Mit diesem zusammen hatte Collina nun fünf Pensionsgäste, aber der vierte war nicht mehr Tischbein, sondern Kayser. Den Namen Tischbeins benötigte Goethe aber immer noch für seine Korrespondenz, und so wurde Kayser nicht angemeldet. Es sei angemerkt, daß Collina die Ausgaben für Wohnung und Verpflegung von Goethes Diener gesondert auswies.[37]

Wenn man die Aufstellungen Collinas insgesamt betrachtet, so entdeckt man, daß Goethe abends fast nie zu Hause speiste. Er nahm dort ziemlich regelmäßig Frühstück und Mittagessen ein, abends war er dagegen selten anwesend. Er zog es offenbar vor, des Abends in der Stadt herumzugehen und in den Osterien zu essen. Es scheint wahr zu sein, was er 1827 dem Maler Zahn gegenüber behauptete, daß er nämlich jede «Winkelschenke» Roms gekannt habe.[38] Als Kayser, sein alter Freund und Mitbürger aus Frankfurt, nach Rom kam, um einige Gedichte und Theaterstücke von ihm zu vertonen, machte er eine Ausnahme und aß am 30. und 31. Oktober und dann im November weitere neun Male (am 14., vom 16. bis zum 22. und am 30.) abends zu Hause.[39] Aber es scheint sich um Arbeitsessen gehandelt zu haben, denn sie waren von äußerster Frugalität geprägt. Im Haus Collina war die wichtigste Mahlzeit das Mittagessen, bei dem nach der Gemüsesuppe wenigstens zwei Fleischgerichte (vom Kalb und vom Rind, selten vom Schwein) serviert wurden, dazu als Beilage Gemüse je nach der Jahreszeit. Nicht selten erschienen auf der Tafel aber auch wahre Leckerbissen wie Wachteln und Hähnchen, Lerchen und Drosseln. Abends gab es dagegen gewöhnlich Sardellen oder Käse mit Salat. Korbflaschen mit rotem oder weißem Wein, entsprechend dem Gericht, fehlten dabei nie auf dem Tisch, und auch Obst gab es in Menge. Nach Kaysers Ankunft gebrauchte Collina immer die gleiche Formel. Wenn alle Pensionäre bei Tisch erschienen, vermerkte er in bezug auf Mittag- oder Abendessen: «tutti 4», alle vier. Kam ein Gast dazu, erhöhte er nur die Zahl von vier auf fünf.

Im Dezember 1787 wurde der übliche, schläfrige Rhythmus der Küche von einer Neuigkeit durcheinandergebracht. Eine fünfte Person begann mit einer Häufigkeit an den Mahlzeiten teilzunehmen, die im Hause Collina ungewohnt war. Zum ersten Mal erschien sie bei Tisch am 10. Dezember, mittags und abends. Am 17. kam sie nur zum Abendessen, am 25., Weihnachten, zum Mittagsmahl, am 27., 28. und 31., dem Silvesterabend, wieder zum Abendessen. Im Januar 1788 war sie noch häufiger dabei:

Mittags aß sie nur einmal mit (am 12. Januar), abends zwischen dem 7. und 28. Januar aber neunmal, und jedesmal war auch Goethe anwesend. Am 7. und am 15. Januar nahm noch eine sechste Person am Abendessen teil. Diese beiden Gäste waren, da sie zusammen eingeladen wurden, sicher Freunde, wenn nicht gar Verwandte. Dem Gastgeber, nämlich Goethe, waren diese Einladungen offenbar sehr wichtig, denn er bestellte bei Collina kräftigere Speisen als gewöhnlich. Statt wie üblich Sardellen und Käse erschienen nun abends gebratene Würste und Schweinekoteletts auf dem Tisch. Wenn auch Käse serviert wurde, dann handelte es sich, wie Collina eigens zu vermerken pflegte, um römischen Pecorino, eine sehr geschätzte und folglich teurere Käsesorte. Kamen die Gäste nicht, kehrte man gleich wieder zur gewohnten Frugalität zurück, und es gab aufs neue nur Sardellen, Käse und Salat. Im Februar änderten sich die Dinge nochmals: Der Gast wurde nur einmal zu Mittag und einmal abends eingeladen. Jedesmal war auch Goethe dabei, der jetzt aber wieder zu seiner alten Gewohnheit zurückkehrte, des Abends außerhalb zu speisen; nur zweimal blieb er in diesem Monat zu Hause. Für den März verzeichnete Collina auf seiner Rechnung die Zahl der Personen, die gegessen hatten, nicht, im April waren es fast immer nur drei. Goethe aß nur dreimal in diesem Monat abends zu Hause, einmal auch mit einem Gast, der aber mit den üblichen Sardellen und Salat vorliebnehmen mußte. Er war ihm offenbar keine besondere Rücksicht schuldig.[40]

Es muß angemerkt werden, daß dem Gast, an dem Goethe so viel lag, und der Person, die ihn zweimal begleitete, immer nur Schweinefleisch in Form von Würsten oder Koteletts vorgesetzt wurde, nie aber jene ausgesuchten Leckerbissen, die manchmal auf den Mittagstisch kamen. Schweinefleisch, das ab und zu mittags auch den festen Pensionsgästen serviert wurde, galt in Rom bei ärmeren

Leuten, die es sich nicht leisten konnten, jeden Tag Fleisch, geschweige denn Kalb- oder Rindfleisch zu essen, als ein Luxus. Dies läßt vermuten, daß Goethes Gast von einfacher und jedenfalls niedrigerer Herkunft war als Collinas Pensionsgäste. Goethe schreibt von seiner Faustine in einer Elegie (der zweiten in der Fassung von 1795):

> «Freut sich, daß er das Gold nicht wie der Römer bedenkt.
> Besser ist ihr Tisch nun bestellt, es fehlet an Kleidern,
> Fehlet am Wagen ihr nicht, der nach der Oper sie bringt.
> Mutter und Tochter erfreun sich ihres nordischen Gastes
> Und der Barbare beherrscht römischen Busen und Leib.»[41]

Das römische Mädchen der Elegie war demnach arm, schätzte das gute Essen, das der Dichter für es zubereiten ließ, und hatte eine Mutter, die dergleichen Aufmerksamkeiten ebenso zu schätzen wußte. Von der Schar der Verwandtschaft, von der Faustine in den *Römischen Elegien* umgeben ist (genannt werden die Mutter, der verstorbene Ehemann, ein Kind und ein Onkel), scheint nur die Mutter in der Realität eine greifbare Entsprechung zu haben. Das Paar von Mutter und Tochter, bei dem die Mutter die Tochter ermutigt, sich einen reichen Liebhaber zu suchen, ist zwar ein Topos in der Literatur des 18. Jahrhunderts, reflektierte aber zweifellos auch eine Situation, wie sie in den unteren Schichten Roms zu jener Zeit nicht selten war. Zahlreiche fremde Beobachter bezeugen dies,[42] und auch die zeitgenössischen Archivquellen geben Aufschluß über eine solche Realität. In der Novelle von der schönen Mailänderin, die er in den letzten Teil der *Italienischen Reise* einfügte, führt Goethe selbst ein solches Paar von Mutter und Tochter vor.[43] In der «gar hübschen Nachbarin», die er angeblich zusammen mit ihrer Mutter in der Villa von Jenkins in Castelgandolfo traf, hat mehr als ein Gelehrter nicht ohne Grund einen versteckten Hinweis auf die in den Elegien besungene Geliebte entdecken wollen.[44]

Die Verbindungslinien, die sich zwischen dem Brief an Herzog Carl August vom 16. Februar 1788 und den Aufstellungen Collinas ziehen lassen, sind von größtem Interesse. Goethe schrieb dem Herzog, daß die erste Begegnung am 22. Januar stattgefunden habe. Dieser Begegnung war sicherlich eine Zeit des Werbens vorausgegangen, die durchaus mit den von Collina registrierten Einladungen im Dezember und Januar koinzidieren könnte. Aus der Tatsache, daß Goethe gewöhnlich nicht zum Abendessen blieb, in dieser Zeit jedoch öfter als je zuvor zu Hause speiste, darf man schließen, daß ihm die eingeladene Person sehr am Herzen lag. Nach dem 22. Januar kam der Gast nur noch zweimal und danach überhaupt nicht mehr. Zusammen mit ihm verschwand aber auch Goethe, der es offenbar vorzog, mit seinem Gast anderswo das Abendessen einzunehmen. Sobald sich das Verhältnis gefestigt hatte, wurde der Gast also nicht mehr nach Hause eingeladen, und dieser Umstand läßt vermuten, daß es sich um eine Frau handelte. Die zweite Person, die zweimal am Essen teilnahm, könnte die Mutter des Mädchens gewesen sein, denn in Rom pflegten bei dergleichen Liebeshändeln die Mütter ja ihren Töchtern mit aller Kraft beizustehen. Leider verraten die Rechnungen Collinas das Geschlecht der beiden Gäste des Herrn Filippo nicht. Die Schlüsse, die daraus gezogen werden können, basieren deshalb nur auf Indizien, doch verleihen die chronologischen Übereinstimmungen diesen Indizien Gewicht.

Wir wollen an dieser Stelle noch einmal zum schon früher erwähnten Brief Goethes an Herzog Carl August vom 29. Dezember 1787 zurückkehren. Es ist der einzige von allen Briefen an den Herzog aus Rom, in dem auf Herzensbedürfnisse angespielt wird. Der Unterschied zum Brief vom 16. Februar 1788 ist sehr auffällig. Im Februar zeigte sich Goethe nur an den günstigen Auswirkungen einer regelmäßigen sexuellen Tätigkeit auf die körperliche und geistige Gesundheit interessiert. Man glaubte fast, einen typischen Hygieniker des 18. Jahrhunderts zu hören. Aber der kalte, distanzierte Ton darf nicht täuschen. Den Herzog interessierten bekanntlich nur die sexuellen Aspekte der Liebe, und er hörte nur auf diesem Ohre gut. Im Brief vom 29. Dezember entschlüpfte Goethe dagegen ein sehr wichtiges Geständnis, wenn er schrieb: «Was das *Herz* betrifft, so gehört es gar nicht in die Terminologie der hiesigen Liebeskanzley.»[45] Aus diesen Worten spricht nicht nur das Bedauern über den Mißerfolg bei Costanza Roesler und Maddalena Riggi. Am 29. Dezember war Goethe im Begriff, sich wieder zu verlieben, und seine Sorge um die Bedürfnisse des Herzens, die in Rom so schwer zu verwirklichen waren, konnte sich nur auf die Frau beziehen, der er nun seit kurzem den Hof machte. Diesmal war er auf dem richtigen Weg. Was uns zu diesem Schluß kommen läßt, wollen wir gleich begründen.

In Goethes Nachlaß zum Aufenthalt in Italien befinden sich unter den wenigen erhaltenen Dokumenten zwei Briefe in italienischer Sprache.[46] Den einen, den Costanza Roesler schreiben ließ, haben wir schon untersucht. Beim zweiten handelt es sich um ein ebenfalls von einer Frau geschriebenes Billet ohne Datum und ohne Unterschrift (Abb. 16). Es lautet wie folgt:

«Io vorei sapere perche sete ieri a sera an dato a cosi via senza dirmi niente io io credo che che vi siete piliato colara ma io spero di no io sono tutta per lei amatima si potete

Abb. 16. Italienischer Brief einer unbekannten Frau aus Goethes Nachlaß. Vor- und Rückseite.

come io amo a lei io sspero di avere una bona risposta da lei che pero che non sia come io o pensato adio adio»

Der Text läßt erkennen, daß die Absenderin nur sehr mangelhaft schreiben konnte. Die Orthographie ist voller Fehler, jede Zeichensetzung fehlt, auch die einfachsten Regeln der Grammatik scheinen der Schreiberin unbekannt zu sein. Durchgestrichene Worte, fehlerhafte Trennungen und Wiederholungen verschlimmern noch das Bild. Immerhin, sie konnte schreiben. Eine solch defizitäre Schreibkenntnis führt uns zum Thema des römischen Schulunterrichts im 18. Jahrhundert. Es gab in Rom von der päpstlichen Regierung unterhaltene, öffentliche

Schulen für das Volk, getrennt für Mädchen und für Knaben. Die Knaben erhielten Unterricht im Lesen, Schreiben, Rechnen und in der Grammatik; die Mädchen lernten dagegen vor allem häkeln, stricken und nähen. Ein bißchen Lesen wurde ihnen auch beigebracht, aber das Schreiben kam ganz zuletzt.[47] Die Klage der schönen Mailänderin in der *Italienischen Reise*, die Goethe erklärt, daß man die Mädchen nicht schreiben lehre, weil man fürchte, sie würden solche Kenntnisse vor allem für Liebesbriefe nutzen,[48] spiegelt also durchaus eine historische Realität wider. Goethe begegnete ihr im ungelenken Brief des Mädchens, der erkennen ließ, daß die Schreiberin nur einen sehr elementaren Unterricht genossen hatte und das Schreiben ihr nun große Mühe bereitete. Wir wollen versuchen, den kleinen Brief seinem Sinn nach zu übersetzen:

«Ich möchte wissen, warum Ihr gestern abend so fortgegangen seid, ohne mir etwas zu sagen. Ich fürchte, Ihr seid zornig mit mir, aber ich hoffe nicht. Ich bin ganz für Sie. Liebt mich, wenn ihr könnt, so, wie ich Sie liebe. Ich hoffe, eine gute Antwort von Ihnen zu haben, die, ich hoffe, nicht so ist, wie ich gedacht habe. Adieu, Adieu.»

Es handelt sich, wie wir sehen, um einen Liebesbrief, aus dem ein echtes, aufrichtiges Gefühl spricht; mit käuflicher Liebe hat er nichts zu tun. Der Text erinnert an die Situation in der sechsten Elegie, die aus diesem Kern heraus offenbar entwickelt wurde. Er stellt jenen realen Hintergrund dar, der, kunstvoll verwandelt und bereichert, so oft in Goethes Werken durchschimmert.

Wie im Brief spricht das Mädchen auch in der Elegie in der ersten Person, um den eifersüchtigen Liebhaber zu beruhigen und seine Treue zu beteuern:

«Kannst du, o Grausamer! mich in solchen Worten
   betrüben?
Reden so bitter und hart liebende Männer bei euch?
Wenn das Volk mich verklagt, ich muß es dulden! und
   bin ich
Etwa nicht schuldig? Doch ach! schuldig nur bin ich
   mit dir!
Diese Kleider, sie sind der neidischen Nachbarin
   Zeugen,
Daß die Witwe nicht mehr einsam den Gatten beweint.
Bist du ohne Bedacht nicht oft bei Mondschein
   gekommen,
Grau, im dunklen Surtout, hinten gerundet das Haar?
Hast du dir scherzend nicht selbst die geistliche Maske
   gewählet?
Soll's ein Prälate denn sein! gut, der Prälate bist du.
In dem geistlichen Rom, kaum scheint es zu glauben,
   doch schwör ich:
Nie hat ein Geistlicher sich meiner Umarmung
   gefreut.
Arm war ich leider! und jung, und wohlbekannt den
   Verführern;
Falconieri hat mir oft in die Augen gegafft,
Und ein Kuppler Albanis mich, mit gewichtigen
   Zetteln,
Bald nach Ostia, bald nach den Vier Brunnen gelockt.
Aber wer nicht kam, war das Mädchen. So hab ich von
   Herzen
Rotstrumpf immer gehaßt und Violettstrumpf dazu.
Denn ‹ihr Mädchen bleibt am Ende doch die
   Betrognen›,
Sagte der Vater, wenn auch leichter die Mutter es
   nahm.
Und so bin ich denn auch am Ende betrogen! Du
   zürnest

> Nur zum Scheine mit mir, weil du zu fliehen gedenkst.
> Geh! Ihr seid der Frauen nicht wert! Wir tragen die Kinder
> Unter dem Herzen, und so tragen die Treue wir auch;
> Aber ihr Männer, ihr schüttet mit eurer Kraft und Begierde
> Auch die Liebe zugleich in den Umarmungen aus!»
> Also sprach die Geliebte und nahm den Kleinen vom Stuhle,
> Drückt' ihn küssend ans Herz, Tränen entquollen dem Blick.
> Und wie saß ich beschämt, daß Reden feindlicher Menschen
> Dieses liebliche Bild mir zu beflecken vermocht!
> Dunkel brennt das Feuer nur augenblicklich und dampfet,
> Wenn das Wasser die Glut stürzend und jählings verhüllt;
> Aber sie reinigt sich schnell, verjagt die trübenden Dämpfe,
> Neuer und mächtiger dringt leuchtende Flamme hinauf.[49]

Doch es liegen Welten zwischen dem literarischen Text und dem biographischen Zeugnis. In der Elegie wird die Situation dramatisch ausgestaltet und durch die Erwähnung von einigen Orten und Personen in einen historischen Rahmen eingebettet. Die Elegie beginnt mit den Klagen des Mädchens über die harten Vorwürfe des Geliebten, den es beschuldigt, dem Gerede der Nachbarin zu glauben, die aus den neuen Kleidern auf einen reichen Liebhaber geschlossen hat. Dagegen zeigt sich die Briefschreiberin nur besorgt, den Geliebten, der in eifersüchtigem Zorn davongelaufen ist, zu verlieren. Sie wagt es nicht, ihn mit du anzureden, und schwankt schüchtern zwischen dem «Ihr» und dem «Sie», wodurch zwischen den Liebenden eine gesellschaftliche Barriere aufgerichtet wird. Ganz anders in der Elegie: Das Mädchen spricht in freimütig vorwurfsvollem Ton und weist entschieden alle Verdächtigungen des Geliebten zurück, wobei es ihn mit du anredet. Dieses «Du» hebt den gesellschaftlichen Unterschied auf und verbindet das Paar in einer Intimität, die der Liebe entspringt. Der einzige Geliebte bist du, beteuert das Mädchen und erinnert ihn daran, wie er einmal im Mondschein, zum Scherz als Geistlicher verkleidet, zu ihm gekommen war. Und wenn es denn ein Prälat sein soll, fügt es hinzu, «gut, der Prälate bist du.» Zwei hohe Prälaten, gesteht sie, machen ihr seit einiger Zeit heftig den Hof, doch brauche sich der Geliebte nicht zu sorgen, denn nie habe es der Versuchung nachgegeben.

Das Mädchen verschweigt auch die Namen der beiden geistlichen Herrn, die es zu verführen suchen, nicht. Sie heißen Falconieri und Albani. Diese Namen hat Goethe nicht frei erfunden. Er war ihnen wahrscheinlich in den zeitgenössischen Pasquillen begegnet, in denen Monsignor Alessio Falconieri[50] und der Kardinal Giovanfrancesco Albani[51] als große Schürzenjäger verhöhnt wurden. Bei den Pasquillen handelt es sich um anonyme satirische Texte, oft in Versen, in denen die bekanntesten Vertreter der hohen römischen Gesellschaft diffamiert wurden. Der Name «Pasquill» leitete sich von der Gewohnheit her, solche Schmähgedichte an der sogenannten Statue des Pasquino anzuheften, einer verstümmelten antiken Marmorgruppe, die sich noch heute beim Palazzo Braschi in der Nähe der Piazza Navona befindet. Goethe wußte von der Existenz solcher Pasquillen und las sie während seines Aufenthaltes in Rom wahrscheinlich regelmäßig.[52] Die Namen Falconieri und Albani konnte er außerdem später noch im päpstlichen Jahrbuch für das Jahr 1787 nachlesen, das er nach Weimar mitgenommen und aufbewahrt hatte.[53] Das Gerücht von den Ausschweifungen Albanis erreichte offenbar auch den Marquis de Sade, als er 1775 in Rom weilte, denn in seinem Roman *Juliette, ou les prospérités du vice*, erschienen 1795, beschrieb er den Kardinal als den größten Wüstling des Kardinalkollegiums.[54] Über Albani enthält die Elegie Einzelheiten, die ihn deutlich als Zeitgenossen kennzeichnen: Das Mädchen in der Elegie sagt, daß Albani es nach Ostia und zu den Vier Brunnen eingeladen habe. Diese Örtlichkeiten standen tatsächlich mit Albani im Zusammenhang, denn dieser war Kardinalbischof von Ostia und begab sich, wie historisch bezeugt ist, häufig in den dortigen Bischofspalast.[55] Bei den vier Brunnen, das heißt den «Quattro Fontane» auf dem Quirinal, lag dagegen der römische Palast der Albani. Doch trotz seiner Armut, rühmt sich das Mädchen stolz in der Elegie, habe es die Anträge der beiden Prälaten immer standhaft zurückgewiesen:

«So hab ich
Rotstrumpf immer gehaßt und Violettstrumpf
dazu.»

(Zur Erklärung sei gesagt, daß Kardinäle rote, Prälaten violette Strümpfe zu tragen pflegen.) Der Geliebte täusche die Eifersucht nur vor, weil er an Flucht denke; nie habe es dem Geliebten aber die Treue gebrochen. In diesen Versen klingt der Liebesbrief nach, in dem die Schreiberin dem Geliebten ihre treue, aufrichtige Liebe beteuert. In der Elegie bereut der Geliebte seine Eifersucht und schämt sich über seine Verdächtigungen. Mit dem großartigen Bild des Feuers, das die Elegie beschließt, veranschaulicht der Dichter auf sehr eindrucksvolle Weise die Wechselfälle der Leidenschaft. Es sollen keine Mißverständnisse entstehen. Mit dem Vergleich zwischen dem Brief und dem poetischen Text wollen wir keine Interpretation der Elegie geben. Wichtig ist uns der Brief nur als ein Zeugnis für eine reale, nicht nur imaginierte Liebesbeziehung Goethes in Rom. Die Tatsache, daß in der Elegie die gleiche Situation wiederkehrt, die der Brief beschreibt, erlaubt es uns, diesen Brief mit Goethe in Zusammenhang zu bringen und dem Liebesverhältnis, das nur in den zwei angeführten Briefen an den Herzog angedeutet wird, eine solide historische Basis zu geben. Wir gehen sicher nicht fehl, wenn wir den kleinen Liebesbrief auf die ersten Monate des Jahres 1788 datieren.

Als Frau von Stein das Heft der «Horen» mit den *Römischen Elegien* erhielt, schrieb sie am 27. Juli 1795 an Charlotte Schiller, daß sie «für diese Art Gedichte keinen Sinn» habe. Doch fügte sie mit typisch weiblicher Intuition hinzu: «In einer einzigen, der sechsten, war etwas von einem innigeren Gefühl».[56] Die Frau, die zehn Jahre lang ein Liebesverhältnis mit dem Dichter verbunden hatte, hatte ein sehr feines Gehör und spürte, daß in der sechsten Elegie ein echtes Gefühl nachklang. Es scheint fast, als hätte sie erraten, daß den Versen ein authentischer Liebesbrief zugrunde lag.

Es bleibt jedoch noch eine Schwierigkeit zu überwinden, um den Brief tatsächlich der römischen Geliebten Goethes zuschreiben zu können. Der Brief ist nämlich nicht an Goethe, sondern an Tischbein adressiert. Auf der Rückseite des Blattes steht oben rechts zunächst ein durchgestrichenes «Disbein», darunter die Anschrift «all sivore Disbein in Roma» – an Herrn Disbein in Rom (Abb. 16). Das r von Rom wurde zuerst klein geschrieben und dann korrigiert, das v steht für den Laut gn, der für die Schreiberin offenbar zu schwierig war. Bei «Disbein» handelt es sich wieder um die typische falsche Wiedergabe deutscher Namen, die, wie wir schon mehrmals sahen, kein Römer korrekt schreiben oder aussprechen konnte. Kein Zweifel also, daß mit «Disbein» Tischbein gemeint war. Es ist jedoch in hohem Maße unwahrscheinlich, daß der Brief an ihn gerichtet war. Um dies begründet ausschließen zu können, habe ich die vielen Zeugnisse über Tischbeins Aufenthalt in Rom noch einmal sorgfältig überprüft und außerdem den umfangreichen Nachlaß Tischbeins im Landesmuseum in Oldenburg durchgesehen. Auf Spuren von Beziehungen Tischbeins zu römischen Frauen bin ich dabei nicht gestoßen. Dies ist auch nicht weiter verwunderlich. Schon der Spitzname «Flemmaccio», den Goethe ihm gab, weist darauf hin, daß der Maler ein passiver, schüchterner Mensch war, der den Frauen lieber aus dem Weg ging. Wer seinen Lebenslauf kennt, kann guten Gewissens ausschließen, daß er je in Rom einen solchen Liebesbrief erhielt.

Es sei in diesem Zusammenhang nochmals daran erinnert, daß Goethe sich die Post aus Deutschland in doppeltem Umschlag an Tischbeins römische Adresse schicken ließ, wobei Tischbeins Name auf den äußeren, der Goethes auf den inneren Umschlag geschrieben werden sollte. Als Tischbein dann nach Neapel ging, wurde der zweite Umschlag überflüssig. Schon am 20. Februar 1787 schrieb Goethe seinem Verleger Göschen, er möge ihm drei Exemplare der ersten drei Bände seiner frisch gedruckten Werke an die übliche Adresse in Rom schicken, nämlich «al Signor Tischbein, incontro al palazzo Rondanini». Diese Bitte wiederholte er Göschen am 27. Oktober, als Tischbein bereits seit fast vier Monaten fest in Neapel lebte. Das Paket mit Büchern und Papier solle, so bat er, «unter der bekannten Adresse von Herrn Tischbein» nach Rom geschickt werden.[57] Dies heißt also, daß Goethe auch nach der Übersiedlung Tischbeins nach Neapel dessen Namen und Anschrift weiterbenutzen wollte. Seine Wirtsleute Collina wies er wahrscheinlich an, ihm alle an Tischbein adressierte Post auszuhändigen. Die Tatsache, daß auf der Rückseite des Briefs nur der Name, nicht aber die Straße angegeben wird, bedeutet wohl, daß die Geliebte und die Person, die den Auftrag erhielt, den Brief Goethe zu bringen, das Haus, in dem er wohnte, kannten. Der Bote lauerte ihm wahrscheinlich in der Nähe des Hauses auf, um ihm den Brief schnell und heimlich in die Hand zu drücken. Selbst wenn man annehmen wollte, daß der Brief an Tischbein gerichtet war, als dieser noch in Rom wohnte, so ließe sich doch nicht leicht erklären, warum ausgerechnet Goethe ihn unter seinen Papieren aufbewahrte. Für ihn stellte er jedenfalls ein liebes Andenken an seinen Aufenthalt in Rom dar, das es wert war, aufgehoben zu werden, zumal Tischbeins Name einen guten Schutz gegen die indiskrete Neugier der Nachwelt bildete. Der alte Schlaumeier behielt recht, denn keinem der Forscher, die im Laufe der Zeit Goethes Nachlaß durchforstet haben, fiel der kleine Brief auf, war er doch allem Anschein nach an Tischbein gerichtet.

Wir dürfen annehmen, daß Goethe selbst dem Mädchen den Namen Tischbein angab, denn daß er auch ihm wie allen anderen Römern seine wahre Identität verbarg, scheint sicher. Wahrscheinlich präsentierte er sich ihm unter dem gleichen Namen, unter dem er im ganzen Viertel bekannt war, nämlich als der «Signor Filippo». Wäre es indessen dem Pfarrer von S. Maria del Popolo zu Ohren gekommen, daß jener Maler Filippo Miller aus Deutschland, den er in den «Stati d'anime» seiner Pfarrei registriert hatte, ein unerlaubtes Verhältnis zu einer Römerin unterhielt, dann hätte er von Amts wegen eingreifen müssen. Alle römischen Pfarreien standen unter der Aufsicht des Vikariatsgerichtes, der Diözesanbehörde, die über die guten Sitten wachte. Deren Akten sind für das 18. Jahrhundert leider nicht überliefert. Teilweise erhalten haben sich dagegen die von den Pfarrern den Pfarrkindern erteilten Verwarnungen, die einen guten Einblick in die Praxis dieses Tribunals geben. Ein periodisches Rundschreiben des Kardinalvikars von Rom an alle Pfarrer der Diözese enthielt genaue Vorschriften über die Prozedur solcher «kanonischen Verwarnungen».[58] Falls ein Pfarrer Kenntnis von einer solch anstößigen Situation in seiner Pfarrei erhielt, sollte er das betreffende Paar verwarnen und auffordern, das Verhältnis umgehend zu beenden. Diese Aufforderung sollte in wöchentlichem Rhythmus dreimal wiederholt werden. Wenn nach der dritten Verwarnung das Paar seine Beziehung immer noch nicht aufgegeben hatte, mußte der Pfarrer die Akte mit dem Protokoll seiner Verwarnungen dem Kriminalgericht des Vikars zuleiten. Als erste Maßnahme ließ das Gericht dann das Liebespaar verhaften. Danach wurde es unter Androhung von Kerkerstrafe gezwungen, so schnell wie möglich zu heiraten.

Ein konkreter Fall, der in der Pfarrei SS. Quirico e Giuditta vorgekommen war und vom Pfarrer im Buch der Verwarnungen aufgezeichnet wurde, wirft ein bezeichnendes Licht auf diese Situation: Der Pfarrer hatte von einer Witwe gehört, die das Liebesverhältnis ihrer achtzehnjährigen Tochter mit einem jungen Maler nicht nur duldete, sondern sogar förderte.[59] Der Pfarrer bestellte das Paar zu sich und verwarnte es, doch ohne Erfolg. Im Protokoll über diesen Fall heißt es wörtlich: «Am Ende wurden sie auf persönlichen Befehl des hochwürdigen Herrn Kardinalvikars des Nachts verhaftet und im Bett, in dem man sie schlafend fand, gefesselt. Das Mädchen schenkte im Gefängnis, aus dem es dann entlassen wurde, einem Kind das Leben. Der junge Mann wurde dagegen festgehalten, bis er es heiratete.» Die Art der Verhaftung durch die päpstliche Polizei hat eine komische Ähnlichkeit mit der in der Malerei oft dargestellten Szene von Vulkan, der, als er das Liebesverhältnis seiner Frau Venus mit Mars entdeckt, das Paar im Bett mit einem Netz fesselt. Die Verwarnungen zeigen auch, daß der Pfarrer gewöhnlich erst auf eine Anzeige der Nachbarn hin eingriff. Die Kontrolle der Kirche über die guten Sitten basierte in Rom seit dem Beginn der Gegenreformation auf der Mitarbeit der Pfarrkinder, die von den Pfarrern ständig dazu ermahnt wurden, mit Eifer über die Reinheit der Sitten zu wachen. Liebende mußten sich also vor der gefährlichen Neugier der Nachbarn schützen und ihr Verhältnis mit allen Mitteln geheimhalten. Dafür mußte auch Goethe sorgen, viel mehr aber noch seine Geliebte. Dies erklärt wohl auch, warum sie ihren Brief nicht unterschrieb. Offenbar hatte sie sogar vor Goethes Wirtsleuten Angst. Goethe vertraute diesen zwar, aber die Geliebte konnte nicht wissen, wie weit die Duldung ging. Auch in der sechsten Elegie wird auf die Kontrolle der Nachbarn angespielt, wenn das Mädchen von der neidischen Nachbarin spricht.

Dem Dichter der Elegien war also bekannt, daß man sich vor der Spionage der Nachbarn zu hüten hatte, doch stand hinter dem Inkognito, das er auch gegenüber der Geliebten nicht fallen ließ, wahrscheinlich noch eine andere Sorge. Es kam in Rom nicht selten vor, daß sogar die Verwandten eines von einem reichen Liebhaber verführten Mädchens das Verhältnis beim Pfarrer anzeigten. In solche unerlaubten Liebesbeziehungen waren vor allem Mädchen aus den untersten Schichten verwickelt, und hier machte man sich keine Skrupel, wenn sich die Gelegenheit bot, die Reize eines schönen jungen Mädchens, die einzige verfügbare ökonomische Ressource, nutzbringend auszuschöpfen. War der Liebhaber auch noch ein Fremder, so wurde die Sache für ihn besonders gefährlich. Die Versuchung, den großen Coup zu landen, wurde in diesem Fall unwiderstehlich, denn einen reichen Ausländer in die Falle zu locken und zur Ehe zu zwingen, war ein besonders einträgliches Geschäft. Es eröffnete den Armen die Möglichkeit, aus dem Elend herauszukommen und ein besseres Leben zu führen. Wir kennen nur wenige Anschläge dieser Art, die zum erhofften Erfolg führten, doch manchmal genügte schon die Androhung einer Anzeige beim Pfarrer, um zum Ziel zu gelangen.

Die Kontrolle, die der Kardinalvikar und sein Tribunal über die öffentliche Moral ausübten, und alle diesbezüglichen Konsequenzen waren den Ausländern in Rom zweifellos bekannt. Dies bestätigen viele Werke der Reiseliteratur, wie zum Beispiel auch der Reisebericht von Johann Wilhelm von Archenholz. Hier werden mit großer Sachkenntnis die Fallen beschrieben, die die Familien den Fremden zu stellen pflegten, um ihre Töchter unter die Haube zu bringen: «Viele fremde Künstler sind in diese Netze gefallen und ganz unerwartet zu einer Frau gekommen. Solche Vorfälle ereignen sich täglich. Die Eltern erlauben ihren Töchtern den ganzen Tag über in den Fenstern zu liegen, und anstatt daß Liebeshändel in allen anderen Ländern sorgfältig vor der Mutter verborgen werden, so sind diese hingegen hier die Vertrauten ihrer Töchter und stehen ihnen mit ihrem ... Rate bei.» Erlag ein Fremder aber den Reizen eines solchen Mädchens, so blieb dem Betrogenen nur die Wahl: «die Ehe oder die Galeeren».[60]

Je höher im päpstlichen Rom jemand in der gesellschaftlichen Hierarchie stand, desto geringer wurde natürlich die Gefahr, vor das Vikarsgericht gezogen zu werden. Goethe wußte dies wohl, denn nach seiner Rückkehr berührte er dieses Thema in einem Gespräch mit Caroline Herder in bezug auf den Domherrn Dalberg, der seine Geliebte Sophie von Seckendorff mit nach Rom genommen hatte. Am 11. September 1788 schrieb Caroline ihrem Gatten davon, der Dalberg nach Rom begleitet hatte: «In Rom kann Dalberg die Seckendorff nicht bei sich haben, das ist gegen alle Sitte, man duldet es sogar nicht. Goethe zuckt darüber die Achseln. In Neapel, sagt er, ist das alles erlaubt, nur in Rom nicht.» Am 20. Oktober griff Caroline das Thema nochmals auf und schrieb ihrem

Mann: «Er (Goethe) will nur sehen wie die Römer, die so beißende Zungen haben, den ganzen unverschämten und ungewöhnlichen Auftritt ansehen und bereden werden. Einem reichen Mylord ist von Seiten der Päpstlichen Polizei an die Hand gegeben seine Maitresse wegzuschaffen, weil es nicht Sitte in Rom ist. Gegen den Bruder des künftigen Churfürsten, werden sie freilich schonender sein – aber Goethe glaubt doch, daß man *sies* wird empfinden lassen.»[61] Goethe tat gut daran, sein Inkognito auch gegenüber der Geliebten zu wahren. Vor allem mußte das Verhältnis geheimgehalten werden, um die Geliebte nicht in Schwierigkeiten zu bringen, denn hätte es eine Nachbarin beim Pfarrer angezeigt, so hätte dies sehr unangenehme Folgen gehabt. Für sich selbst hatte Goethe sehr viel weniger zu fürchten. Schlimmstenfalls wäre er in die peinliche Lage geraten, seine Identität den päpstlichen Behörden offenbaren zu müssen und Reiffensteins Hilfe zu suchen, um aus dem Mißgeschick herauszukommen. Doch war ihm klar, daß Vorsicht der beste Schutz war.

Es gelang tatsächlich, die Nachbarn zu überlisten. Goethe und seine Geliebte versteckten sich so gut, daß niemand etwas von ihrer Liebe erfuhr. Das Verhältnis wurde am Ende im gegenseitigen Einverständnis aufgelöst, ohne daß es zu einem Skandal gekommen wäre. Weder die Geliebte noch ihre Verwandten versuchten offenbar, Goethe mit unlauteren Mitteln in Rom festzuhalten. Die Trennung war für Goethe jedoch sehr schmerzlich, er litt lange daran. Caroline Herder schrieb am 7. August 1788 mitfühlend an ihren Mann: «Unter andern sagte er auch daß er 14 Tage vor der Abreise aus Rom täglich wie ein Kind geweint habe; das hat mich sehr gejammert.»[62] Wir dürfen auch annehmen, daß Goethe bei seiner Abreise die Geliebte nicht mit leeren Händen zurückließ, denn es ist bekannt, wie generös, feinfühlig und diskret er, wenn es nötig war, seine Freunde in Rom mit Geld, Geschenken und selbst persönlicher Pflege unterstützte. «Die Fäden», die er, wie er dem Herzog im März schrieb, noch «ablösen» mußte, betrafen sicher auch seine römische Geliebte und die diskreteste und beste Art, von ihr Abschied zu nehmen.

Am 19. April 1788, kurz vor der Abreise aus Rom, schrieb Goethe an seinen Diener Seidel: «Sorge daß die Summe von 400 Scudi baldigst an H. Hofrath Reifenstein für Rechnung *Philipp Seidels* ausgezahlt werde, ich habe Ursachen *deinen* Namen zu wählen.»[63] Wie die von ihm unterschriebenen Quittungen bezeugen, kassierte Reiffenstein am 28. Mai 1788 diese Summe, die von der Bank Bethmann in Frankfurt mit der Angabe «de la part de Monsieur le conseiller privé de Goethe, pour le compte de Monsieur Phylipp Seydel» überwiesen worden war, und am 28. August nochmals 150 Scudi, die ebenfalls «pour le compte de Monsieur Philipp Seidel Weymar» in Rom eingetroffen waren.[64] Ende Juli 1788 teilte Reiffenstein Goethe mit, insgesamt 721 Scudi zur Verfügung zu haben, unter denen er die im Namen Seidels überwiesene Summe von 400 Scudi ausdrücklich erwähnte. Von dieser ganzen Summe, schrieb er, habe er schon einen kleinen Teil ausgegeben, um einige Kunstgegenstände zu bezahlen, die Goethe vor der Abreise in Auftrag gegeben hatte. Die restlichen 651 Scudi habe er nach den von Goethe in Rom gegebenen Anweisungen schon vor geraumer Zeit Riggi zur Bezahlung anderer Aufträge übergeben. Bei diesen Aufträgen handelte es sich um seinerzeit bei Lips bestellte Gravierungen und andere Kunstfabrikate von geringem Preis, für deren Bezahlung Riggi leicht ohne die Seidelschen 400 Scudi auskommen konnte.[65] Es bleibt ein Geheimnis, für welchen Zweck diese Summe verwendet wurde, und ebensowenig ist klar, was mit den Ende August überwiesenen 150 Scudi geschah. Höchst wahrscheinlich sollten sie dazu dienen, der von Goethe so leidenschaftlich geliebten Frau eine größere Summe zukommen zu lassen. Ob die Geliebte ledig, verwitwet oder verheiratet war, bleibt ebenso ein Geheimnis wie ihr Alter. Schiller berichtete am 7. September 1788 seinem Freund Christian Gottfried Körner von einer längeren Unterhaltung mit Goethe kurz nach dessen Rückkehr nach Weimar. Dabei habe er ihm unter anderem gesagt: «In Rom ist keine Debauche mit ledigen Frauenzimmern, aber desto hergebrachter mit verheurateten.»[66] Daß mit den jungen Mädchen in Rom nichts anzufangen sei, hatte Goethe Herzog Carl August schon aus Rom geschrieben und am eigenen Leibe erfahren und hatte hinzugefügt, daß nach der Hochzeit die Dinge noch schwieriger wurden. Später scheint er dann aber, wie das Gespräch mit Schiller bezeugt, zu anderer Überzeugung gekommen zu sein. Vielleicht war «Faustine» in Wirklichkeit tatsächlich die junge Witwe, als die sie in den *Römischen Elegien* vorgestellt wird. Jedenfalls wird der Verdacht, daß das in Seidels Namen überwiesene Geld für die Geliebte bestimmt war, auch von anderen Indizien bestärkt. Schon die Tatsache selbst, daß Philipp Seidels Name für die Überweisung herhalten mußte, verrät, daß Goethe sich auch diesmal als den Signor Filippo ausgeben wollte, als welchen ihn seine römische Geliebte kannte. Außerdem war es sicher kein Zufall, daß Carlo Ambrogio Riggi, der geschäftserfahrene Bruder der schönen Mailänderin, mit der Angelegenheit beauftragt wurde. Für einen wie ihn, der solche privaten Angelegenheiten täglich verhandelte, mußte es ein Leichtes sein, die Sache mit der nötigen Diskretion abzuwickeln. Der Vorteil war dabei auch, daß Reiffenstein von der ganzen Affäre ferngehalten wurde.

Der wichtigste Aspekt von Goethes römischem Liebesverhältnis ist jedoch dessen spezifische Natur. Die Summe, die Goethe der römischen Geliebten nach seiner Abreise zukommen ließ, war zu groß, als daß sie als eine Abfindung für den ökonomischen Schaden angesehen werden könnte, die der Verlust eines generösen Kunden für eine Prostituierte darstellte. Vielmehr folgte das Geschenk wahrscheinlich der Logik der «Wilhelmiade», mit welchem Wort der Dichter einmal selbst die Gewohnheit bezeichnet hatte, für seine mit unzureichenden Mitteln ausgestatteten Mitbewohner im Haus Collina die Kosten zu übernehmen. Verschiedene Indizien weisen darauf hin, daß die geliebte Römerin arm war, und die große Disparität der Mittel erklärt den Wunsch, irgendwie für ihre Zukunft zu sorgen. Mit einer Summe wie jener konnte sie sich zum Beispiel eine Mitgift schaffen, die es ihr ermöglichte, sich zu verheiraten, wonach die Römerinnen aller Gesellschaftsschichten strebten. Die Mitgift von Costanza Roesler betrug 300 Scudi, beträchtlich weniger als jene 550 Scudi, die Goethe zur Verfügung stellte.

Das wenige, das über die römische Geliebte in Erfahrung zu bringen ist, genügt jedenfalls, um auszuschließen, daß sie eine Dirne war. Die Stelle in der 18. Elegie, in der Faustine als Rettung vor der beim Verkehr mit Prostituierten stets lauernden Ansteckungsgefahr gepriesen wird, darf deshalb sicher wörtlich genommen werden:

> Gar verdrießlich ist mir einsam das Lager zu Nacht.
> Aber ganz abscheulich ist's, auf dem Wege der
>   Liebe
> Schlangen zu fürchten, und Gift unter den Rosen
>   der Lust,
> Wenn im schönsten Moment der hin sich gebenden
>   Freude
> Deinem sinkenden Haupt lispelnde Sorge sich
>   naht.
> Darum macht Faustine mein Glück; sie teilet das
>   Lager
> Gerne mit mir, und bewahrt Treue dem Treuen
>   genau.

Alles führt zum Schluß, daß die Verfasserin des Briefs keine Prostituierte war und Goethe nicht wegen seines Geldes liebte.

Ebenso unwahrscheinlich ist, daß sie, wie man schon glaubte, eine «Mantenuta» war, das heißt eine von ihrem Liebhaber ausgehaltene Frau, denn auch in diesem Falle hätte das Geld eine viel größere Rolle gespielt. Es handelte sich vielmehr um eine freie Liebe, bei der es möglich war, sexuell zu verkehren, ohne eine Ehe eingehen zu müssen. Goethe verabscheute diese Institution, weil die Ehe zu seiner Zeit nur ein zwischen den Parteien ausgehandelter Vertrag war, der die Familie begründete und Nachkommenschaft garantieren sollte, ohne daß das Herz dabei etwas zu sagen gehabt hätte. Goethe lernte in Rom diese freie Art der Liebe kennen, wie sie in den unteren Schichten der römischen Bevölkerung trotz der scharfen gesellschaftlichen Kontrolle der Kirche verbreitet war. Viele Archivquellen können dies belegen. Ein gutes Beispiel findet sich in einem Prozeß, der im Dezember 1787 vor dem Gericht des Governatore verhandelt wurde. Anna Maria Gazzola, eine junge Witwe von zweiundzwanzig Jahren und Mutter eines Kindes, die bei ihren Eltern lebt und als Küchenmädchen im Hospiz der «Zitelle» arbeitet, war bis vor kurzem die Geliebte des wohlhabenden Obsthändlers Gaspare Fiorini. Dieser liebte sie sehr und überhäufte sie während ihres Verhältnisses mit Geld und Geschenken. Jedoch hat Anna Maria eines Tages beschlossen, ihm den Laufpaß zu geben. Fiorini versuchte sie umzustimmen, jedoch ohne Erfolg, und zum Schluß zog er verzweifelt das Messer. Dies brachte ihn vor Gericht. Sein Unglück ist für uns ein Glück, weil die Gerichtsakten es uns erlauben, diese Liebesgeschichte zu rekonstruieren.[67] Sie hat eine gewisse Ähnlichkeit mit der Situation, in der sich Goethe befand, nur löste hier das Mädchen, nicht der Liebhaber das Verhältnis.

Wir kommen der Auflösung des Rätsels immer näher. Der Name von Goethes römischer Geliebten bleibt zwar ein Geheimnis, aber der kleine Brief ohne Unterschrift belegt einen Zusammenhang zwischen den *Römischen Elegien* und den römischen Liebeserfahrungen Goethes. An der realen Existenz einer römischen Geliebten sollte nicht mehr gezweifelt werden. Diese Geliebte war, wie der Brief erkennen läßt, eine einfache Frau aus dem Volk und liebte den Dichter von Herzen. Dies bedeutet freilich nicht, daß der Stoff der *Römischen Elegien* nur aus dieser Liebe gewirkt ist, ebensowenig wie das Liebesverhältnis allein das poetische Werk erklären kann. Denn die Poesie ist, wie Goethe selbst gelehrt hat, kein Abbild der Wirklichkeit, so sehr sie selbst den Eindruck erwecken mag. Das römische Liebeserlebnis hatte tiefen Einfluß auf Goethes späteres Leben. Als er Ende April zur Abreise rüstete, mußte er erkennen, wie sehr ihn sein letztes Spiel in Rom innerlich getroffen hatte. Die reifste Frucht dieser römischen Liebe erntete er in Weimar, als er zwei Wochen nach seiner Rückkehr Christiane Vulpius kennenlernte, ein Mädchen, das wie «Faustine» aus einfachen Verhältnissen stammte. Mit ihr ging er jenes freie Liebesverhältnis ein, das er in Rom erprobt hatte.

In einem Brief vom 8. März 1789, in dem sie ihrem Mann, der sich noch in Rom befand, über das neue Verhältnis Goethes in Weimar berichtete, schrieb Caroline Herder: «er hat die junge Vulpius zu seinem Clärchen.»[68] Damit spielte sie auf die Figur in Goethes Drama *Egmont* an,[69] an dem der Dichter viel in Rom gearbeitet und das er dort im Sommer 1787 abgeschlossen hatte.[70] Die Liebesbeziehung zwischen Graf Egmont und Clärchen, einem Mädchen aus dem Volk, das sich ihm nur aus Liebe hingibt, entsprach zutiefst Goethes Auffassung von der Liebe, in der kein Platz für die Ehe war. Goethe blieb dieser Idee sein ganzes Leben lang treu. Aber erst in Rom gelang es ihm zum ersten Mal, sie auch in die Tat umzusetzen, weil Liebesverhältnisse dieser Art in den unteren Schichten Roms keine Seltenheit waren. Was Caroline Herder von Christiane Vulpius sagte, trifft desto mehr noch auf die römische Geliebte zu, die erste, mit der Goethe ein solches Verhältnis verwirklichte. Sie gab jener das Vorbild für eine Art der Liebesbeziehung, wie sie Goethe, früher noch in der poetischen Phantasie als in der Realität, so lange vergeblich gesucht hatte.

In Rom verband sich die Poesie auch in einer zweiten Dichtung wieder mit der gelebten Wirklichkeit. Im Gespräch mit Eckermann vom 5. April 1829 erzählte Goethe diesem, er habe zusammen mit einem Brief aus Italien auch ein damals geschriebenes Gedicht wiedergefunden, das er ihm sogleich vorlas:

«Cupido, loser, eigensinniger Knabe!
Du batst mich um Quartier auf einige Stunden
Wie viele Tag' und Nächte bist du geblieben!
Und bist nun herrisch und Meister im Hause
　geworden.

Von meinem breiten Lager bin ich vertrieben;
Nun sitz ich an der Erde, Nächte gequälet.
Dein Mutwill schüret Flamm' auf Flamme des
　Herdes,
Verbrennet den Vorrat des Winters und senget mich
　Armen.

Du hast mir mein Gerät verstellt und verschoben.
Ich such und bin wie blind und irre geworden;
Du lärmst so ungeschickt; ich fürchte das Seelchen
entflieht, um dir zu entfliehn, und räumet die
　Hütte.»

Er erinnerte Eckermann daran, daß er das Gedicht in *Claudine von Villa Bella* eingefügt habe, «wo es der Rugantino singt», und fügte hinzu: «Ich habe es jedoch dort zerstückelt, so daß man darüber hinausliest und niemand merkt, was es heißen will. Ich dächte aber, es wäre gut. Es drückt den Zustand artig aus und bleibt hübsch im Gleichnis; es ist in Art der Anakreontischen.»[71] Die Dinge liegen tatsächlich so. Wenn man den Text des Opernlibrettos aufschlägt, so stellt man fest, daß Rugantino die drei Strophen in der gleichen Szene an verschiedenen Stellen rezitiert.[72] Was Goethe Eckermann gegenüber jedoch nicht erwähnte, war, daß er das Gedicht vollständig in den letzten Teil der *Italienischen Reise*, und zwar in den Januarbericht 1788 eingefügt hatte. Dies hatte offenbar seine Gründe, denn der Januar war der Monat, in dem ihn die Leidenschaft zur Römerin ergriffen hatte. In diesem Zusammenhang hatte er erklärt, daß er im Gedicht nicht «jenen Dämon» gemeint habe, «den man gewöhnlich Amor nennt», sondern «eine Versammlung tätiger Geister …, die das Innerste des Menschen ansprechen, auffordern, hin und wider ziehen und durch geteiltes Interesse verwirren.» Erst auf diese Weise könne man «auf eine symbolische Weise an dem Zustande teilnehmen, in dem ich mich befand.»[73] Was liegt näher, als das Gedicht mit der im Januar noch unerfüllten Leidenschaft in Verbindung zu bringen?

Im Text der *Claudine von Villa Bella* gibt es einen Dialog, in dem Rugantino seinem Kumpan Basco ankündigt, Claudine, die Frau, in die er wild verliebt ist, rauben zu wollen. Basco nennt ihn «toll», doch Rugantino antwortet, «toll, aber klug» und versucht, ihn von der Richtigkeit des Plans zu überzeugen. Basco läßt sich aber nicht umstimmen und sagt: «Rugantino! / Du bist besessen / Farfarellen sind / Dir in den Leib gefahren!»[74] Diese «Farfarellen» sind genau jene «tätigen Geister», von denen Goethe in der *Italienischen Reise* sprach, als er das Gedicht «Cupido, loser, eigensinniger Knabe» seinen Lesern interpretierte. Am 5. September 1788 schrieb Bury an Goethe aus Rom, um ihm den Erhalt des 5. Bandes seiner Werke zu melden, der *Egmont* und *Claudine von Villa Bella* enthielt. Er erzählte ihm, daß er das Libretto sofort gelesen habe, während er in der Sixtinischen Kapelle arbeitete, und hierin jene Liebesgeister wiedergefunden habe, die er am Werk sah, als Goethe in Rom diesen Text neu schrieb. «Rugantino und die Farfarellen haben mir viel Vergnügen gemacht; es wurde mir öfters so heimlich, daß ich mir Ihrer Gegenwart kaum überzeugen konnte; denn die natürlichen Empfindungen, welche ich wieder durch das Buch von Ihnen bekam, machten mich bald traurig bald heiter; ich mußte, soviel ich konnte, von diesen wonnevollen Gedanken ablassen, sonst hätte ich Michel Angelo, so anzüglich derselbe für mich ist, mit denen Elohimen, welche bald wieder fertig sind, darüber ganz vergessen.»[75] Eine bessere Bestätigung für Goethes Liebe in Rom könnte es nicht geben. Bury war Zeuge gewesen und deshalb sehr gut in der Lage, die Spuren der Leidenschaft in der *Claudine von Villa Bella* wiederzuerkennen.

1828, vier Jahrzehnte nach seinem Aufenthalt in Italien, schaute sich Goethe die auf seinen Romaufenthalt bezüglichen Papiere in seinem persönlichen Archiv wieder an, um den letzten Teil der *Italienischen Reise* vorzubereiten, der von seinem zweiten Romaufenthalt handeln sollte. Damals fiel ihm wohl auch der kleine Brief wieder in die Hand, der zwischen diesen Papieren begraben lag. Es ist gut möglich, daß er an die Absenderin dachte, als er am 9. Oktober 1828 Eckermann gegenüber folgende bedeutsame Erklärung abgab: «Ja, ich kann sagen, daß ich nur in Rom empfunden habe, was eigentlich ein Mensch sei.- Zu dieser Höhe, zu diesem Glück der Empfindung bin ich später nie wieder gekommen; ich bin, mit meinem Zustande in Rom verglichen, eigentlich nachher nie wieder froh geworden.»[76]

Der Abschied

Für die Rückreise nach Deutschland, die er am 24. April 1788 in Rom antrat, brauchte Goethe fast zwei Monate; erst am 18. Juni langte er wieder in Weimar an. Während der Reise machte er in Siena, Florenz, Bologna, Modena, Parma und Mailand Station und besichtigte überall mit der gewohnten Sorgfalt Monumente und Kunstwerke.[1] Im letzten Teil der *Italienischen Reise* berichtet er jedoch nichts von diesem langsamen Rückweg in die Heimat. Das Werk endet mit der Abreise aus Rom. Goethe wollte seinem Abschied von der ewigen Stadt, mit dem seine wichtigste Lebenserfahrung ihren Abschluß fand, eine hohe symbolische Bedeutung geben und ließ deshalb die *Italienische Reise* mit der Beschreibung der letzten Tage seines Aufenthaltes in der Stadt enden.[2]

Kurz vor seiner Abreise, schreibt Goethe, schien drei Nächte lang der helle Vollmond. Rom zeigte sich ihm, der für die Wirkung des Mondlichts besonders empfänglich war, von seiner verführerischsten Seite. Der Vollmond mit seinem Spiel von Licht und Schatten ließ die Stadt wie «von einem milden Tag beleuchtet» erscheinen. An einem der letzten Abende besuchte er noch einmal die alten Ruinen, begleitet wie so oft von einigen wenigen Freunden. Von seiner Wohnung in der Nähe der Piazza del Popolo aus ging er den Corso hinab und bestieg das Kapitol. In der Stille der jetzt menschenleeren Stadt dünkte ihm das im Mondschein liegende Kapitol «wie ein Feenpalast in der Wüste». Die Statue des Kaisers Mark Aurel auf dem Platz erinnerte ihn an den «Commandeur» aus «Don Juan» und schien ihn darauf hinweisen zu wollen, daß er «etwas Ungewöhnliches» unternehme. Doch ohne auf diese Warnung zu achten, stieg er auf der Treppe hinter dem Kapitol zum Forum hinab und ging die Via sacra entlang, wo ihm die sonst wohlvertrauten Monumente immer mehr «fremdartig und geisterhaft» vorkamen. Schließlich gelangte er zum Kolosseum und blickte durch das Gitter in das «verschlossene Innere» dieser «erhabenen Reste», bis ihn ein Schauder erfaßte, der ihn zum schleunigen Rückzug trieb. Goethe empfand diesen nächtlichen Spaziergang wie eine gedrängte Zusammenfassung seiner römischen Erfahrungen, die nun zu Ende gingen. Tief aus seinem verstörten Inneren heraus brach sich eine elegische Stimmung Bahn. Ein Gedicht Ovids kam ihm in den Sinn. Auch der römische Dichter hatte, von Augustus verbannt, die Stadt in einer Mondnacht verlassen. Im Geiste wiederholte Goethe mehrmals die trauervollen Verse Ovids, ohne Ruhe finden zu können. Am Schluß der *Italienischen Reise* zitiert Goethe einige Distichen Ovids, in denen der Schmerz über den Abschied von der geliebten Stadt besonders heftig zum Ausdruck kommt.

Die letzten Seiten der *Italienischen Reise* sind in einem besonders feierlichen, erhabenen Ton geschrieben. Sie enthalten viele dunkle Anspielungen und Doppeldeutigkeiten, deren Sinn bis heute nicht genau entschlüsselt werden konnte. Nur eine präzise, tiefgehende Analyse des Textes kann uns deshalb helfen, die verborgene Bedeutung aller dieser Anspielungen aufzudecken. Der Text enthält viele Zitate, die sich nicht immer wie im Fall Ovids als solche zu erkennen geben. Sie sollen zunächst identifiziert werden in der Hoffnung, daß auf diese Weise auch die Interpretation des Textes deutlicher wird.

Goethe vergleicht das im Mondschein liegende Kapitol mit einem «Feenpalast». Wollte Goethe uns mit diesem Wort auf ein bestimmtes Werk hinweisen? Um ein Märchen, wie der «Feenpalast» nahelegen könnte, handelt es sich indessen nicht, denn in den Texten der Folklore ist gewöhnlich nur von einem «Feenland» die Rede, und wenn ausnahmsweise von einem «Feenpalast» erzählt wird, so liegt dieser nicht auf einem Berg, sondern auf dem Meeresgrund.[3] Ein Feenpalast kommt dagegen in Ludovico Ariostos *Orlando furioso* vor. Er erhebt sich einsam auf einem Hügel, und wie zum Kapitol führt auch zu ihm ein steiler Weg empor. Der Palast gehört der schönen Fee Alcina, die Ruggiero, einen der Paladine Karls des Großen, zu sich gelockt hat, um ihn mit einem Liebeszauber an sich zu binden. Damit will sie ihn von seinen Pflichten gegenüber dem Kaiser und seiner Braut Bradamante ablenken. Ruggiero und Bradamante werden bei Ariost die Stammeltern des Geschlechts der Este, der späteren Herzöge von Ferrara. Goethe kannte Ariosts *Orlando furioso*[4] und wußte auch, daß sein Autor in Diensten eines jener Herzöge, Alfonsos I. von Este, gestanden hatte. Gleich zu Beginn des ersten Aufzugs von Goethes Drama *Torquato Tasso* krönt Eleonora d'Este, die Schwester Herzog Alfonsos II., die Herme Ariosts mit einem Lorbeerkranz und rühmt die ewige Schönheit der «Scherze» dieses Dichters.[5]

Gleich nach dem «Feenpalast» ist von «Don Juan» die Rede. Das Standbild Mark Aurels erinnerte Goethe offenbar an den Komtur aus Mozarts Oper *Don Giovanni*. Aber was hatte der antike römische Kaiser mit der Opernfigur des 18. Jahrhunderts zu tun? Bekanntlich war Goethe ein großer Bewunderer von Mozarts Werk. Als er Theaterdirektor in Weimar wurde, setzte er die Oper sofort aufs Programm. Zum ersten Mal wurde der *Don Giovanni* am 30. Januar 1792 in Weimar aufgeführt und danach bis 1815 achtundsechzigmal wiederholt. Gesungen wurde fast immer nach der deutschen Übersetzung des Librettos, nur 1813 wurde an vier Abenden die italienische Originalfassung geboten.[6] Auch im Jahr 1819, als die Leitung des Theaters nicht mehr in seinen Händen lag, konnte Goethe die Oper noch zweimal in der Originalfassung hören.[7] Er hatte also in seinem Leben nicht oft Gelegenheit, den *Don Giovanni* auf italienisch zu genießen.

Dagegen kannte er die beiden verbreitetsten deutschen Übersetzungen von Lorenzo Da Pontes Libretto sehr gut. Die erste war schon 1788 von Christoph Gottlob Neefe, dem Lehrer Beethovens, erstellt worden; die zweite stammte aus der Feder von Friedrich Rochlitz und verdrängte nach 1801 allmählich die Übersetzung Neefes. Beide Übersetzer wählten als Titel des deutschen Operntextes die spanische Namensform «Don Juan», weil der Mythos in Deutschland seit langem unter diesem Namen verbreitet war. Das Publikum kannte ihn aus Theater und Puppenspiel, die Gebildeten auch über Molières Drama *Dom Juan*. Indessen ist es nicht so leicht zu erklären, warum keiner der beiden Übersetzer die Bedeutung des italienischen Titels «Commendatore» kannte, mit dem in Mozarts Oper der von Don Giovanni ermordete Vater Donna Annas angesprochen wird. Sie wußten nicht, daß er im Deutschen korrekt mit dem Wort «Commenthur» oder «Comthur» zu übersetzen war, nach Auskunft eines zeitgenössischen Wörterbuchs «ein Ritter, welcher eine Ordenspfründe verwaltet».[8] Beide erlagen dagegen der Suggestion der Assonanz und glaubten, daß das Wort «Commendatore» sich vom italienischen Wort «comando» (Kommando), der Befehlsgewalt vornehmlich militärischer, aber auch ziviler Natur herleitete. Da im italienischen Libretto der Hinweis stand, daß die Szene in einer spanischen Stadt spiele,[9] schlossen die Übersetzer offenbar, daß es sich bei dem «Commendatore» um das Stadtoberhaupt handeln müsse. Sie übersetzten das Wort zwar nicht, wie es logisch gewesen wäre, mit «Commandeur» oder «Commandant», wohl weil diese Wörter vor allem den militärischen Befehlshaber bezeichneten, sondern mit «Stadtgouverneur» (Neefe) bzw. «Gouverneur» (Rochlitz). Da diese Übersetzung des Wortes aber offenbar nicht alle überzeugte, wurde zum Beispiel 1789 in einer Mannheimer Aufführung des *Don Giovanni*, bei der man Neefes Übersetzung benutzte, der Stadtgouverneur in einen «Commandanten» verwandelt. Unter den ersten Übersetzern des Librettos übersetzte nur einer, Heinrich Gottlieb Schmieden, das Wort korrekt mit «Kommenther», aber damit drang er nicht durch. Deshalb präsentierte sich der Mozartsche «Commendatore» noch ein gutes halbes Jahrhundert lang auf Deutschlands Opernbühnen als der «Gouverneur».[10]

Goethe besaß eine Sammlung von italienischen Opernlibrettos, die er in Italien erworben hatte. Im Katalog seiner Bibliothek fehlen jedoch sowohl das Libretto von Lorenzo Da Ponte zu Mozarts *Don Giovanni* als auch dessen deutsche Übersetzungen.[11] Goethe kannte Friedrich Rochlitz, den erfolgreichsten Übersetzer des italienischen Librettos, persönlich; seit 1800 stand er im Briefwechsel mit ihm.[12] Vom ihm besaß er auch zehn Bände Schriften, die der Autor ihm zugeeignet hatte.[13] Keiner dieser Bände enthält jedoch die Übersetzung des *Don Giovanni*, von der auch in der Korrespondenz nie die Rede ist. Goethe kannte diese aber zweifelsohne, wahrscheinlich befand sich ein Exemplar davon in der Bibliothek des Weimarer Theaters. Im Archiv des Theaters wurde ein undatiertes, handschriftliches Manuskript von Goethe mit dem Titel «Bemerkungen zu Don Juan» aufgefunden und publiziert.[14] Es handelt sich um Regieanweisungen für eine Aufführung der Oper Mozarts in deutscher Sprache. Im vierten Absatz, der sich auf die Duellszene zwischen Don Juan und dem Komtur bezieht, bezeichnet Goethe diesen als «Gouverneur», was darauf hinweist, daß ihm die Übersetzung von Rochlitz vorlag. Im fünften Absatz dieses Textes heißt es dann: «Der Gerichtsbote, der zu Don Juan kommt, sollte einen kleinen weißen Stab haben.» Im italienischen Libretto sind Gerichtsbeamte nur als Komparsen in der Schlußszene vorgesehen; sonst kommen sie in der Oper nicht vor. Mozart und Da Ponte hielten solche Figuren sogar für so unbedeutsam, daß sie sie in der dritten und letzten Fassung des Librettos, das 1788 in Wien gedruckt wurde, ganz wegließen.[15] In der Übersetzung von Rochlitz spielen sie jedoch eine größere Rolle. Dies war möglich, weil, wie es zu jener Zeit üblich war, die Übersetzung nicht treu dem Original folgte; tatsächlich gab sie sich schon auf dem Titelblatt als eine Neufassung aus.

Um die Frage zu beantworten, warum in der *Italienischen Reise* Goethe die Statue Mark Aurels an die Mozart-Oper erinnerte, müssen wir deshalb die Übersetzung von Rochlitz aufschlagen und hier nach Übereinstimmungen suchen. Wir finden sie in der Friedhofsszene (der elften im italienischen Urtext). Die Regieanweisung lautet bei Rochlitz: «Kirchhof. Grabmäler. Unter diesen, tief im Hintergrunde, das Monument des Gouverneurs, kolossalisch. Er sitzt mit Harnisch, Helm und Kommandostab zu Pferde. Mondhelle Nacht ...»[16] Diese Beschreibung gibt uns schon den ersten Hinweis für die Beantwortung unserer Frage: Bei dem Grabmal des «Gouverneurs» handelt es sich um eine Reiterstatue wie bei dem Standbild Mark Aurels auf dem Kapitol, während in Da Pontes Text nicht angegeben wird, wie die Statue des Komturs aussehen sollte. Hier wird nur gesagt, daß sich auf dem Friedhof verschiedene Reiterstandbilder befinden, und dann hinzugefügt: «Statua del Commendatore» – Statue des Komturs.[17] Diese etwas vage Angabe ließ den Regisseuren freie Wahl, ob sie den Komtur zu Fuß oder zu Pferd auftreten lassen wollten.[18] Rochlitz entschied sich für das Reiterbild. Daraus folgt, daß Leporello, der auf Don Juans Geheiß den Komtur zum Abendmahl einladen muß, ihn als «Herr

Gouverneur zu Pferde» anredet. Auf die Stellung des Komturs als Oberhaupt der Stadt, für das die Übersetzer ihn fälschlich hielten, wird auch an anderer Stelle angespielt. Als die Statue gesprochen hat, kommentiert Don Juan sarkastisch: «Da haben sie ja den Gouverneur in voller Parade hingesetzt! Kinder, und ewig Kinder, die Menschen! Haben ihm sogar den Kommandostab in die Hand gegeben! Alter Schwachkopf, du hast auskommandirt!» Dazu kommt, daß sich die Friedhofsszene genau so wie Goethes Besuch auf dem Kapitol in einer mondhellen Nacht abspielt, wie der Mond ja überhaupt das Leitmotiv im Finale der *Italienischen Reise* ist.

Rochlitz' Text hält noch weitere Elemente für einen Vergleich bereit. Kaum ist Don Juan, frisch von einer seiner amourösen Unternehmungen kommend, über die Friedhofsmauer geklettert, so beginnt er auch schon, die für die Wahrung der Sitten zuständige Autorität zu verspotten, indem er sagt: «Nun, heilige Polizey, wenn du mich hier findest, so hast du eine Nase ohne Gleichen.» Auch Leporello spricht in der gleichen Szene von der Polizei. Er hat sich soeben, noch in den Kleidern seines Herrn, in dessen Auftrag er Donna Elvira verführen sollte, Don Juan wieder zugesellt. Der Schwindel war entdeckt worden, Leporello ist knapp noch mit dem Leben davongekommen und erzählt nun seinem Herrn das häßliche Abenteuer: Don Ottavio hat ihn, unterstützt von Masetto, Donna Elvira und Zerlina, derart verprügelt, daß sie ihn «fast todt schlugen.» Damit jedoch noch nicht genug. Kaum war er seinen Rächern entflohen, hatten ihm die «Polizeibedienten» nachgestellt, weswegen er große Angst ausgestanden hatte. Im italienischen Libretto kommt dagegen, wie schon gesagt, keine Polizei vor, doch bei Rochlitz, der die Stellung des «Commendatore» mißverstanden und aus dem Inhaber privater väterlicher Gewalt einen Repräsentanten der höchsten öffentlichen Stadtgewalt gemacht hatte, erhält der Auftritt der Polizei einen Sinn. Die strafrechtliche Dimension der Missetaten und Ausschweifungen Don Juans wird wichtiger, während dieser Aspekt bei Da Ponte ganz nebensächlich ist. Die Bestrafung Don Giovannis bzw. Don Juans liegt nach der deutschen Fassung nicht nur in den Händen der göttlichen Gerechtigkeit, sondern ist auch Aufgabe der irdischen Justiz als dem weltlichen Arm jener. Don Juan, der Libertin, hat sich gegen beide Gewalten vergangen. In seinen «Bemerkungen zu Don Juan» folgt Goethe offensichtlich der Auffassung von Rochlitz. Er gibt genaue Anweisungen für die Rolle des Gerichtsboten und sorgt sich auch um die Ketten, die im Finale der Oper nötig waren, im letzten Abschnitt fordert er, sie «wieder einmal nachzustreichen.» Die Ketten sind Werkzeuge der menschlichen Justiz, für die göttliche war «der Kreis der bösen Geister» zuständig, der kurz zuvor im sechsten Abschnitt erwähnt wird.

Aber kehren wir zu Rochlitz' Libretto zurück. Es enthält eine weitere Bestätigung für unsere Annahme, daß Goethe es bei der Gestaltung des Finales der *Italienischen Reise* vor Augen hatte. Auf dem Kirchhof stellt Don Juan, der auf Leporello wartet, Reflexionen über das Totenreich an, die die blasphemische Verwegenheit präfigurieren, mit der er wenig später dem göttlichen Strafgericht gegenübertreten wird. «Wie kann man solche Plätze schauerlich finden?» fragt er sich. «Die Verständigen sollten oft hierher gehen, um sich aufzufrischen, jede Minute des Lebens ganz auszukosten! Denn was ists denn mit dem ganzen Plunder? Eins, zwei, drei –; so liegen wir da, und eine Nachwelt, die mehr zu tun hat, als unsrer zu gedenken, tritt uns mit der größten Gleichgültigkeit auf der Nase herum – wie ich alleweile, wer weiß welchem frommen Thoren! – ... Doch woher kommen mir solche alberne Gedanken? Ich sehe wohl, ich muß wieder ins Leben, und tiefer, um die Grillerey los zu werden. Frisch auf denn!»

Dieses lange Solorezitativ, in dem Don Juan zwischen frecher Todesverachtung und leidenschaftlicher Liebe zum Leben, die in Wirklichkeit Todesfurcht offenbart, hin- und herschwankt, ist ganz offensichtlich eine von Goethes Quellen für den Schluß der *Italienischen Reise*. Dem Friedhof entsprechen die Ruinen des Forums, denn beide gehören dem Reich der Toten an. Die «albernen Gedanken» und Don Juans Wille, diese «Grillerey» aus seinem Kopf zu vertreiben, haben ihr Gegenstück im «Schauder», der Goethe beim Anblick des Kolosseums erfaßt und ihn zur Flucht treibt. Die vom Mond erhellte Nacht evoziert hier wie dort Gedanken an den Tod. Don Juan, den Libertin, der das Grabmal des Komturs verspottet und es wagt, den Toten zum Abendmahl einzuladen, stürzt dieser Frevel ins Verderben und läßt ihn in die Hölle fahren. Auch Goethe unternimmt etwas ähnlich «Ungewöhnliches». Er steigt vom Kapitol zum Forum hinab und wandert zum Kolosseum, obwohl auf diesem Weg ein Todesschauer liegt. Der nächtliche Spaziergang durch die Ruinen verwandelt sich so in eine Reise durch das Totenreich, in eine Art Abstieg zu den Toten.

In Goethes Erinnerung war mit dem römischen Aufenthalt auch die Aufführung einer Oper verbunden, die wie jene Mozarts den spanischen Mythos von Don Juan zum Thema hatte. Von dieser in Rom besuchten Oper berichtete Goethe dem Komponisten Karl Friedrich Zelter in einem Brief vom 17. April 1815. Die Aufführung habe beim römischen Publikum ungeheuren Erfolg gehabt, so daß sie vier Wochen lang jeden Abend wiederholt worden sei. «Die Stadt so erregt ward», schrieb er, «daß die letzten Krämers-Familien, mit Kind und Kegel in Parterre und Logen hauseten, und Niemand leben konnte, der Don Juan nicht hatte in der Hölle braten, und den Gouverneur, als seligen Geist, nicht hatte gen Himmel fahren sehen.»[19] Es handelte sich um die Oper *Il convitato di pietra* (Der steinerne

Gast) von Vincenzo Fabrizi, die 1787 im Teatro Valle gegeben worden war.[20] Ihr lag ein Text zugrunde, der eine freie Überarbeitung des Librettos von Giovanni Battista Lorenzi für eine 1783 in Neapel aufgeführte Oper von Giacomo Tritto darstellte.[21] Dieses Libretto für die römische Aufführung ist nur handschriftlich überliefert. Da im Manuskript die römische Aufführung aber ausdrücklich genannt wird, bezieht es sich zweifellos auf diese. Im Rollenverzeichnis kommt indessen kein «Gouverneur» bzw. «Governatore» vor, sondern wie in fast allen italienischen Bühnenfassungen des Mythos von Don Juan ein «Commendatore», auf deutsch ein «Komtur».

Als Goethe an Zelter schrieb, hatte er schon viele deutschsprachige Aufführungen von Mozarts *Don Giovanni* gesehen, in denen, wie wir sahen, kein Komtur, sondern ein «Gouverneur» auftrat. Folglich sprach Goethe auch im Brief an Zelter mit Bezug auf die Oper Fabrizis nicht von einem «Commendatore», sondern fälschlich von einem «Gouverneur». 1815 arbeitete Goethe schon seit einem Jahr, wenn nicht länger, an der *Italienischen Reise*. In einem zweiten Brief vom 17. Mai des gleichen Jahres berichtete er Zelter, daß er sich im Augenblick mit der Niederschrift des Berichtes über seinen ersten Aufenthalt in Rom befasse und zu diesem Zwecke «Tagebücher, Briefe, Bemerkungen und allerley Papiere» wieder hervorgeholt habe.[22] Unter diesen Papieren fand er offenbar auch eine Erinnerung an die in Rom gesehene Oper, aber zu jenem Zeitpunkt sah er noch keine Verbindung zwischen Don Juan und der Statue Mark Aurels.

Erst als er auch den zweiten Teil der *Italienischen Reise* abgeschlossen hatte, machte er sich Gedanken über den Schluß des Werkes. Eine erste Fassung des Finales datierte er selbst auf den 31. August 1817.[23] In dieser schreibt er sehr ausführlich von dem Schmerz, den ihm der Abschied von Rom bereitete, aber die Statue Mark Aurels erwähnte er darin nicht. An das antike Standbild auf dem Kapitol erinnerte er sich erst wieder, als er zwischen dem Frühjahr 1828 und dem Frühjahr 1829 mit der Abfassung des dritten Teils beschäftigt war, der seinem zweiten römischen Aufenthalt gewidmet sein sollte. Hier assoziiert er nun zwar die Statue Mark Aurels mit Mozarts Oper, aber merkwürdigerweise spricht er nun nicht mehr von einem «Gouverneur», sondern von einem «Commandeur». Wie läßt sich dieser Wechsel erklären?

Es ist auszuschließen, daß er in der Zwischenzeit das Libretto Da Pontes gelesen hatte. In diesem Fall hätte er sich in den drei deutsch-italienischen Wörterbüchern in seiner Bibliothek[24] wie zum Beispiel in dem von Christian Joseph Jagemann[25] davon überzeugen können, daß das italienische Wort *Commendatore* richtig mit «Commenthur» zu übersetzen war. Ein Zweifel, daß Rochlitz vielleicht falsch übersetzt haben könnte, kam ihm möglicherweise, als er das Drama *Dom Juan* von Molière zur Hand nahm, denn in diesem wird Don Juans Opfer als «Commandeur» bezeichnet. Goethe kannte Molières Werk mit Sicherheit, er hatte es in der Vergangenheit sogar einmal Schiller geborgt. Am 2. Mai 1797 hatte dieser ihn gebeten, ihm für ein paar Tage «den Text vom Don Juan» auszuleihen, da er eine Ballade über diesen Stoff zu schreiben gedenke. Goethe billigte diesen Plan, lieh ihm den Text und erhielt ihn schon am 5. Mai wieder zurück.[26] In Schillers Nachlaß ist in der Tat das Fragment einer Ballade über Don Juan erhalten, deren Quelle offenbar der *Dom Juan* von Molière war. Wie bei Molière ist die Ballade in Palermo, der Hauptstadt Siziliens, angesiedelt und der Ermordete ein «Commandeur»; auch heißt Donna Elviras Diener wie bei Molière Gusman bzw. Gußman.[27] Goethe lieh Schiller also den Text von Molière, aber woher er den Band nahm, ist nicht klar, denn in seiner Bibliothek befand sich nach Aussage des Katalogs nur der zweite Band einer Gesamtausgabe von Molières Werken, der den *Dom Juan* nicht enthält.[28] Jedenfalls nahm Goethe das Drama aber wieder zur Hand, als er am Finale der *Italienischen Reise* arbeitete. Am 21. Mai 1828 teilte Goethe Zelter mit, daß er den «Zweiten römischen Aufenthalt» zu diktieren begonnen habe.[29] Kurz zuvor hatte er am 24. April in der Weimarer Bibliothek den dritten Band einer nicht näher bezeichneten Molière-Ausgabe ausgeliehen, in dem er noch am selben Abend zu lesen begann und den er schon am 30. April zurückgab.[30] Vielleicht enthielt dieser Band den *Dom Juan*. Das Wort «Commandeur» verweist jedenfalls auf Molière, nicht auf das deutsche Libretto der Oper Mozarts, wo «Gouverneur» stand. Das Wort wechselte zwar, aber nicht seine Bedeutung, wie Campes Wörterbuch bestätigen konnte, das Goethe besaß.[31] Auch die neue Bezeichnung als «Commandeur» wies den Vater Donna Annas als einen Inhaber von öffentlicher Gewalt aus, was es ermöglichte, ihn mit Kaiser Mark Aurel, dem Inhaber der höchsten Gewalt im Staate, in Verbindung zu bringen. Dies fiel um so leichter, da bei Molière die Statue des «Commandeurs» im Gewand eines römischen Kaisers erscheint.[32]

Hiermit sind wir nun endlich am Ende unseres langen, verschlungenen Weges angelangt. Wie wir sahen, sind außer dem explizit genannten Ovid im Text noch drei weitere, verborgene Zitate enthalten. Sie verweisen auf Ariosts *Orlando Furioso*, Rochlitz' Übersetzung von Da Pontes Libretto zu Mozarts *Don Giovanni* und das Drama *Dom Juan* von Molière. Auf dieser Grundlage wollen wir jetzt versuchen, den Text Goethes zu interpretieren.

Im Aufsatz *Das römische Carneval*, erstmals 1789 publiziert und dann in den dritten Teil der *Italienischen Reise* eingerückt, bezeichnet Goethe den Governatore (er schreibt «Gouverneur») und den Senator als die «ersten Gerichts- und Polizeiherren von Rom».[33] In Wirklichkeit hatte der Governatore, der auch die Polizei befehligte, eine sehr viel mächtigere Stellung als der Senator. Dieser residierte jedoch auf dem Kapitol, dem antiken Zentrum der Macht, so daß auch aus diesem Grund die Statue Kaiser Mark Aurels auf dem Kapitolsplatz sehr anschaulich die öffentliche Gewalt symbolisierte. Die «juristischen» Aspekte, die Rochlitz im Gegensatz zu Da Ponte in seiner Übersetzung des Librettos betont hatte, stimmten auch gut mit den persönlichen Erfahrungen Goethes überein, der in den letzten Monaten seines römischen Aufenthaltes gewissermaßen in Rom wie Don Juan als Libertin gelebt hatte, indem er ein unerlaubtes Liebesverhältnis mit einer Frau aus dem Volk unterhielt. Goethe wußte, daß die römische Polizei solche Verhältnisse als Vergehen gegen die öffentliche Moral verfolgte, wenn ihm vielleicht auch nicht klar war, daß nicht der Governatore, sondern der Kardinalvikar, vertreten vom Vicegerente, für dergleichen Delikte zuständig war.[34] Wie dem auch sei, die Statue auf dem Kapitol, Symbol der obersten Gerichtsbarkeit, warnte Goethe vor dem «Liebeszauber», in den er, wie Ruggiero bei Ariost, im römischen «Feenpalast» verstrickt war. Doch Goethe schlug diese Warnung in den Wind und fand sich im Totenreich wieder.

Die Trennung von der Geliebten, zu der ihn die Rückkehr nach Deutschland zwang, erwies sich als sehr schmerzhaft. In der *Italienischen Reise* spricht Goethe nicht davon. Er motiviert hier seinen Abschiedsschmerz mit der Trennung von seinem geliebten Rom. Aufgrund dieser Verschiebung erhalten die Gipsabgüsse antiker Stücke, die er in seinem Zimmer am Corso zusammengetragen hatte, eine besondere Funktion. Goethe schreibt, daß es ihm sehr schwer gefallen sei, sich von einem Teil dieser Schätze zu trennen, nachdem er eingesehen hatte, daß er sie nicht alle nach Weimar mitnehmen konnte. Als er die Personen bestimmte, denen er die einzelnen Stücke hinterlassen wollte, habe er sich wie einer gefühlt, «der sein Testament überdenkt». Und er schließt: «Groß war der Schmerz daher, als ich aus Rom scheidend, von dem Besitz des endlich Erlangten, sehnlichst Gehofften mich lostrennen sollte.»[35] Von den Gipsabgüssen war der Übergang zu den Ruinen des antiken Forums fast automatisch. Diese Ruinen erwecken in Goethe während seines nächtlichen Spazierganges den gleichen Trennungsschmerz, nur daß diese Trennung sich hier in ihrer äußersten Form manifestiert, nämlich als Tod.

Das elegische Gefühl, das ihn beim nächtlichen Besuch der römischen Ruinen befiel, leitet zu den Versen Ovids über, mit denen Goethe die *Italienische Reise* beschließt. Warum wählte er gerade diese Verse? Warum verglich er sich mit dem römischen Dichter, den Kaiser Augustus aus Rom verbannte? In seinem Gedichtzyklus *Tristia* gibt Ovid nicht an, wegen welcher Schuld das Exil über ihn verhängt wurde. Die Schuld des römischen Dichters interessierte Goethe in diesem Zusammenhang auch gar nicht. Er zitierte die Verse vielmehr, weil sie von den Qualen sprachen, die Ovid beim Verlassen Roms empfand.

Wörtlich zitiert werden vier Distichen der dritten Elegie im ersten Buch der *Tristien*, die Ovid allem Anschein nach in seinem Exil Tomi am Schwarzen Meer schrieb. Die Verse werden zunächst in der deutschen Übersetzung, um die Goethe am 2. April 1829 Riemer gebeten hatte,[36] wiedergegeben, dann im lateinischen Original. Den Anfang machen die beiden ersten Distichen der Elegie, in denen der römische Dichter sich an den Schmerz der letzten Stunden vor der Abreise erinnert:

«Wandlet von jener Nacht mir das traurige Bild vor
  die Seele,
Welche die letzte für mich ward in der Römischen
  Stadt

> Wiederhol' ich die Nacht, wo des Teuren soviel mir
>   zurückblieb,
> Gleitet vom Auge mir noch jetzt eine Träne herab.»

Daran schließen sich zäsurlos die Distichen 27–28 an, die beschreiben, wie Ovid zum letzten Mal von seinem Haus auf das nahe mondbeschienene Kapitol blickte:

> «Und schon ruhten bereits die Stimmen der
>   Menschen und Hunde,
> Luna sie lenkt' in der Höh' nächtliches Rosse-
>   gespann.
> Zu ihr schaut' ich hinan, sah dann capitolische
>   Tempel,
> Welchen umsonst so nah' unsere Laren gegrenzt.»

Die Übereinstimmung der Erfahrungen konnte nicht treffender sein, und zweifellos bildeten die Verse Ovids den Kern, aus dem Goethe den ganzen Schluß der *Italienischen Reise* entwickelte. Doch müssen wir uns auch fragen, was in den ausgelassenen Distichen 5–25 stand. Hier erwartet uns eine Überraschung. In den Distichen 15–16 erinnert sich Ovid an den traurigen Abschied von zwei treuen Freunden, die sich nicht wie so viele andere von ihm abgewandt hatten, und an das trostlose Weinen seiner Frau, die sich nicht damit abfinden konnte, daß sie allein und verlassen in Rom zurückbleiben sollte:

> «Sagt' ich ein Abschiedswort, ein letztes, den
>   trauernden Freunden,
> hielt von den vielen doch nur dieser und jener zu
>   mir.
> Liebend umfing die Gattin den Weinenden,
>   heftiger weinend:
> über ihr schuldlos Gesicht strömten die Tränen
>   hinab.»[37]

Vom Schmerz, den seine Abreise bei seinen zurückbleibenden Freunden hervorrief, spricht Goethe im Finale der *Italienischen Reise* nicht. Jedoch erzählt er davon einige Seiten zuvor in der «Korrespondenz» unter dem Datum 14. März 1788. Hier schreibt er: «Mein Abschied von hier betrübt drei Personen innigst. Sie werden nie wieder finden, was sie an mir gehabt haben, ich verlasse sie mit Schmerzen. In Rom hab' ich mich selbst zuerst gefunden, ich bin zuerst übereinstimmend mit mir selbst glücklich und vernünftig geworden, und als einen solchen haben mich diese dreie in verschiedenem Sinne und Grade gekannt, besessen und genossen.»[38] Dies ist eine sehr gewichtige Aussage. Wie man sieht, stimmt die Zahl der über seinen Abschied betrübten Personen mit der Zahl jener überein, die Ovids Verbannung in Verzweiflung stürzt, obwohl, nach den Briefen zu schließen, die Goethe nach seiner Rückkehr nach Weimar aus Rom erhielt, in Wirklichkeit sehr viel mehr Freunde seine Abreise beklagten. Wen aber meinte Goethe mit diesen drei Personen? In der *Italienischen Reise* treten vor allem Karl Philipp Moritz und Angelika Kauffmann als sehr enge Freunde Goethes in Rom hervor. Der Name von Fritz Bury fehlt merkwürdigerweise; er wird nur einige Male beiläufig genannt, ohne daß die große Anhänglichkeit des jungen Malers an Goethe erwähnt würde. Dies ist um so auffälliger im Hinblick auf den Brief vom 10. Mai 1788, mit dem Bury sofort auf Goethes ersten Brief aus Florenz antwortete. Bei dessen Lektüre, so hatte er geschrieben, «sammelten sich wieder Thränen genug für mich Ihre Abwesenheit von mir zu beweynen.»[39] Goethe selbst empfahl im Oktober 1788 der Herzogin Anna Amalia, als diese sich in Rom aufhielt, den jungen Maler mit sehr liebevollen Worten und fügte hinzu: «Er hat viel an mir verlohren.»[40] Dies alles bestärkt die Annahme, daß in der *Italienischen Reise* die Zahl der römischen Freunde bewußt der Zahl der Freunde Ovids angeglichen wurde.

Wer war aber dann die dritte Person, die wie die verzweifelte Frau Ovids in Rom zurückgelassen wurde? Ein versteckter Hinweis findet sich ebenfalls in der «Korrespondenz» des 14. März 1788 kurz vor der Stelle, an der vom Abschiedsschmerz der Freunde die Rede ist. Goethe schreibt hier: «Sonderbar war es, daß ich auf äußere Veranlassung verschiedene Maßregeln nehmen mußte, welche mich in neue Verhältnisse setzten, wodurch mein Aufenthalt in Rom immer schöner, nützlicher und glücklicher ward. Ja ich kann sagen daß ich die höchste Zufriedenheit meines Lebens in diesen letzten acht Wochen genossen habe, und nun wenigstens einen äußersten Punkt kenne, nach welchem ich das Thermometer meiner Existenz künftig abmessen kann.»[41] Der achtzigjährige, abgeklärte Goethe, für den die römischen Erfahrungen nunmehr in ferner Vergangenheit lagen, machte dieses Eingeständnis nur sehr zögernd. Er maß jedoch zweifellos diesen «neuen Verhältnissen», in die er in den letzten Monaten des römischen Aufenthaltes versetzt worden war, entscheidende Bedeutung für sein ganzes künftiges Leben bei. Trotz der Mauer der Zurückhaltung und Verschwiegenheit, mit der sich der Autor dem Leser gegenüber abschirmt, nimmt das «ungewöhnliche» Unternehmen, vor dem die Kaiserstatue auf dem Kapitol den Scheidenden warnt, nun etwas genauere Konturen an: Sie hatte mit der Liebe zu der Frau zu tun, die Goethe in Rom zurückließ.

In einem tiefdringenden Aufsatz über die Komposition des «Zweiten römischen Aufenthaltes» spricht Horst Rüdiger von einem «melodramatischen Finale» der *Italienischen Reise*.[42] Dem melodramatischen Effekt, den er auf jeden Fall erreichen wollte, opferte Goethe die Logik des Sinns. Wie konnte er seine Abreise aus Rom mit der Strafe des Exils vergleichen, zu dem Kaiser Augustus Ovid verurteilt hatte? Wer hätte schon eine solche Strafe über ihn verhängen können? Weder der Komtur des *Don Giovanni* noch die Statue Mark Aurels oder der Governatore können eine Erklärung geben. Die Gleichung geht nicht auf, und zwar deshalb nicht, weil der greise Dichter in der *Italienischen Reise* einen sehr wichtigen Aspekt seines Abschieds von Rom mit Schweigen überging.

Die Idee des Exils nach dem Vorbild Ovids kam Goethe wahrscheinlich schon während der letzten Tage in Rom. An Herder, der inzwischen in Rom war, schrieb er am 27. Dezember 1788, er könne immer noch nicht «eine leidenschaftliche Erinnerung an jene Zeiten» aus seinem Herzen tilgen und wiederhole sich oft mit Rührung die Verse Ovids, von denen er dem Freund das erste Distichon der Elegie, mit der er vierzig Jahre später die *Italienische Reise* abschließen sollte, auf lateinisch zitierte.[43] Dieses Distichon enthält das Wort Exil nicht. Wir lesen es jedoch in einem Brief, den ihm am 15. Juli 1788, knapp ein Vierteljahr nach seiner Abreise aus Rom, Friedrich Rehberg, einer der in Rom zurückgelassenen Freunde, schrieb. Rehberg versicherte ihm darin, daß er sich gut vorstellen könne, was er nach der Heimkehr nach Deutschland empfinde, denn «hier in Italien selbst», schrieb er, «ist mir alles ein exilium was außer Rom ist, wo ich Gottlob noch bin.»[44] Vielleicht hatte Goethe schon in Rom seinen Freunden gegenüber im Gedanken an Ovid seine Rückkehr nach Weimar als ein Exil bezeichnet.

In der 1817 geschriebenen ersten Version des Finales der *Italienischen Reise* findet sich dagegen keine Anspielung auf die römische Geliebte.[45] Das Motiv der Verbannung Ovids erscheint aber auch hier, und zitiert werden die gleichen lateinischen Verse wie in der Endfassung des Werks. Die Verbannung Ovids wird mit dem Exil Torquato Tassos in Verbindung gebracht, von dessen Schicksalen das gleichnamige Drama handelt, an dem Goethe in Rom und während der Rückreise arbeitete.[46] Anders als Ovid begab sich Tasso indessen freiwillig aus Ferrara ins römische Exil.

In Goethes Drama faßt Tasso diesen Entschluß, weil er unfähig ist, sich dem Hofleben anzupassen. Doch wird auch Herzog Alfonso II. von Ferrara für dieses Exil verantwortlich gemacht, da er Tasso nicht daran zu hindern wußte. Die erste Fassung des Schlußteils der *Italienischen Reise* ist also etwas transparenter und gibt dem Leser mehr Hinweise zum Verständnis von Goethes wahren Motiven.

Der Dichter sprach von Exil, weil er gezwungen worden war, Rom zu verlassen, um seinen alten Platz am Weimarer Hof nach langer Abwesenheit wieder einzunehmen. Goethe war in den goldenen römischen Urlaub geflüchtet, ohne auf das Gehalt verzichten zu müssen, das Herzog Carl August ihm auch während seiner Abwesenheit weiterbezahlte. Nach der im August 1787 getroffenen Vereinbarung hatte der Herzog ihm gestattet, bis Ostern 1788, das auf den 23. März fiel, in Rom zu bleiben. Dem Antwortbrief vom 25. Januar 1788 auf einen nicht überlieferten Brief des Herzogs, den Goethe am Vortag erhalten hatte, läßt sich dagegen entnehmen, daß Carl August ihn in diesem Schreiben gebeten hatte, doch noch länger in Rom zu bleiben, um seine Mutter dort zu empfangen und ihr während ihres Aufenthaltes in der Stadt als kundiger Führer beizustehen. Diese Bitte erreichte Goethe im erdenklich günstigsten Moment. In jenen Tagen hatte sein Liebesverhältnis begonnen, und nichts konnte ihm lieber sein als die Aussicht, seine Abreise auf Monate hinaus verschoben zu sehen. Seine Freude über diese unerwartete Huld war so überwältigend, daß er sich bereit erklärte, sein Inkognito fallen zu lassen, um sich «zu dem Posten eines Reisemarschalls zu qualificiren». Er versprach sogar, die römischen Salons aufzusuchen und den verhaßten Kardinälen seine Aufwartung machen, denn er schrieb dem Herzog: «Zuerst will ich den Cardinal Herzan und den Senator besuchen, dann zu Card. Staatssekretär und zu Card. Bernis gehn, somit sind alle die Schleußen aufgezogen und das übrige folgt von selbst, ich will den Monat Aprill ganz dieser Ausbreitung widmen, denn ich muß mich selbst wieder daran gewöhnen ...»[47]

Aber schon wenige Wochen später lösten sich alle diese schönen Pläne in Luft auf, denn der Herzog schrieb ihm Mitte März, daß es nicht nötig sei, die Herzoginmutter in Rom zu erwarten. Deren Reise sei so organisiert worden, daß sie auf Goethes Gesellschaft verzichten könne. Nach dem ausgedehnten Urlaub sei es nun an der Zeit, nach Weimar zurückzukehren. Er habe auch Vorkehrungen getroffen, um ihn von allen effektiven Regierungsgeschäften zu befreien. Am 17. März antwortete ihm Goethe in einem langen Brief, den er ohne weitere Umschweife mit den Worten begann: «Ihren freundlichen, herzlichen Brief beantworte ich sogleich mit einem fröhlichen: ich komme!» Was hätte er auch anderes sagen sollen? Seit einundeinhalb Jahren befand er sich auswärts auf Kosten seines Herrn, und beim ersten, wenn auch freundlichen Wink blieb ihm keine andere Wahl, als sich zur Rückkehr zu rüsten. Der Brief ist in einem ruhig gelassenen Ton geschrieben. Goethe drückte darin seine Dankbarkeit für die neuen günstigen Lebensbedingungen aus, die Herzog Carl August ihm in Aussicht stellte. Er schrieb: «Ihre Gesinnungen, die Sie mir vorläufig in Ihrem Briefe zu erkennen geben sind so schön und für mich bis zur Beschämung ehrenvoll. Ich kann nur sagen: Herr hie bin ich, mache aus deinem Knecht was du willst. Jeder Platz, jedes Plätzchen die Sie mir aufheben, sollen mir lieb seyn, ich will gerne gehen und kommen, niedersitzen und aufstehn.»[48] Mit dem feierlichen Bibelton erhielten die Worte «Herr» und «Knecht», die das Verhältnis zwischen dem Herzog und dem Dichter realistisch umschrieben, einen etwas euphemistischeren Anstrich. In einem weiteren Brief vom 28. März wird mit dem Hinweis auf die Geschicke Torquato Tassos das Verhältnis genauer bezeichnet als jenes zwischen einem Hofdichter und dem Fürsten, denn Goethe schrieb: «Ich leße jetzt das Leben des Tasso, das Abbate Serassi und zwar recht gut geschrieben hat. Meine Absicht ist, meinen Geist mit dem Charakter und den Schicksalen dieses Dichters zu füllen, um auf der Reise etwas zu haben das mich beschäftigt.»[49] Hört man genau hin, dann offenbart sich in diesen beiden Briefen das ganze Drama des Dichters Goethe, den die historischen Existenzbedingungen dazu zwangen, sein Leben im Dienst eines Fürsten zu verbringen, der aber trotzdem versuchte, das Wichtigste zu retten, nämlich die intellektuelle Unabhängigkeit.

Zuviel Existentielles stand auf dem Spiel, als daß die Liebe ein Wort hätte mitreden dürfen. Dennoch empfand Goethe gerade aus diesem Grund die Aufforderung des Herzogs zurückzukehren als besonders hart.[50] Er brauchte Monate, um sich von diesem Schlag zu erholen. Die Wunde, die der aufgezwungene Abschied von Rom in seinem Herzen riß, verheilte nie gänzlich. Die langsame Rückreise nach Deutschland vollzog sich unter dem Zeichen bittersten Heimwehs nach dem, was er in Rom zurückgelassen hatte. Am 23. Mai 1788 schrieb er, ohne diese schmerzliche Wahrheit zu verbergen, aus Mailand an Herzog Carl August: «Der Abschied aus Rom hat mich mehr gekostet als es für meine Jahre recht und billig ist, indessen habe ich mein Gemüth nicht zwingen können und habe mir auf der Reise völlige Freiheit gelaßen. Darüber habe ich denn jede Stunde wenigstens siebenerley Humor und es freut mich von Herzen, daß die Sudeley dieses Briefs ins lustige Siebentel fällt». Mehr oder weniger Gleiches schrieb er, wiederum aus Mailand, am nächsten Tag an Knebel: «In der letzten römischen Zeit hatte ich nichts mehr zu sagen, es ging hart zu da ich mich trennte.» Und als er dann die Alpen überquert und Konstanz erreicht hatte, wünschte er Herder am 5. Juni:

«Reise glücklich und erbrich den Brief gesund, da wo ich in meinem Leben das erstmal unbedingt glücklich war.»[51] Selbst drei Monate nach seiner Rückkehr nach Weimar, als Christiane Vulpius schon seit zwei Monaten seine Geliebte war, hatte er sich noch nicht mit seinem Schicksal abgefunden und schrieb am 19. September seinem Freund Johann Heinrich Meyer, der das Glück hatte, ungestört in Rom leben bleiben zu dürfen: «Ich kann und darf nicht sagen wieviel ich bey meiner Abreise von Rom gelitten habe, wie schmerzlich es mir war das schöne Land zu verlaßen ...» Er kam auch zu der Überzeugung, daß Herder bei seiner Zurückbeorderung die Hand mit im Spiel gehabt hatte. Ihm schrieb er am 22. September nach Rom: «O mein Bruder, welcher böse Geist trieb dich, mich zurückzuberufen? Ich hätte dich nun auffangen können und wir hätten sie alle ausgelacht.» Am 10. Oktober wiederholte er diesen Vorwurf: «Wenn du in mein hold Quartierchen kommst, so laß dichs einen Augenblick reuen, daß du mich herausgejagt hast.»[52] Aber es gibt keinen Beweis dafür, daß er mit seinen Anschuldigungen recht gehabt hätte. Vielleicht beschuldigte er Herder auch nur, um den Herzog als den wahren Urheber seines Unglücks irgendwie zu entlasten.

Der Komtur des *Don Giovanni* und die Statue Mark Aurels, die ihn an jenen erinnerte, verwiesen also nicht von ungefähr auf die Autorität, die ihn zur Rückkehr gezwungen hatte. Wenn Goethe sich mit Ovid verglich, so stellte er damit die Aufforderung, Rom zu verlassen und nach Weimar zurückzukehren, der Strafe der Verbannung gleich und teilte Herzog Carl August die gleiche Rolle zu, die Kaiser Augustus einst dem römischen Dichter gegenüber gespielt hatte. Durfte eine solch unbequeme Tatsache den Lesern der *Italienischen Reise* mitgeteilt werden? Goethe schuldete seinem Herzog vieles und konnte nicht einfach vergessen, daß er nach der Rückkehr nach Weimar von allen Amtspflichten befreit worden war, um wieder seiner dichterischen Tätigkeit nachgehen zu können, und daß der Herzog seitdem als Mäzen für seinen Lebensunterhalt sorgte. Herzog Carl August war sich dieser neuen Rolle durchaus bewußt und spielte sie auch gerne. Am 29. November 1788 schrieb er nicht ohne eine gewisse Selbstgefälligkeit an seine Mutter: «Indessen tröste ich mich über mein Vaterland, weil andere Länder nichts Geschriebenes von dem Werte aufstellen können, wie Goethens ‹Werther›, ‹Faust›, ‹Iphigenie›, ‹Berlichingen› etc. und Herders ‹Ideen› sind.»[53] Goethe verleugnete die ihm gegenüber bewiesene Großzügkeit nicht und schrieb ein Preislied auf seinen Mäzen, von dem er dem Herzog in einem Brief vom 10. Mai 1789 Nachricht gab.

Es lautete:

«Klein ist unter den Fürsten der Deutschen mein Fürst, ich gesteh es,
Kurz und schmal ist sein Land, mäßig nur, was er vermag.
Aber mir hat er gegeben, was Große selten gewähren,
Stand, Vertrauen, Gewalt, Garten und Wohnung und Geld.
Keinen braucht' ich zu bitten als Ihn, und manches bedurft' ich,
Der ich mich auf den Erwerb schlecht, als ein Dichter, verstand.
Mich hat Europa gelobt, was hat mir Europa gegeben?
Nichts! Ich habe noch oft meine Gedichte bezahlt.
Deutschland ahmte mich nach, und Frankreich mochte mich lesen.
Und wie gefällig empfing England den leidenden Gast.

Doch was hilft es mir, daß auch sogar der Chinese
Malt mit geschäftiger Hand, Werthern und Lotten
  auf Glas?
Nie hat nach mir ein Kaiser gefragt, nie hat sich ein
  König
Um mich gekümmert, und er war mir August und
  Mäzen.» [54]

Das Lobgedicht hatte die Form eines Epigramms, aber Goethe veröffentlichte es nicht zusammen mit jenen vielen, größtenteils 1790 in Venedig geschriebenen Epigrammen, die in dem von Schiller herausgegebenen *Musenalmanach für das Jahr* 1796 im Druck erschienen, sondern erst 1800 in den *Neuen Schriften*. Sicher aber las er es Herzog Carl August bei erster Gelegenheit vor, was das Wichtigste war. In diesem Gedicht gab er einen etwas melancholischen Überblick über seine dichterische Laufbahn. Er erinnerte daran, daß er die ersten Werke auf eigene Kosten gedruckt und am überwältigenden Bucherfolg des *Werther* nur wenig verdient hatte, so daß er gezwungen gewesen war, sich in den Dienst eines Fürsten zu begeben. Zu seinem Glück hatte er jedoch einen Herrn gefunden, der einem Augustus und einem Mäcenas zur Seite gestellt werden konnte – allerdings auch im Hinblick auf die Verbannung Ovids aus Rom.

Als 1829 der letzte Teil der *Italienischen Reise* in den Druck gehen sollte, war der Herzog erst seit kurzer Zeit tot, und Goethe mochte ihn nicht in dieser negativen Rolle darstellen. Er tat deshalb die erste Fassung des Finales beiseite und schrieb eine neue. In dieser ließ er Tassos dramatische, mit dem Exil endende Geschicke unerwähnt und griff zur Metapher des «Feenpalasts», die einen deutschen Leser nicht leicht zu Ariost und damit wiederum zum Hof von Ferrara führen konnte. Goethe zog es vor, nun nur vage und undurchsichtig auf seine Liebesgeschichte anzuspielen und den Hinweis auf die Rolle des Herzogs auf fast unauflösliche Weise zu chiffrieren. Die Idee des Exils kam im Zitat der Ovidschen Verse zum Ausdruck, aber wer der Verantwortliche für dieses Exil war, blieb ungesagt.

In seinem schon oben erwähnten Brief an Zelter vom 17. Mai 1815 schrieb Goethe, die Menge der erhaltenen Materialien sei so groß, daß er «völlig wahrhaft und ein anmuthiges Mährchen» über seinen römischen Aufenthalt schreiben könne.[55] Die erste Version des Schlusses von 1817 folgte noch diesem Prinzip. Als er aber Jahre später das Werk, das er nach den ersten zwei Teilen unterbrochen hatte, wieder aufnahm, änderte sich dies. Am 21. Mai 1828 schrieb er wiederum an Zelter, er habe begonnen, «das Mährchen» seines zweiten Aufenthaltes in Rom zu diktieren.[56] Das «völlig wahrhaft» ließ er diesmal weg.

Anhang

Danksagung

Vorstudien zu diesem Buch wurden am 25. September 1993 und am 19. Februar 1994 in der «Frankfurter Allgemeinen Zeitung» sowie am 28. August 1994 in der «Süddeutschen Zeitung» publiziert. Ich hatte auch Gelegenheit, einige Teile des Buches in Vorträgen am «Collegium Europaeum Jenense» in Jena (18. November 1994), vor dem «Städelschen Museumsverein» in Frankfurt am Main (9. Februar 1995), in der «Bibliotheca Hertziana» in Rom (23. Februar 1995) und an der «Gesamthochschule Kassel» (20. Mai 1996) vorzustellen und zu diskutieren. Allen diesen Institutionen danke ich, daß sie mir die Möglichkeit dazu gegeben haben. Ebenso möchte ich meinen Mitfellows am Wissenschaftskolleg zu Berlin für ihre konstruktive Kritik danken, mit der sie in einem Kolloquium am 24. März 1998 einige Thesen dieses Buches diskutiert haben.

Ein besonderer Dank gilt Bruno Berni, dem Bibliothekar des «Istituto Italiano di Studi Germanici» in Rom, und Gesine Bottomley, der Leiterin der Bibliothek des Wissenschaftskollegs zu Berlin, für ihre unermüdliche Bereitschaft, mich mit den unzähligen nötigen Büchern zu versorgen.

Ich danke auch Carlo Alberto Bucci, Federico Pirani, Armando Petrucci, Francesco Mozzetti und Michele Di Sivo, die, jeder nach seiner Kompetenz, mich bei meinen Forschungen unterstützt haben. Christine Zeile hat wie immer dieses Buch gefördert und aufmerksam und kritisch lektoriert. Dafür sei ihr herzlicher Dank.

Ohne die Hilfe und Unterstützung meiner Frau Ingeborg Walter wäre dieses Buch, das von ihr auch übersetzt wurde, nie zustande gekommen. Ihr hier dafür zu danken, ist nur sehr wenig.

Abkürzungen

ACDFR	Archivio della Congregazione per la Dottrina della Fede Roma
ASCR	Archivio Storico Capitolino Roma
ASR	Archivio di Stato Roma
ASV	Archivio Segreto Vaticano
ASVR	Archivio Storico del Vicariato Roma
BAR	Biblioteca Angelica Roma
BHM	Bayerisches Hauptstaatsarchiv München
GSAW	Goethe- und Schiller-Archiv Weimar
GSPKB	Geheimes Staatsarchiv Preußischer Kulturbesitz Berlin
HHSAW	Haus-, Hof- und Staatsarchiv Wien
HA	Hauptstaatsarchiv Stuttgart

Goethe-Ausgaben:

FA Frankfurter Ausgabe = Johann Wolfgang Goethe, Sämtliche Werke (Deutscher Klassikerverlag), Frankfurt am Main 1987ff.

WA Weimarer Ausgabe = Goethes Werke, hg. im Auftrag der Großherzogin Sophie von Sachsen, Weimar 1887–1919.

Anmerkungen

Die Flucht

1 FA, I, 15/1, S. 604.
2 FA, II,2, S. 649f.
3 W. Wahl, S. 61.
4 J. G. Herder, Briefe, IV, S. 226.
5 WA, IV, 7, S. 253f.
6 FA, II,2, S. 648f.
7 W. Wahl, S. 63ff.
8 FA, II,2, S. 634f.
9 Das Gehalt von anfänglich 1200 Talern wurde 1781 auf 1400, 1785 auf 1600 Taler erhöht. Vgl. W. Wahl, S. 64.
10 S. Unseld, S. 18, 48ff., 60ff., 121ff.
11 Eckermann, S. 290f.
12 FA, II,2, S. 650.
13 N. Boyle, I, S. 448f.
14 W. Wahl, S. 66, 70f.
15 WA, IV,5, S. 169.
16 N. Boyle, S. 302ff., 308ff.
17 Ebenda, I, S. 298ff.
18 FA, II,2, S. 633.
19 FA, II,2, S. 636ff.
20 FA, II,2, S. 646.
21 FA, II,2, S. 639.
22 Goethe und der Kreis von Münster, S. 49.
23 WA, IV,8, S. 9f.
24 FA, II,2, S. 647.
25 FA, II,2, S. 651.
26 FA, II,2, S. 624.
27 WA, IV,7, S. 220.
28 WA, IV,7, S. 188.
29 FA, II,2, S. 631.
30 FA, II,2, S. 642f.
31 S. Unseld, S. 113ff.
32 WA, IV,8, S. 2.

33 WA, IV,8, S. 16–19.
34 FA, II,3, S. 43–47.
35 FA, II,3, S. 121–125.
36 FA, I, 15/1, S. 717, 721.
37 FA, I, 15/1, S. 724.
38 FA, I, 15/1, S. 725 und 744.
39 WA, IV,8, S. 7.
40 FA, II,3, S. 189f.
41 Eckermann, S. 291.
42 Ebenda, S. 582.
43 FA, II, 3, S. 308, 310ff.

Das Inkognito

1 J. G. Herder, Briefe, V, S. 186.
2 Ebenda, V, S. 213.
3 Ebenda, V, S. 250.
4 FA, II,3, S. 150–156, 205ff.
5 N. Boyle, I, S. 302.
6 WA, IV,8, S. 21.
7 Die Briefe von Goethes Mutter, S. 217.
8 FA, II,3, S. 153.
9 Briefe des Herzogs Carl August ... an Knebel ..., S. 67.
10 FA, II,3, S. 183.
11 FA, II,3, S. 162 und 174.
12 FA, II,3, S. 192.
13 Briefe des Herzogs Carl August ... an seine Mutter ..., S. 65.
14 FA, II,3, S. 201f.
15 FA, II,3, S. 209 und 224f.
16 H. Tümmler, S. 178f.
17 HHSA W, Staatskanzlei, Berichte aus dem Reich, Kart. 162 und Weisungen ins Reich, Kart. 249. Ich danke Herrn Dr. Leopold Auer, der mir freundlicherweise Photokopien dieser schon von K. Scheurmann, in: Goethe in Rom, II, S. 84, angezeigten Dokumente zur Verfügung gestellt hat.
18 Die Briefe von Goethes Mutter, S. 219.
19 WA, IV,7, S. 253.
20 W. Schleif, S. 170.
21 FA, II,3, S. 125.
22 FA, II,3, S. 156 und 824.
23 Die Briefe von Goethes Mutter, S. 217.

24 FA, I, 15/2, S. 1171 und 1174.
25 FA, I, 15/1, S. 609.
26 FA, II,3, S. 410.
27 FA, I,15/1, S. 607.
28 FA, I,15/1, S. 609.
29 FA, I, 15/1, S. 607, 612, 633.
30 FA, I, 15/1, S. 629 und 630.
31 GSAW, 25/ XXVII, Nr. 1, S. 5.
32 FA, I, 15/1, S. 648.
33 FA, I, 15/1, S. 664, 668.
34 GSAW, 25 / XXVII, Nr. 1, S. 6–7.
35 Ebenda. In Venedig ließ er auch die Werke Vitruvs binden. Vom Erwerb der Werke Vitruvs und Palladios berichtete er dem Herzog in seinem ersten Brief aus Rom vom 3. November 1786.
36 FA, I, 15/1, S. 679f., 694, 695.
37 FA, I, 15/1, S. 713.
38 FA, II,3, S. 184f.
39 FA, II,3, S. 213.
40 Die Briefe von Goethes Mutter, S. 219, 222.
41 J. G. Herder, Briefe, V, S. 196f., 206.
42 FA, II,3, S. 227.
43 FA, II, 3, S. 187.
44 J. G. Herder, Briefe, V, S. 208, 213.
45 Die Göchhausen, S. 64.
46 Die Briefe von Goethes Mutter, S. 221.
47 Briefe des Herzogs Carl August ... an Knebel..., S. 76.
48 B. Suphan, S. 501.
49 FA, I, 1, S. 397.
50 K. Ph. Moritz, II, S. 180; F. Münter, I, S. 254.
51 FA, I, 15/1, S. 72.
52 GSAW, 25 / XXVII, Nr. 1, S. 6, 8 und 9.
53 W. von Oettingen, S. 20.
54 F. Noack, 1904, S. 188.
55 FA, I, 15/1, S. 744.
56 Ch. L. Frommel, S. 78ff.
57 GSAW, 25 / XVII,Nr. 1, S. 8.
58 A. Brilli, S. 126f.
59 FA, I, 15/1, S. 607.
60 WA, IV,8, S. 18.
61 FA, II, 3, S. 152, 154, 160, 166, 175, 184, 194, 219, 256, 267.
62 Die Briefe von Goethes Mutter, S. 218; Goethe und der Kreis von Münster, S. 51.

63 FA, II, 3, S. 184.
64 GSAW, 25 / XXVII, N. 8a.
65 FA, II, 3, S. 1042; GSAW, 347, VII, 3.3. Regest in Briefe an Goethe, I, S. 110, Nr. 223.
66 FA II,3, S. 269 und 320.
67 GSAW, 25 / XXVII, N. 8a, Nr. 10–12.
68 GSAW, 25 / XXVII, N. 8b.
69 F. Noack, 1904, S. 191. Ein Faksimile der betreffenden Seite aus den „Stati d'anima" ist von H. Claussen, S. 209, publiziert worden.
70 FA, II, 3, S. 190.
71 FA, II, 3, S. 363 f.
72 Die Göchhausen, S. 77.
73 FA, II,3, S. 183 f.
74 GSPKB, Acta, Rep. 92, Nachlaß Lucchesini, Nr. 9, Bl. 34r und 38r; Nr. 10, Bl. 12 r-v und 15r.
75 FA, II,3, S. 297–301; V. Wahl, S. 69 f.
76 L. von Pastor, XVI, 3, S. 71–81.
77 Das italienische Reisetagebuch des Prinzen August von Sachsen-Gotha ..., S. 7, 25, 29 ff.
78 Die Göchhausen, S. 68 ff.
79 Sade, 1995, S. 8, 14 ff.

Der verbotene Dichter

1 J. W. Appel, 1896, S. 117 ff.; K. R. Scherpe, S. 14 f., 66 ff., 83 ff.
2 WA, IV, 5, S. 238 f., 240 f., 244, 266 f.
3 A.-L. Thomas, Saggi sopra il carattere, i costumi e lo spirito delle donne dei vari secoli. Opera tradotta dal sig. Gaetano Grassi Milanese, Cremona 1782. Die biographischen Notizen sind in der langen Widmung an die Marchesa Felicita Andreoli enthalten, die dem Werk vorausgestellt ist.
4 R. Le Forestier, S. 450, 502 f., 508 f.
5 H. Strehler-R. Bornatico, S. 50; M. Rigatti, S. 228 ff.
6 [J.W. Goethe] Werther. s.d., S. 5 ff.
7 M. Rigatti, S. 229.
8 Eckermann, S. 315.
9 P. Vismara Chiappa, S. 7 ff.
10 C. Capra, S. 59 ff., 68 ff., 96.
11 Memorie enciclopediche, 1783, n. 36, S. 288.
12 M. Fancelli, S. 92 ff.
13 R. Targhetta, S. 132 ff.
14 Die Lizenz für den Druck des ersten Bändchens wurde am

11. März, die für den zweiten Band am 1. April 1788 erteilt: Archivio di Stato di Venezia, Riformatori dello studio di Padova, busta 327.
15 [J.W. Goethe] Verter, Venezia 1788, S. 10ff.
16 G. Manacorda, S. 2ff., 8, 11ff. 19f.
17 U. Foscolo, Epistolario I, S. 129f.; G. Manno, S. 402ff.
18 R. Le Forestier, S. 419ff., 517.
19 D. Kemper, S. 316ff.
20 [J.W. Goethe] Gli affanni del giovane Verter, Londra 1788.
21 A. De Giorgi Bertola, I, S. 104ff.
22 G. Scotti, S. 21 und 91.
23 J. Rousse-Lacordaire, S. 45ff.
24 BHM, Geheimes Staatsarchiv München, Kasten schwarz 6335 und 15546.
25 F. Münter, I, S. 255, 262, 267, 296, 317, 328, 367, 374; II, S. 118, 134, 183, 193, 201, 213, 247ff. 253; III, S. 54.
26 S. Brunner, S. 150f., 156ff.
27 FA, II,3, S. 208f. (... ich erhielt den Namen Megalio wegen der Größe oder der Großartigkeit meiner Werke)
28 FA, II,3, S. 211.
29 J.J. Volkmann, II, S. 778–782.
30 Vgl. das Namensregister in FA, II,3. Das von Knebel ausgeliehene Exemplar des Reiseführers mit den handschriftlichen Postillen Goethes ist in der Bibliothek des Dichters aufbewahrt. Siehe H. Ruppert, S. 316f.
31 J. W. von Archenholz, S. 151f.
32 FA, II,3, S. 181.
33 S. Brunner, S. 156f.
34 F. Noack, 1904, S. 197f.
35 FA, II,3, S. 173, 182, 190.
36 W. von Oettingen, S. 20.
37 BAR, Archivio dell'Arcadia, Atti, S. 338, 339, 342, 345f., 347, 351.
38 FA, II,3, S. 157.
39 GSAW, 25 / XXVII, N.1, S. 10.
40 A. Rita, S. 214–218.
41 BAR, Archivio dell'Arcadia, Archivio, Vol. 8, Bl. 165v.
42 Ebenda, Atti, S. 338, 342, 349–351.
43 WA, I, 32, S. 451 und 456.
44 H. Ruppert, S. 242.
45 F. Noack, 1904, S. 203f.
46 Diario ordinario, 16. Dezember 1786 und 13. Dezember 1788.
47 A. Monaci, S. 129–133.

48 A. M. Giorgetti Vichi, S. 227.
49 G. Natali, S. 295–307.
50 E. Motta, Saggio di una bibliografia di Francesco Soave.
51 J. Vogel, S. 262, Tafel 13.
52 BAR, Archivio dell' Arcadia, Archivio, Vol. 5, Bl. 201v; Vol. 6, Bl. 120r.
53 Ebenda, Vol. 8, Bl. 64r.
54 Tagebücher und Briefe Goethes aus Italien,1886, S. 417.
55 J. G. Herder, 1989, S. 254, 261, 370, 618f.
56 FA, I, 15/1, S. 513–518.
57 F. Münter, I, S. 263, 267, 365.
58 A. M. Giorgetti Vichi, S. 114.
59 J. W. von Archenholz, S. 151.
60 Für die Jahre 1785–86 vgl. BAR, Archivio dell' Arcadia, Atti, S. 336, 338, 339, 343, 345f.
61 A. M. Giorgetti Vichi, S. 223.
62 S. Brunner, S. 151.
63 FA, I, 15/2, S. 774.
64 FA, II,3, S. 268.
65 J. J. Volkmann, II, S. 664–666.
66 Index librorum prohibitorum, S. 286.
67 ACDFR, Congregazione dell'Indice, Protocolli, Ponfilio, Vol. I (1781–84); Vol. II (1784); Vol. III (1786–1788).
68 G. B. Salinari, S. 100–104.
69 A. Buonafede, S. 151 und 247.
70 A. M. Giorgetti Vichi, S. 13.
71 Seine Teilnahme an den Sitzungen ist in jenen Jahren nur am 6. Januar 1785 und am 9. Juni 1787 dokumentiert. Vgl. BAR, Archivio dell'Arcadia, Atti, Vol.5, Bl. 327 und 357.
72 FA, I, 15/1, S. 553.
73 Zur Nachgeschichte der italienischen Reise, S. 207.
74 L. Rossi, S. 678ff.
75 G. Fantoni, S. 13.
76 V. Monti, Poesie, S. 27ff.
77 V. Monti, Aristodemo, S. 37, 39, 40, 44, 45, 55.
78 R. De Rosa, S. 377–379.
79 WA, I, 46, S. 143.
80 FA, I,1, S. 394.
81 V. Monti, Epistolario, I, S. 289.
82 Ebenda, I, S. 272.
83 V. Monti e P. Zajotti, S. 88.
84 FA I,15/1, S. 152f., 171, 178.

85 V. Monti, Epistolario, I, 339.
86 FA, I,1, S. 400.
87 L. von Pastor, XVI,3, S. 82 ff.
88 A. Scibilia, 1976, S. 337–346.
89 FA, I, 15/1, S. 207 f.
90 Index librorum prohibitorum, S. 322.
91 FA, I, 15/1, S. 240.
92 A. Scibilia, 1961, S. 664–672.
93 FA, I, 15/1, S. 259 f.
94 FA, II,3, S. 296 und 297 f.
95 Goethe. Sein Leben in Bildern und Texten, S. 221.

Spiel und Spass

1 Ch. Beutler, S. 26.
2 S. Brunner, S. 156.
3 J. G. Herder, 1989, S. 156, 175, 213 f., 227.
4 FA, II, 3, S. 207.
5 GSAW, 25 / XXVII, N.1, S. 9–11; 2 und 4.2.
6 GSAW, 25 / XVII, N. 5.
7 FA, I, 15/1, S. 559.
8 FA, II, 3, S. 373.
9 FA, II, 3, S. 221.
10 HA, A. 74. 174 und 175.
11 FA, I, 15/1, S. 395 und 406.
12 W. Riemer, 1841, II, S. 623; WA, I, 36, S. 73.
13 J. G. Herder, 1989, S. 156, 209, 212.
14 FA, II, 3, S. 207 f.
15 N. Boyle, I, S. 506 ff.
16 FA, II, 3, S. 264.
17 FA, II, 3, S. 211.
18 Ch. Beutler, S. 26 f.
19 H. Mildenberger, Katalog, 1987, S. 216, Nr. 39 und 45; P. Maisak, 1987, S. 30.
20 Ebd., S. 217, Nr. 47.
21 W. von Oettingen, S. 20.
22 FA, II, 3, S. 170 (22. November 1786).
23 Tagebücher und Briefe Goethes aus Italien, 1886, S. 436.
24 Kanzler von Müller, S. 13.
25 ASR, Tribunale del Governatore, Processi criminali, busta 1603 und 1661.

26 FA, I, 15/2, S. 769, 775, 776, 784.
27 J. H. W. Tischbein, 1956, S. 265.
28 W. von Oettingen, S. 32.
29 Carteggio di Pietro e Alessandro Verri, IX, S. 323.
30 J. Volkmann, II, S. 720; J. W. v. Archenholz, S. 159.
31 FA, II, 3, S. 159.
32 S. Brunner, S. 151.
33 J. Kruse, S. 34f.; K. Ph. Moritz, II, S. 863.
34 GSAW, 25 / XXVII, Q.
35 GSAW, 25 / XXVII, N. 7.
36 GSAW, 25 / XXVII, N. 4, Bl. 1r-v, 15r.
37 FA, I, 15/1, S. 549f.
38 FA, I, 15/1, S. 143.
39 GSAW, 25 / XXVII, N. 2.
40 Tagebücher und Briefe Goethes aus Italien, 1886, S. 436.
41 FA, II, 3, S. 377.
42 FA, I, 15/1, S. 143.
43 FA, II, 3, S. 1041.
44 GSAW, 25 / XXVII, N. 7.
45 FA, I, 15/1, S. 494.
46 FA, I, 15/2, S. 785f.
47 FA, I, 15/1, S. 149.
48 FA, II, 3, S. 235ff.
49 Zur Nachgeschichte der italienischen Reise, S. 29, 54, 226, 229.
50 Von Erich Schmidt. Vgl. Tagebücher und Briefe Goethes aus Italien, 1886, S. 471.
51 Weidner, 1994, S. 58.
52 F. Noack, 1907, S. 367.
53 P. Maisak, S. 41–44.
54 FA, II, 3, S. 467f., 1044ff., 1048; WA, IV, 9, S. 28, 52; Zur Nachgeschichte der Italienischen Reise, S. 5ff., 71ff.
55 FA, II, 3, S. 362.
56 FA, II, 3, S. 389f.
57 FA, II, 3, S. 309f.
58 Gazzetta universale di Assisi, 13. Juli 1787.
59 FA, II, 3, S. 1044f.
60 FA, I, 15/1, S. 400.
61 S. Pozzi, Garibaldi, (Caribaldi) Gioacchino, in Dizionario biografico degli Italiani, vol. 52, Rom 1999, S. 313ff.
62 S. Pozzi, Guizza, Domenico, ebenda (in Vorbereitung).
63 K. Ph. Moritz, II, S. 330.
64 FA, I, 15/1, S. 404f.

280

65 Gazzetta universale di Assisi, 6. Juli 1787; Diario ordinario, 8. und 14. Dezember 1787.
66 FA, I, 15/1, S. 406.
67 F. Schlitzer, S. 12-42.
68 Zur Nachgeschichte der italienischen Reise, S. 55, 88, 90, 176f.
69 A. G. Bragaglia, S. 341 ff.
70 K. Ph. Moritz, II, 329f.
71 Zur Nachgeschichte der italienischen Reise, S. 177f., 245.
72 C. Sartori, IV, S. 59, V, S. 475.
73 H. Ruppert, S. 380, 381.
74 FA, II, 3, S. 1045.
75 FA, I, 15/1, S. 426.
76 FA, II, 3, S. 366, 368.
77 FA, II, 3, S. 325, 339, 359, 360, 370, 375, 380, 384, 388.
78 FA, I, 5, S. 661 ff.
79 K. Ph. Moritz, II, S. 330.
80 FA, I, 15/2, S. 857.

Die Wirtstochter

1 Goethes Gespräche, III,2, S. 218–221.
2 FA, I, 1, S. 397.
3 FA, I, 1, S. 393.
4 FA, I, 1, S. 425.
5 F. Cerasoli, S. 405–408.
6 W. Müller, II, S. 187.
7 F. Noack, 1905, S. 172f.
8 WA, I, 42, 2, S. 358.
9 ASR, Tribunale criminale del governatore, filza 1721.
10 K. Ph. Moritz, II, 400.
11 FA, II, 3, S. 274f., 861–863.
12 Zuletzt H. Rüdiger, 1978, S. 186ff.
13 F. Noack, S. 1907, S. 93ff.
14 ASCR, Sez. IX, Uff. 29, Not. Milanesi, 16. September und 24. Dezember 1765.
15 F. Noack, 1907, S. 94. Im „Diario ordinario" wurde sie noch in den Nummern vom 10. Februar und 7. April 1787 „locanda di Mr. Franz" genannt.
16 F. Münter, II, S. 256.
17 K. Ph. Moritz, II, S. 180 und 181.
18 F. Münter, II, S. 216.

19 ASCR, 30 notai capitolini, Notaio Poggioli, sez. XV, Prot. 83; ASVR, S. Lorenzo in Lucina, Morti, XV, Bl. 167r.
20 GSAW, 25/ XXVII, N. 1, S. 9 und 10.
21 FA, II, 3, S. 248.
22 K. R. Eissler, II, S. 1146ff. Ich schließe mich in diesem Punkt völlig der Kritik von S. Unseld an, S. 670ff.
23 FA, I, 15/1, S. 688.
24 GSAW, 25 / XVII, 1, N. 1, S. 5-7.
25 Ein Potsdamer Maler in Rom, S. 164, 166, 216, 218.
26 J. Ch. von Mannlich, S. 261 und 344.
27 J. W. Tischbein, Aus meinem Leben, S. 241, 295.
28 ASVR, S. Lorenzo in Lucina, Stati d'anime, 1787, Bl. 20v.
29 ASVR, S. Lorenzo in Lucina, Libro dei battesimi, XXXII, Bl. 124r; XXXIII, Bl. 159v.
30 J. H. W. Tischbein, Aus meinem Leben, S. 267ff.
31 H. Mildenberger, 1985, S. 59, Abb. 7.
32 W. von Oettingen, S. 33, 40 und Tafel 25.
33 FA, II, 3, S. 274 und 862.
34 F. W. Riemer, 1846, S. 371.
35 WA, I, 32, S. 436, 451
36 GSAW, 25 / XXVII, T.
37 Ich danke Armando Petrucci, dem großen Kenner der italienischen Schriftgeschichte, der diesen handschriftlichen Brief für mich freundlicherweise untersucht hat. Über das Problem im allgemeinen siehe A. Petrucci, 1989, S. 485 ff.
38 H. Gross, S. 271.
39 ASR, 30 notai capitolini, Uff. 4, Not. V. Capponi, Prot. 506, Bl. 204r und 210r.
40 GSAW, 25 / XXVII, 4, 2.
41 FA, II, 3, S. 227, 231, 240, 242, 244, 247.
42 FA, II, 3, S. 365.
43 F. Münter, II, S. 174.
44 ASV, Segreteria di Stato, Memoriali e Viglietti, Viglietti di mons. governatore di Roma, Filza, 297, Bl. 218r-229v.
45 C. Goldoni, 1981.
46 J. Hennig, 1980, S. 374f.
47 ASVR, S. Lorenzo in Lucina, Licenze matrimoniali, 20 (1774-1790), 20. August 1787; Matrimonialia, Uff. 3, Notaio Antonio Gaudenzi, 7. August 1787; Libro dei matrimoni, 12, Bl. 166v; Stati d'anime, 158, 1796, Bl. 14r; 159, 1799, Bl. 15r; ASR, 30 notai capitolini, Uff. 4, Prot. 506, Bl. 204r-205v, 210r-v.
48 W. von Oettingen, S. 32 und 36.

49 WA, IV, 34, S. 202.
50 Die sorgfältigste Untersuchung verdanken wir P. Maisak, S. 31–32.
51 FA, II, 3, S. 181 und 834.
52 GSAW, 25 / XXVII, N.1, S. 10.
53 Der große Kopf wurde am 5., der kleine Kopf am 13. Januar erworben; vgl. FA, II, 3, S. 213 und 221.
54 Kanzler von Müller, S. 85.
55 FA, II, 3, S. 239f.
56 J. Vogel, S. 21.
57 J. H. W. Tischbein, Eselsgeschichte, S. 266f.
58 Ebd., S. 266, Abb. 71.
59 H. Mildenberger, 1987, S. 226f., Nr. 124 und 125.
60 Ebd., S. 51–77.
61 WA, IV, 35, S. 211–212.
62 W. von Oettingen, S. 27f.
63 H. Mildenberger, Katalog, 1987, S. 216, Nr. 40.
64 FA, II, 3, S. 241f.

DIE SCHÖNE MAILÄNDERIN

1 FA II, 3, S. 272.
2 Briefe der Frau von Stein an Knebel, S. 189, 190, 192, 193.
3 FA, II, 3, S. 271.
4 FA, II, 3, S. 157, 230, 237.
5 FA, II, 3, S. 853.
6 F. Münter, I-II, ad indicem.
7 FA, II, 3, S. 1044.
8 J. Kruse. S. 145ff.
9 FA, II,3, S. 340.
10 Angelika Kauffmann und ihre Zeitgenossen, S. 59.
11 FA I, 15/1, S. 378.
12 FA II, 3, S. 1044.
13 J. G. Herder, 1989, S. 360.
14 FA, II, 3, S. 305.
15 W. von Oettingen, S. 18.
16 FA, II, 3, S. 363.
17 Zur Nachgeschichte der italienischen Reise, S. 15, 47, 58, 100.
18 FA, II, 3, S. 307, 317f., 328.
19 FA, I,1, S. 429f., 437f.
20 FA, II, 3, S. 330, 331.
21 FA, II, 3, S. 333, 335.

22 FA, II, 3, S. 411.
23 FA, I, 15/1, S. 588.
24 Zur Nachgeschichte der italienischen Reise, S. 16, 32 f., 39, 59, 186.
25 FA, II, 3, S. 1046.
26 FA, I, 15/1, S. 442, 444, 445, 448 (in der hier zitierten Ausgabe ist der dritte Brief irrtümlich mit dem zweiten Brief verschmolzen worden).
27 Zur Nachgeschichte der italienischen Reise, S. 58 und 99.
28 GSAW, 30, 378; 25 / XXVII, 4,2. Briefe an Goethe, S. 112, Nr. 232.
29 GSAW, 25 / XXVII, N. 7 und 28/1042. Briefe an Goethe, S. 168, Nr. 409.
30 Die Gemmen, S. 144; Briefe an Goethe, S. 118, Nr. 250; S. 121, Nr. 261; S. 156, Nr. 366; S. 158, Nr. 371.
31 Publiziert von R. Zapperi, S. 140, Dok. 6.
32 C. L. Fernow, S. 241.
33 A. Carletta, 1897, S. 133.
34 ASCR, 30 notai capitolini, sez. XIII, not. Capponi, prot. 60, 6. März 1783.
35 ASCR, 30 notai capitolini, sez; LIX, not. Formicini, prot. 16, 19. Dezember 1808 (Testament Riggis vom 24. Oktober 1808).
36 A. Carletta, 1897, S. 137, Anm. 1.
37 ASVR, Matrimonialia, Uff. II, Not. N. Ferri, Nr. 0761.
38 G. Marini, S. 15.
39 R. Zapperi, S. 139 f., Dok. 3. Das Aussteuerinventar, das dem Heiratsvertrag beiliegt, ist von Carletta, 1897, S. 135, Anm. 1, publiziert worden.
40 R. Zapperi, S. 140, Dok. 4.
41 ASVR, Matrimonalia, Uff. II, Not. N. Ferri, Nr. 0761; Parrocchia di S. Lorenzo in Lucina, Libro dei matrimoni, 7. Juli 1788.
42 ASR, 30 notai capitolini, Uff. 4, Not. V. Capponi, prot. 508, Bl. 287r-288v.
43 Ebenda, unter dem Datum 12. September.
44 ASR, 30 notai capitolini, Uff. 4., not. V. Capponi, prot. 507, Bl. 462r-v, 29. April 1788.
45 R. Zapperi, S. 140, Dok. 3.
46 ASCR, 30 notai capitolini, sez. XIII, not. G. B. Sacchi, prot. 72.
47 Ebenda, prot. 73.
48 Ebenda, prot. 74.
49 ASCR, 30 notai capitolini, sez. XIII, not. V. Valentini, prot. 105, 6. Mai 1825.
50 Carletta, 1897, S. 136.

51 Angelika Kauffmann und ihre Zeitgenossen, S. 63.
52 J. W. Goethe, Italienische Reise, hg. von Andreas Beyer und Norbert Miller, München 1992, S. 1130. Die Interpretation von W. Hugelshofer, S. 109 ff., wurde mit überzeugenden Argumenten von A. Busiri Vici, S. 201 ff. widerlegt.
53 Carletta, 1897, S. 136, Anm. 1.
54 FA, II, 3, S. 365.
55 FA, I, 15/1, S. 451 ff., 490, 558 f., 593.
56 H. Rüdiger, 1977, S. 92 ff.
57 WA, IV, 45, S. 179.
58 WA, I, 32, S. 463, 464, 466, 467, 468 f., 478 f.
59 WA, IV, 44, S. 101.
60 G. Del Pinto, 1902.
61 Publiziert von Carletta, 1897, S. 135, Anm. 1.
62 Th. Mann, Lotte in Weimar, S. 58.

Das Rätsel Faustine

1 J. W. Goethe, Aus meinem Leben. Dichtung und Wahrheit, hg. von Erich Trunz, München 1982, S. 8.
2 D. Jost, S. 30 ff.; H. Rüdiger, 1988, S. 128 ff.
3 FA, II, 3, S. 564.
4 D. Jost, S. 85.
5 FA, I, 1, S. 392–394, 420, 422.
6 Der Briefwechsel zwischen Schiller und Goethe, S. 101 f., 103.
7 D. Jost, S. 83.
8 Der Briefwechsel zwischen Schiller und Goethe, S. 54, 59, 62, 72, 100.
9 Ebenda, S. 117, 121.
10 D. Jost, S. 85–87.
11 Eckermann, S. 327.
12 F. Sengle, S. 83.
13 N. Boyle, I, S. 587.
14 Carletta, 1899, S. 19–38.
15 F. Satta – R. Zapperi, S. 277-280.
16 FA, I, 15/1, S. 693.
17 Corpus der Goethezeichnungen, VI A, S. 41; VI B, S. 122.
18 FA, I, 1, S. 425, 1121.
19 FA, I, 1, S. 393.
20 FA, II, 3, S. 523, 524.
21 FA, I, 15/2, S. 925, 930.

22 Goethe, Römische Elegien. Faksimile der Handschrift, S. 70.
23 FA, I,1, S. 444.
24 ASVR, Santa Maria del Popolo, Stati d'anime, 1787, S. 41, 49, 89, 120, 125, 128, 233.
25 FA, II, 3, S. 387f.
26 D. Jost, S. 20; H. Rüdiger, 1988, S. 135.
27 Briefe des Herzogs Carl August ... an seine Mutter, S. 73, 74, 179.
28 FA, II,3, S. 364, 366, 368.
29 FA, I, 1, S. 472.
30 FA, I, 1, S. 429f.
31 FA, II,3, S. 394.
32 FA, II, 3, S. 416.
33 GSAW, 25/XXVII, N.4, Bl. 4r, 19r, 26r.
34 FA, II, 3, S. 324f., 341, 343, 349.
35 GSAW, 25/XXVII, N.4, Bl. 10r-v, 13r, 15r, 18r.
36 H. Claussen, 1990, S. 210.
37 GSAW, 25/XXVII, N.4, Bl.18r-v.
38 Goethes Gespräche, III,2, S. 220.
39 GSAW, 25/XXVII, N.4, Bl. 10r-v, 11r, 12v.
40 GSAW, 25/XXVII, N. 4, Bl. 13r-24v.
41 FA,I,1, S. 397.
42 J. J. Volkmann, II, S. 716, 719; J. W. von Archenholz, S. 33; F. Münter, II, S. 195f.
43 FA, I, 15/1, S. 451ff.
44 D. Jost, S. 21; H. Rüdiger, 1988, S. 137, 139.
45 FA, II, 3, S. 365.
46 GSAW, 25/XXVII, T., N. 4.
47 G. Pelliccia, S. 400ff., 413, 415.
48 FA, I, 15/1, S. 453f.
49 FA, I, 1, S. 407-409.
50 R. De Rosa, 1994, S. 372f.
51 P. Romano, S. 73f.
52 FA, I, 15/2, S. 972.
53 Notizie per l'anno 1787, S. 40; H. Ruppert, S. 57.
54 Sade, 1977, II, S. 56.
55 G. Sofri, 1960, S. 604ff.; ein Brief von Albani aus Ostia an Kardinal Boncompagni vom 10. April 1788 in ASV, Lettere di cardinali, Vol. 171, c. 140r. Auch die in Assisi gedruckte „Gazzetta universale", die in Rom viel gelesen wurde, erwähnt am 9. und 16. Februar 1787 Aufenthalte Albanis in Ostia. Hier könnte Goethe auf die Nachricht gestoßen sein.
56 D. Jost, S. 86.

57 FA, II, 3, S. 267, 340.
58 ASVR, Parrocchia S. S. Apostoli, Monizioni, 29 dicembre 1793. Das Dokument wiederholt gleiche Rundschreiben, wie sie in der Vergangenheit oft erlassen worden waren.
59 ASVR, Parrocchia dei Santi Quirico e Giuditta, Ammonizioni, 25. Januar 1772.
60 J. W. von Archenholz, S. 32–34; noch ausführlicher M. Levesque, S. 230 ff.
61 J. G. Herder, 1989, S. 105, 172.
62 Ebenda, S. 26.
63 FA, II, 3, S. 405.
64 GSAW, 25/XXVII, N. 8a, Nr. 13 und 14.
65 Die Gemmen aus Goethes Sammlung, S. 144 f.
66 FA, II, 3, S. 427.
67 ASR, Tribunale criminale del Governatore, busta 1722.
68 J. G. Herder, 1989, S. 373.
69 FA, I, 5, S. 459 ff.
70 FA, II, 3, S. 313.
71 Eckermann, S. 316.
72 FA, I, 5, S. 684, 685.
73 FA, I, 15,/1, S. 513.
74 FA, I, 5, S. 677.
75 Zur Nachgeschichte der italienischen Reise, S. 54 f.
76 Eckermann, S. 270.

Der Abschied

1 L. Blumenthal, S. 76–81.
2 FA, I, 15/1, S. 595–597.
3 F. Wolfzettel, Sp. 945 ff.
4 J. Hennig, S. 368 ff.
5 FA, I, 5, S. 733.
6 A. Orel, S. 116, 156, 157, 166.
7 WA, III, 7, S. 9, 33.
8 J. H. Campe, 1801, S. 195, 196.
9 L. Da Ponte, S. 3.
10 K. H. Oehl, S. 30 ff., 35 ff., 46 ff., 175; Ch. Bitter, S. 379–384.
11 H. Ruppert, S. 379–384.
12 Goethes Briefwechsel mit Friedrich Rochlitz.
13 H. Ruppert, S. 152, 383.
14 A. Orel, S. 67–68.

15 L. Da Ponte, S. 79, 115.
16 S. Rochlitz, S. IX (auch für alle weiteren Zitate).
17 L. Da Ponte, S. 63, 110.
18 Ch. Bitter, Abb. 13, 15, 18, 19.
19 WA, IV, 25, S. 330.
20 S. Kunze, S. 87 ff.
21 V. Monaco, S. 133 ff, 463 ff.
22 WA, IV, 25, S. 268.
23 FA I, 15/2, S. 1155–1157.
24 H. Ruppert, S. 91.
25 Ch.J. Jagemann, I, S. 261; II, S. 223.
26 Der Briefwechsel zwischen Schiller und Goethe, S. 386, 387, 390.
27 F. Schiller, S. 216, 219; Molière, Œuvres complètes, I, S. 714.
28 H. Ruppert, S. 229.
29 WA, IV, 44, S. 101.
30 E. von Keudell, S. 303; WA, III, 11, S. 210.
31 H. Ruppert, S. 89.
32 Molière, Œuvres complètes, I, S. 754.
33 FA, I, 15/1, S. 533 f.
34 N. Del Re, 1972, S. 19 ff., 47 ff.; Id.,1976, S. 18 ff.
35 FA, I, 15/1, S. 587 f.
36 WA, IV, 45, S. 229 f.
37 P. Ovidii Nasonis, S. 23.
38 FA, I, 15/1, S. 568.
39 Zur Nachgeschichte der italienischen Reise, S. 11.
40 FA II, 3, S. 444.
41 Fa I, 15/1, S. 566.
42 H. Rüdiger, 1977, S. 97 ff.
43 FA, II, 3, S. 452.
44 Zur Nachgeschichte der italienischen Reise, S. 33.
45 FA, I, 15/2, S. 1155 ff.
46 H. Rüdiger, 1977, S. 100–104.
47 FA, II, 3, S. 376.
48 FA, II, 3, S. 393, 395.
49 FA, II, 3, S. 401 f.
50 N. Boyle, I, S. 590.
51 FA, II, 3, S. 408, 409, 410.
52 FA, II, 3, 431, 435, 438.
53 Briefe des Herzogs Carl August ... an seine Mutter ..., S. 80.
54 FA, I, 1, S. 477 f., 1153.
55 WA, IV, 25, S. 330.
56 WA, IV, 44, S. 101.

LITERATURVERZEICHNIS

Angelika Kauffmann und ihre Zeitgenossen, Bregenz-Wien 1968.
Appell, Johann Wilhelm, Werther und seine Zeit, Oldenburg 1896.
Archenholz, Johann Wilhelm von, Rom und Neapel, hg. von Frank Maier-Solgk, Heidelberg 1990.
Bertola De Giorgi, Aurelio, Idea della bella letteratura alemanna..., I, Lucca 1784.
Beutler, Christian, Johann Heinrich Wilhelm Tischbein, Goethe in der Campagna, Stuttgart 1962.
Bitter, Christof, Wandlungen in den Inszenierungsformen des „Don Giovanni" von 1787 bis 1928, Regensburg 1961.
Blumenthal, Lieselotte, Ein Notizheft Goethes von 1788, Weimar 1965.
Boyle, Nicholas, Goethe. Der Dichter in seiner Zeit, I, 1749–1790, übersetzt von Holger Fliessbach, München 1995.
Bragaglia, Anton Giulio, Le maschere romane, Roma 1947.
Briefe an Goethe. Gesamtausgabe in Regestform, I, 1764–1795, hg. von Karl-Heinz Hann, Weimar 1980.
Briefe der Frau von Stein an Knebel, 1776–1787, hg. von Wilhelm Bode, in: Stunden mit Goethe, VI, 1910, S. 153–199.
Briefe des Herzogs Carl August von Sachsen-Weimar an seine Mutter die Herzogin Anna Amalia, hg. von Alfred Bergmann, Jena 1938.
Briefe des Herzogs Carl August von Sachsen-Weimar-Eisenach an Knebel und Herder, hg. von Heinrich Düntzer, Leipzig 1883.
Brilli, Attilio, Als Reisen eine Kunst war. Vom Beginn des modernen Tourismus: Die „Grand Tour". Aus dem Italienischen von Annette Kopezki, Berlin 1997.
Brunner, Sebastian, Die theologische Dienerschaft am Hofe Josephs II. Geheime Correspondenzen und Enthüllungen, Wien 1868.
Buonafede, Appiano, Istoria critica e filosofica del suicidio.., edizione seconda, Lucca 1780.
Busiri Vici, Andrea, Angelika Kauffmann and the Bariatinskis, in: Apollo, 77, 1963, S. 201 ff.
Campe, Joachim Heinrich, Wörterbuch zur Erklärung und Verdeutlichung der unserer Sprache aufgedrungenen fremden Ausdrükke, I, Braunschweig 1801.

Capra, Carlo, Giovanni Ristori da illuminista a funzionario. 1755–1830, Florenz 1968.

Carletta, Alessandro (Valeri, Antonio), La bella milanese di Goethe. L' atto di nascita, il ritratto, in: Vita italiana, n.s., III, 1897, S. 129–139.

Carletta, Alessandro (Valeri, Antonio), Goethe a Roma, Roma 1899.

Carteggio di Pietro e Alessandro Verri, hg. von Giuseppe Seregni, IX, Mailand 1939.

Cerasoli, Francesco, Ricerche storiche intorno agli alberghi di Roma dal secolo XIV al XIX, in: Studi e documenti di storia e diritto, XIV, 1893, S. 406–408.

Claussen, Horst, „Gegen Rondanini über ..." Goethes römische Wohnung, in: Goethe-Jahrbuch, 107, 1990, S. 200–216.

Corpus der Goethezeichnungen, bearbeitet von Gerhard Femmel, VI A, Leipzig 1970; VI B, Leipzig 1971.

Da Ponte, Lorenzo, Il Don Giovanni, edizione critica di Giovanna Gronda, Turin 1995.

Das italienische Reisetagebuch des Prinzen August von Sachsen-Gotha-Altenburg, des Freundes von Herder, Wieland und Goethe, hg. von Götz Eckardt, Stendal 1985.

Del Pinto, G., La casa abitata da Volfango Goethe in Castelgandolfo, Rom 1902.

Del Re, Niccolò, Monsignor Governatore di Roma, Rom 1972.

Del Re, Niccolò, Il Vicegerente del vicariato di Roma, Rom 1976.

Der Briefwechsel zwischen Schiller und Goethe, hg. von Emil Steiger, Frankfurt am Main 1987.

De Rosa, Raffaella, Falconieri Alessio, in: Dizionario biografico degli italiani, 44, Rom 1994, S. 372 f.

De Rosa, Raffaella, Falconieri Costanza, in: Dizionario biografico degli italiani, 44, Rom 1994, S. 377–379.

Die Briefe von Goethes Mutter, hg. von Mario Leis, Karl Riha und Carsten Zelle, Frankfurt am Main und Leipzig 1996.

Die Gemmen aus Goethes Sammlung. Bearbeiter der Ausgabe Gerhard Femmel. Katalog. Gerald Heres, Leipzig 1977.

Die Göchhausen. Briefe einer Hofdame aus dem klassischen Weimar, hg. von Werner Deetjen, Berlin 1923.

Eckermann, Johann Peter, Gespräche mit Goethe in den letzten Jahren seines Lebens, hg. von Fritz Bergemann, Frankfurt am Main 1981.

Ein Potsdamer Maler in Rom. Briefe des Batoni-Schüler Johann Gottlieb Puhlmann aus den Jahren 1774 bis 1787, hg. von Götz Eckardt, Berlin 1979.

Eissler, Kurt R., Goethe. Eine psychoanalytische Studie. 1775–1786, II, München 1986.

Fancelli, Maria, Michele Salom a Berlino: una lettera inedita a Ch.M.Wieland, in: Rivista di letterature moderne e comparate, 1981, S. 92–103.

Fantoni, Giovanni, Epistolario (1760–1807), hg. von Paola Melo, Rom 1992.

Fernow, Carl Ludwig, Römische Briefe an Johann Pohrt. 1793–1798, hg. von Herbert von Einem und Rudolf Pohrt, Berlin 1944.

Foscolo, Ugo, Epistolario, I, (ottobre 1794-giugno 1804), hg. von Plinio Carli, Florenz 1949.

Frommel, Christoph Luitpold, Zur Geschichte der Casa di Goethe, in: «... endlich in dieser Hauptstadt der Welt angelangt!» Goethe in Rom, I, Mainz 1997,S. 78–95;204–216.

Giorgetti Vichi, Anna Maria, Gli Arcadi dal 1690 al 1800. Onomasticon, Rom 1977.

Goethe, Römische Elegien. Faksimile der Handschrift, hg. von Hans-Georg Dewitz, Frankfurt am Main 1988.

(Goethe, Johann Wolfgang), Werther. Opera di sentimento del dottor Goethe celebre scrittore tedesco. Tradotta da Gaetano Grassi Milanese. Coll' aggiunta di un' apologia in favore dell' opera medesima. In Poschiavo per Giuseppe Ambrosioni, s.d.

(Goethe, Johann Wolfgang), Verter. Opera originale tedesca del celebre signor Goethe trasportata in italiano dal D. M. S., Venedig 1788, presso Giuseppe Rosa.

(Goethe, Johann Wolfgang), Gli affanni del giovane Verter: dall' originale tedesco tradotti in lingua toscana da Corrado Ludger, London : per T. Hoocham 1788.

Goethe. Sein Leben in Bildern und Texten, hg.von Christoph Michel, Frankfurt am Main 1987.

Goethe und der Kreis von Münster, hg.von Erich Trunz und Waltraud Loos, Münster 1974.

Goethes Gespräche, III, 2, hg. von Ernst Beutler, Zürich 1950.

Goethes Briefwechsel mit Friedrich Rochlitz, hg. von Woldemar von Biedermann, Leipzig 1887.

Goldoni, Carlo, Il ventaglio, hg. von Guido Davico Bonino, Turin 1981.

Gross, Hanns, Roma nel Settecento, Rom-Bari 1990.

Hennig, John, Goethes Kenntnis der Schönen Literatur Italiens, in: Literaturwissenschaftliches Jahrbuch, N. F., 21, 1980, S. 361–383.

Herder, Johann Gottfried, Briefe, Gesamtausgabe 1763–1803, hg. von Wilhelm Dobbek und Günther Arnold, Weimar 1977–1988.

Herder, Johann Gottfried, Italienische Reise. 1788–1789, hg. von Albert Meier und Heide Hollmer, München 1989.

Hugelshofer, Walter, Angelika Kauffmann und Goethe in Rom, in: Pantheon , 20, 1962, S. 109ff.

Index librorum prohibitorum Sanctissimi Domini Nostri Pii Sexti Pontifici Maximi jussu editur, Romae 1786.

Jagemann, Christian Joseph, Dizionario italiano-tedesco e tedesco-italiano, Leipzig 1790–1791.

Jost, Dominik, Deutsche Klassik. Goethes „Römische Elegien", München 1974.

Kemper, Dirk, «... die Vorteile meiner Aufnahme». Goethes Beitrittserklärung zum Illuminatenorden in einem ehemaligen Geheimarchiv in Moskau, in: Goethe-Jahrbuch, 111, 1994, S. 316–320.

Keudell, Elise von, Goethe als Benutzer der Weimarer Bibliothek, Weimar 1931.

Kruse, Joachim, Johann Heinrich Lips. 1758–1817. Ein Zürcher Kupferstecher zwischen Lavater und Goethe, Coburg 1989.

Kunze, Stefan, Don Giovanni vor Mozart. Die Tradition der Don-Giovanni-Opern im italienischen Buffa-Theater des 18. Jahrhunderts, München 1972.

Le Forestier, Renée, Les Illuminés de Bavière et la Franc-Maçonnerie allemande, Paris 1915.

Levesque, Maurice, Tableau politique religieux et morale de Rome et des États ecclésiastiques, Paris 1791.

Maisak, Petra, Wir passen zusammen als hätten wir zusammen gelebt. Goethe und Tischbein in Italien, in: Johann Heinrich Wilhelm Tischbein. Goethes Maler und Freund, hg. von Hermann Mildenberger, I, Oldenburg 1987, S. 17–50.

Manacorda, Giorgio, Materialismo e masochismo. Il „Werther", Foscolo e Leopardi, Florenz 1973.

Mann, Thomas, Lotte in Weimar, Frankfurt am Main 1990.

Mannlich, Johann Christian von, Histoire de ma vie, I, Mémoires de Johann Christian von Mannlich (1741–1822), hg. von Karl-Heinz Bender und Hermann Kleber, Trier 1989.

Manno, Giuseppe, Grassi Giuseppe, in: Biografie degli italiani illustri, hg. von Emilio De Tipaldo, II, Venedig 1835, S. 402ff.

Marini, Giovanni, Giovanni Volpato .1735–1803, Bassano 1988.

Mildenberger, Hermann, Ein Künstler zwischen den Stilen. Bildniszeichnungen von J. H. W. Tischbein in: Kunst und Antiquitäten, Heft 1, 1985,S. 56–63.

Mildenberger, Hermann, Wilhelm Tischbein als Illustrator und Autor eines Romans, in: Johann Heinrich Wilhelm Tischbein Goethes Maler und Freund, Oldenburg 1987, S. 51–77.

Mildenberger, Hermann, Katalog, in: Johann Heinrich Wilhelm

Tischbein Goethes Maler und Freund, Oldenburg 1987, S. 226–227.

Molière, Œuvres complètes, hg. von Robert Jouanny, I, Paris 1962.

Monaci, Alfredo, Memoria dell' elogio di Goethe in Arcadia, in: Giornale arcadico, 1911, S. 129–133.

Monaco, Vanda, Giambattista Lorenzi e la commedia per musica, Neapel 1968.

Monti, Vincenzo, Aristodemo, Rom 1911.

Monti, Vincenzo, Epistolario, I, (1771–1796), hg. von Alfonso Bertoldi, Florenz 1928.

Monti, Vincenzo, Poesie, hg. von Alfonso Bertoldi, Florenz 1910.

Monti, Vincenzo e Paride Zajotti, hg. von Nicolò Vidacovich, Mailand 1928.

Moritz, Karl Philipp, Werke, hg. von Horst Günther, II, Frankfurt am Main 1981.

Motta, Emilio. Saggio di una bibliografia di Francesco Soave, in: Bollettino storico della Svizzera italiana, VI,1884, S. 32ff., 60ff., 89ff.,115ff.,195ff., 227ff., 251ff.,288ff.;VII,1885, S. 29ff., 65ff., 99ff., 133ff., 156ff., 179ff., 211ff., 233ff., 248ff., 277ff.

Müller, Kanzler von, Unterhaltungen mit Goethe, hg. von Ernst Grumach, Weimar 1956.

Müller, Wilhelm, Rom, Römer und Römerinnen, II, Berlin 1820.

Münter, Friedrich, Aus den Tagebüchern, hg. von Oivind Andreasen, I-III, Kopenhagen und Leipzig 1937.

Natali, Giulio, Il maestro di Alessandro Manzoni, in: Idee, costumi, uomini del Settecento, Turin 1916, S. 295–307.

Noack, Friedrich, Aus Goethe römischem Kreise. Tischbein und der Künstlerhaushalt am Corso, in: Goethe-Jahrbuch, 25, 1904, S. 185–195.

Noack, Friedrich, Aus Goethes römischem Kreise. Goethe und die Arkadia, in: Goethe-Jahrbuch, 25, 1904, S. 196–207.

Noack, Friedrich, Aus Goethes römischem Kreise. Wo Goethe ein und aus ging, in: Goethe-Jahrbuch,26, 1905, S. 172–183.

Noack, Friedrich, Deutsches Leben in Rom. 1700 bis 1900. Stuttgart und Berlin 1907.

Oehl, Kurt Helmut, Beiträge zur Geschichte der deutschen Mozartübersetzungen, Diss., Mainz 1952.

Oettingen, Wolfgang von, Goethe und Tischbein, Weimar 1910.

Orel, Alfred, Goethe als Operndirektor, Bregenz 1949.

Ovidius Naso, Publius, Briefe aus der Verbannung, Lateinisch und Deutsch, übertragen von Wilhel Willige, Zürich und Stuttgart 1963

Pastor, Ludwig von, Geschichte der Päpste..,XVI, 3, Freiburg im Breisgau 1933.

Pelliccia, Guerrino, La scuola primaria a Roma dal secolo XVI al XIX, Rom 1985.

Petrucci, Armando, Scrivere per gli altri, in: Scrittura e civiltà, 13, 1989, S. 475–487.

Pozzi, Sabina, Gioacchino Garibaldi (Caribaldi), in: Dizionario biografico degli italiani, 52, Rom 1999, S. 313 ff.

Pozzi, Sabina, Domenico Guizza, in: Dizionario biografico degli italiani (in Vorbereitung).

Riemer, Friedrich Wilhelm, Mittheilungen über Goethe, Berlin 1841.

Riemer, Friedrich Wilhelm, Briefe von und an Goethe. Desgleichen Aphorismen und Brocardica, Leipzig 1846.

Rigatti, Maria, Un illuminista trentino del secolo XVIII. Carlo Antonio Pilati, Florenz 1923.

Rita, Andreina, De Rossi, Giovanni Gherardo, in: Dizionario biografico degli italiani, 39, Rom 1991, S. 214–218.

Rochlitz, Friedrich, Don Juan. Oper in zwei Akten. Nach dem Italienisch des Abb. Da Ponte frei bearbeitet, Leipzig 1801.

Romano, Paolo, Pasquino nel Settecento, Rom 1934.

Rossi, Lauro, Giovanni Fantoni, in: Dizionario biografico degli italiani, 44, Rom 1994, pp. 678–685.

Rousse-Lacordaire, Jérome, Rome et les Franc-Maçons. Histoire d' un conflit, Paris 1996.

Rüdiger, Horst, Zur Komposition von Goethes „Zweitem römischen Aufenthalt": das melodramatische Finale und die Novelle von der „schönen Mailänderin", in: Aspekte der Goethezeit, hg. von S. A. Korngold u. a., Göttingen 1977, S. 97–114.

Rüdiger, Horst, Goethes „Römische Elegien, und die antike Tradition, in: Goethe-Jahrbuch, 95, 1978, S. 174–199.

Rüdiger, Horst, Von den Erotica romana zu den Römischen Elegien, in: Goethe, Römische Elegien. Faksimile der Handschrift, hg. von Hans-Georg Dewitz, Frankfurt am Main 1988.

Ruppert, Hans, Goethes Bibliothek. Katalog, Weimar 1958.

Sade, Donatien Alphonse François, Marquis de, Histoire de Juliette ou les prospérités du vice, II, Paris 1977.

Sade, Donatien Alphonse François, Marquis de, Voyage d'Italie, hg. von Maurice Lever, Paris 1995.

Salinari, Giovanni Battista, Buonafede Appiano, in: Dizionario biografico degli italiani, 15, Rom 1972, S. 100–104.

Sartori, Claudio, I libretti italiani a stampa dalle origini al 1800, III–IV, Cuneo 1991; V, Cuneo 1992; Indice dei cantanti, Cuneo 1994.

Satta, Fiamma e Zapperi, Roberto, Goethes Faustine. Die Geschichte einer Fälschung, in: Goethe-Jahrbuch, 113, 1996, S. 277–280.

Scherpe, Klaus R., Werther und Wertherwirkung. Zum Syndrom bürgerlicher Gesellschaftsordnung im 18. Jahrhundert, Bad Homburg 1970.

Schiller, Friedrich, Sämmtliche Schriften, Elfter Theil, Gedichte, hg. von Karl Goedeke, Stuttgart 1871.

Schleif, Walter, Philipp Seidel, der Betreuer von Goethes Haushalt in den Jahren 1775–1788, in: Goethe. Neue Folge des Jahrbuchs der Goethe-Gesellschaft, 22, 1960, S. 169 ff.

Schlitzer, Franco, Goethe e Cimarosa, Siena 1950.

Scibilia, Antonello, Aquino, Francesco, principe di Caramanico, in: Dizionario biografico degli italiani, 3, Rom 1961, S. 664–672.

Scibilia, Antonello, Caracciolo Domenico, in: Dizionario biografico degli italiani, 19, Rom 1976, S. 337–346.

Scotti, Giulio, La vita e le opere di Aurelio Bertola, Mailand 1896.

Sengle, Friedrich, Das Genie und sein Fürst. Die Geschichte der Lebensgemeinschaft Goethes mit dem Herzog Carl August, Stuttgart–Weimar 1993.

Sofri, Gianni, Albani Giovan Francesco, in: Dizionario biografico degli italiani, I, Rom 1960, S. 604–606.

Strehler, Hermann – Bornatico, Remo, Die Buchdruckerkunst in den Drei Bünden, Chur 1971.

Suphan, Bernhard, Aus Weimar und Kochberg, in: Preussische Jahrbücher, 50, 1882, S. 495–504.

Tagebücher und Briefe Goethes aus Italien an Frau von Stein und Herder, hg. von Erich Schmidt, Weimar 1886.

Targhetta, Renata, La massoneria veneta dalle origini alla chiusura delle logge, Udine 1988.

Tischbein, Johann Heinrich Wilhelm, Aus meinem Leben, hg. von Kuno Mittelstädt, Berlin 1956.

Tischbein, Johann Heinrich Wilhelm, Goethes Maler und Freund, hg. von Hermann Mildenberger, Oldenburg 1987

Tischbein, Johann Heinrich Wilhelm, Eselgeschichte oder Der Schwachmatichus und seine vier Brüder der Sanguinikus, Cholerikus, Melancholikus und Phlegmatikus nebst zwölf Vorstellungen vom Esel, hg. von Peter Reindl, Oldenburg 1987.

Tümmler, Hans, Weimar, Wartburg, Fürstenbund 1776–1820, Bad Neustadt an der Saale 1995.

Unseld, Siegfried, Goethe und seine Verleger, Frankfurt am Main und Leipzig 1991.

Vismara Chiappa, Paola, Le progettate dimissioni del cardinal Giuseppe Pozzobonelli arcivescovo di Milano, in: Ricerche storiche sulla Chiesa ambrosiana, XII, 1983, S. 7 ff.

Vogel, Julius, Aus Goethes römischen Tagen, Leipzig 1905.

Volkmann, Johann Jakob, Historisch-kritische Nachrichten von Italien ..., II, Leipzig 1770.

Wahl, Volker, Goethes Italienreise als Zäsur in seinen amtlichen Verhältnissen in Weimar, in: «... endlich in dieser Hauptstadt der Welt angelangt!» Goethe in Rom, I, Mainz 1997, S. 60–71.

Weidner, Thomas, La carriera romana di Philipp Hackert, in: Il paesaggio secondo natura, Rom 1994, S. 41 ff.

Wolfzettel, Friedrich, Fee, Feenland, in: Enzyklopädie des Märchens, 4, Berlin und New York 1984, Sp. 945–964.

Zapperi, Roberto, Goethe finto Werther a Roma, in: Goethe in Italia. Disegni e acquarelli da Weimar, hg. von Roberto Venuti, Roma 1995.

Zur Nachgeschichte der italienischen Reise. Goethes Briefwechsel mit Freunden und Kunstgenossen in Italien 1788–1790, hg. von Otto Harnack, Weimar 1890.

Abbildungsverzeichnis

Frontispiz S. 2 *Johann Wolfgang Goethe,* Öl auf Leinwand, Angelika Kauffmann, entstanden in Rom 1787 (Stiftung Weimarer Klassik/Museen, Goethe-Nationalmuseum)

Abb. 1 S. 55 *Quittung 24. November 1786,* von Goethe mit dem Namen Jean Philippe Moeller unterschrieben. (Vervielfältigung aus dem Bestand GSA 25 I XXVII, N, 8a des Goethe- und Schiller-Archivs Weimar)

Abb. 2 S. 65 *«Verter»,* Titelblatt des ersten Bandes der 2. Auflage von Michele Saloms italienischer Übersetzung des *Werther,* Venezia 1796.

Abb. 3 S. 98 *Goethe in der Campagna.* Gemälde, Öl auf Leinwand 1787 von J. H. W. Tischbein (Frankfurt, Städelsches Kunstinstitut, Foto: AKG Berlin)

Abb. 4 S. 104 *Goethe am Fenster seiner Wohnung in Rom.* 1787 von J. H. W. Tischbein (Freies deutsches Hochstift, Frankfurter Goethe-Musem, Foto: U. Edelmann)

Abb. 5 S. 105 *Goethe lesend auf zurückgelehntem Stuhl.* Zeichnung, Feder in Braun auf Bütten, 1786/87 von J. H. W. Tischbein (Stiftung Weimarer Klassik/Museen, Foto: AKG Berlin)

Abb. 6 S. 106 *Zwei Männer auf einem Sofa,* um 1786/1787 von J. H. W. Tischbein (Casa di Goethe, Rom)

Abb. 7 S. 108 *Erzürnter Trasteveraner.* Federzeichnung, von J. H. W. Tischbein (Stiftung Weimarer Klassik/Museen, Goethes Kunstsammlung)

Abb. 8 S. 112 *Neapolitanischer Passierschein, 21. Februar 1787,* ausgestellt auf die Namen Toichbein (Tischbein) und Milleroff (Goethe). (Vervielfältigung aus dem Bestand GSA 25 I XXVII, Q des Goethe- und Schiller-Archivs Weimar)

Abb. 9 S. 149 *Ein Mädchenkopf,* dreifarbige Kreidezeichnung,

		aus: W. von Oettingen, Goethe und Tischbein, Weimar 1910 Tafel 25.
Abb. 10	S. 150	*Brustbild eines Kindes*, schwarze und farbige Kreide, von J. H. W. Tischbein (Stiftung Weimarer Klassik/Museen, Goethes Kunstsammlung)
Abb. 11	S. 153	*Brief von «Costanza Releir»* (Costanza Roesler) (Vervielfältigung aus dem Bestand GSA 25 I XXVII, T des Goethe- und Schiller-Archivs Weimar)
Abb. 12	S. 160	*«Das verfluchte zweite Küssen».* (Goethe in der römischen Wohnung am Corso) Zeichnung, Feder in Braun auf graugetöntem Papier, 1786/87 von J. H. W. Tischbein (Weimar, Nat. Forschungs- u. Gedenkstätten, Foto: AKG Berlin)
Abb. 13	S. 165	*«Wunderbarer Licht- und Schattenzufall» (Der lange Schatten).* Aquarell von J. H. W. Tischbein (Stiftung Weimarer Klassik/Museen, Goethe Nationalmuseum, Goethes Kunstsammlungen; Foto: Sigrid Geske)
Abb. 14	S. 171	*Goethe und seine römischen Wirtsleute Collina.* Federzeichnung von J. H. W. Tischbein (Freies Deutsches Hochstift, Frankfurter Goethe-Museum, Foto: Ursula Edelmann)
Abb. 15	S. 192	*Bildnis der Maddalena Riggi.* Öl auf Leinwand, Angelika Kauffmann (Freies Deutsches Hochstift, Frankfurter Goethe-Museum, Foto: Ursula Edelmann)
Abb. 16	S. 222	*Italienischer Brief einer unbekannten Frau (aus Goethes Nachlaß).* Vor- und Rückseite. (Vervielfältigung aus dem Bestand GSA 25 I XXVII, T des Goethe- und Schiller-Archivs Weimar)

Register

Addison, Joseph 87
Albani, Giovanfrancesco 224, 226
d'Alembert, Jean le Rond 93
Alfonso I. von Este 245
Alfonso II. von Este 261
Ampère, Jean Jacques 28
Anna Amalia von Sachsen-Weimar 16, 26, 37, 48, 53, 58, 62, 80, 84, 114, 129, 168, 258, 261f.
Antici, Tommaso 72f.
Antonini, Domenico 208
Antoninus Pius 50, 209
d'Aquino, Francesco 93
Archenholz, Johann Wilhelm von 76, 85, 109, 233
Ariosto, Ludovico 245, 254f., 266
Asseburg, Frau von 33
August von Gotha 53, 62
Augustus 244, 256, 259, 264, 266

Bassus, Thomas Franz de 65ff.
Beethoven, Ludwig van 246
Belloni (Bankhaus) 55
Benedikt XIV. 71
Bernis, François Joachim de Pierre 62, 96, 128, 261
Bertola De Giorgi, Aurelio 70f.
Bertuch, Friedrich Justin 21
Bethmann (Bankhaus) 40, 54–57, 235
Bodoni, Giovanni Battista 90
Boncompagni Ludovisi, Ignazio 79, 86, 158

Borghese, Marco Antonio 128
Borghese, Livia 90
Borgia, Stefano 84
Böttiger, Carl August 206
Braschi Onesti, Costanza 89f.
Braschi Onesti, Luigi 89f.
Buff, Charlotte 200
Buonafede, Appiano 88
Bury, Friedrich 52, 58, 99, 113f., 119, 124–131, 166, 181, 215, 241, 258

Caetani, Camillo 157
Campe, Joachim Heinrich 61, 110, 254
Camper, Adrian Gilles 212f.
Camper, Petrus 212
Caporalini 127–132
Capponi, Vincenzo 159, 189
Caracciolo, Domenico 93f.
Caribaldi, Gioacchino 127, 129f.
Carl August von Sachsen-Weimar 7–12, 14, 16ff., 23, 27–31, 33–39, 45, 49, 53, 58–61, 69f., 74f., 83, 86, 92, 94, 97, 116, 127, 141ff., 145, 148, 156, 174, 179f., 183, 194f., 203, 206, 209, 211–215, 220f., 228, 235f., 261–267
Carletta s. Valeri, Antonio
Caruso, Luigi 130
Casti, Giovanni Battista 99
Cimarosa, Domenico 126, 131
Clemens XII. 71

Collina, Filippo 114, 117, 170
Collina, Piera Giovanna, geb.
   De Rossi 52, 115
Collina, Sante Serafino 52f., 95,
   99, 113–116, 118, 141, 166,
   170, 215–220, 229

Dalberg, Johann Friedrich 41,
   99, 233
Dalberg, Karl Theodor von 37,
   41, 60
Da Ponte, Lorenzo 246ff., 250,
   253ff.
Del Prato, Giovanni Antonio 186
De Rossi, Giovanni Gherardo
   79f., 90, 92
Di Giovanni, Faustina 208
Domenico s. Caporalini

Eberle, Franz 73ff., 86, 95, 110,
   124
Eckermann, Johann Peter 12,
   28, 66, 117, 207, 240f.
Eissler, Kurt R. 142
Ernst von Sachsen-Gotha 51
Erthal, Karl Theodor von 38

Fabrizi, Vincenzo 130, 252
Falconieri, Alessio 224, 226
Falconieri, Costanza s. Braschi
   Onesti, Costanza
Fantoni, Giovanni 88
Farsetti (Sammlung) 209f.
Faustina (Frau des Antoninus
   Pius) 209f.
Fea, Carlo 162
Fernow, Carl Ludwig 186
Filangieri, Gaetano 93
Finucci, Francesco 191
Fiorini, Gaspare 238
Firmian, Karl Joseph von 67
Fortis, Giuseppe 84

Foscolo, Ugo 69
Fries, Joseph 99

Gallitzin, Adelheid Amalie von
   17
Garibaldi s. Caribaldi, Gioac-
   chino
Gazzaniga, Giuseppe 130
Gazzola, Anna Maria 238
Gentile, Antonio 159
Ginnasi, Giuseppe Antonio 146
Gioacchino s. Caribaldi, Gioac-
   chino
Gleim, Johann Wilhelm Ludwig
   33, 48
Göchhausen, Luise von 48, 58,
   125
Goethe, Katharina Elisabeth
   (Aja) 35, 39f., 46, 48, 54, 74f.,
   265
Goetze, Paul 209
Goeze, Johann Melchior 64
Goldoni, Carlo 158
Gore, Emily 17
Göschen, Georg Joachim 9f., 13,
   18, 21f., 131, 175, 229
Grassi, Gaetano 64f., 67ff., 83,
   87
Grassi, Giuseppe 69
Guizza, Domenico s. Caporalini
Gustav III. von Schweden 61

Hackert, Georg 122
Hackert, Philipp 122
Hadrian 209
Hamann, Johann Georg 8
Harrach, Marie Josephine 76
Hemsterhuis, Franz 17
Herder, Caroline 7, 15, 23, 26,
   33, 46, 48, 53, 76, 84, 95f.,
   99f., 109, 125, 130, 156,
   176ff., 205, 233f., 239f.

Herder, Johann Gottfried 7f.,
13, 15, 17, 22f., 26, 33f., 41f.,
46, 48f., 53, 76, 84, 95–101,
109, 121, 123, 125f., 130,
156, 176–179, 181ff., 191,
204, 206f., 209, 214, 233f.,
239, 260, 263ff.
Hermes, Henriette 169
Herzan, Franz von 73–78, 86, 95,
110, 261
Heyne, Christian Gottlob 54
Hirt, Aloys Ludwig 181
Humboldt, Wilhelm von 207

Jacobi, Friedrich Heinrich 17
Jagemann, Christian Joseph 253
Jenkins, Thomas 181ff., 185f.,
188, 194, 196f., 201, 220
Joseph II. 61, 67

Karl Eugen von Württemberg
98f.
Karl Theodor von Bayern 72
Kauffmann, Angelika 79f., 84,
89, 97, 116, 122, 127f., 138,
142, 149, 174–179, 181, 183ff.,
187ff., 191f., 196, 199, 258
Kaunitz, Wenzel Anton 38, 73f.,
76, 86, 95, 110
Kayser, Philipp Christoph 20, 54,
126, 131, 216f.
Knebel, Karl Ludwig 36, 38, 40f.,
48, 52f., 102, 173f., 178, 180,
204, 210, 263
Kobell, Franz 41
Körner, Christian Gottfried 236
Kranz, Johann Friedrich 127
Kronthaler, Teresa 146

Lamnit (Bankier) 40
Lavater, Johann Kaspar 95, 103,
110, 145

Liechtenstein, Wenzel von 76–
79, 91f.
Liechtenstein, Philipp von 77f.,
91
Lips, Johann Heinrich 110, 119,
175, 215, 235
Livius, Titus 162
Lorenzi, Giovanni Battista 252
Louise von Sachsen-Weimar 26,
53
Lucchesini, Girolamo 60
Ludger, Corrado 70
Ludwig I. von Bayern 137, 207

Mann, Thomas 202
Mannlich, Johann Christian von
144
Manzoni, Alessandro 82
Marini, Gaetano 98f.
Mariuccia 115
Mark Aurel 243, 245, 248, 252–
255, 260, 264
Maron, Anton 183
Marselli, Lorenzo 201
Menegatti, Anna 190f.
Mengs, Anton Raphael 183
Merck, Johann Heinrich 48, 54
Metastasio, Pietro 76
Meyer, Johann Heinrich 264
Molière 246, 253f.
Montesquieu, Charles de 88
Monti, Vincenzo 89–92, 98
Morghen, Raffaello 189
Moritz, Karl Philipp 50, 110,
118f., 120f., 127, 129, 132,
138, 140f., 185, 258
Mozart, Wolfgang Amadeus 245–
248, 251–254
Müller, Friedrich (Maler) 157
Müller, Friedrich von (Kanzler)
106, 164f.
Müller, Johann Georg 48

Müller, Wilhelm 137
Münter, Friedrich 50, 73, 85, 99, 119, 121, 140, 157, 175

Nahl, Johann August, 119, 121
Neefe, Christoph Gottlob 246 f.
Noack, Friedrich 77, 80 f.

Ovid 120, 139, 244, 254, 256–260, 264, 266 f.

Palladio, Andrea 45
Paulsen, Johann Jakob Heinrich 21, 39, 55 ff., 61
Pieck, Carlo 216
Pius VI. 62, 79, 89
Pizzi, Gioacchino 80–83, 88, 92
Pozzobonelli, Giuseppe 66 f.
Properz 139
Puhlmann, Johann Gottlob 144

Racknitz, Johann Friedrich 34
Raffael 26
Ranocchia, Francesco 146
Reck (Bankier) 40
Rehberg, Friedrich 119, 121 f., 260
Reiffenstein, Johann Friedrich 56 f., 79, 88, 116 f., 122, 175, 178, 180, 185 f., 234 ff.
Reinhard, Karl Friedrich 164
Rezzonico, Abbondio 79, 97, 128
Riemer, Friedrich Wilhelm 117, 150, 200 f., 256
Riggi, Carlo Ambrogio 117, 185–190, 193 f., 235 f.
Riggi, Elisabetta 187
Riggi, Francesco 187
Riggi, Maddalena 185–196, 200, 202, 221
Ristori, Giovanni 67

Rochlitz, Friedrich 246–250, 253 ff.
Roesler, Alessandro 146
Roesler, Costantino 146
Roesler, Costanza 146, 148, 151–159, 163, 171, 174, 221, 237
Roesler, Franz 140
Roesler, Giuseppe 146
Roesler, Gregorio 146
Roesler, Maria Elisabetta 146, 148–151
Roesler, Vinzenz 140 f., 146, 148, 151, 154 ff., 159 f.
Rubby, John James 119, 122
Rüdiger, Horst 200, 259

Sade, Donatien-Alphonse-François Marquis de 62, 227
Saint Martin, Louis-Claude de 72 f.
Salom, Michele 64, 67 f., 70
Santacroce, Giuliana 96
Santori, Giovanni 189
Schäffer, Jacob Christian 41, 53
Schiller, Charlotte 205, 228
Schiller, Friedrich 204–207, 236, 253, 266
Schmidt, Johann Christoph 60
Schmidt, Johann Heinrich 119, 121
Schmieden, Heinrich Gottlieb 247
Schnauß, Christian Friedrich 180
Schulz, Friedrich 206
Schütz, Johann Georg 52, 58, 113 f., 119, 166, 215
Seckendorff, Sophie von 233
Seidel, Philipp 7 f., 20–26, 29, 34 f., 39 f., 53–55, 59, 87, 235 f.
Shakespeare, William 120

Simonetti, Graf 185
Soave, Francesco 82 f.
Stein, Charlotte von 7 f., 14–20, 24–27, 34–37, 39, 42, 44, 46 f., 49, 51–54, 68, 94, 101, 124, 131, 142, 156, 166, 171 f., 173 f., 176 f., 182 f., 203, 209, 228
Stein, Fritz von 35, 46, 75 f., 81, 84, 97, 102, 124, 178
Stein, Josias von 15, 49, 53, 60
Strozzi, Marianna Marioni 81

Tacchi, Carlo 77 f., 80, 92
Tambesi, Clementina 157
Tambesi, Michelangelo 157
Tasso, Torquato 260, 266
Tibull 139
Tischbein, Johann Heinrich Wilhelm 51 ff., 58 f., 72, 74, 77, 86, 95, 97, 101–106, 108 f., 110 f., 114 ff., 119 f., 123 f., 138, 141, 145–148, 151, 155, 160–164, 166–172, 178, 209, 215 f., 228 ff.
Trauttmannsdorff, Ferdinand von 38 f., 73
Trippel, Alexander 175
Tritto, Giacomo 252

Unger, Johann Friedrich Gottlieb 21

Valenti, Giuseppe 20
Valeri, Antonio 208

Verri, Alessandro 109
Verri, Pietro 109
Verza, Silvia Curtoni 81
Vieregg, Matthias von 72 f.
Vitruv 45
Vogel, Julius 167
Voigt, Christian 24 f.
Volker, Anna Maria 146
Volkmann, Johann Jakob 76, 87, 109
Volpato, Angela 189
Volpato, Giovanni 188 ff., 193
Volpato, Giuseppe 185 f., 188–191, 194, 196
Voltaire 87
Vulpius, Christiane 240, 264

Waldeck, Christian August von 123
Weishaupt, Adam 69
Wieland, Christoph Martin 54, 58
Winckelmann, Johann Joachim 162
Wolf, Benjamin 119, 121

Zahn, Johann Karl Wilhelm 135–139, 217
Zajotti, Paride 91
Zelter, Karl Friedrich 201, 251 f., 254, 267
Zucchi, Antonio 122, 127, 174 f., 188 f.
Zwack, Franz Xaver von 69, 71